グローバル企業で活躍したい学生・社会人に

国際コミュニケーションマネジメント入門

竹下裕子・荒川洋平 編

ask

はじめに

　本書の前身である『企業・大学はグローバル人材をどう育てるか—国際コミュニケーションマネジメントのすすめ』(アスク出版) を 2012 年晩秋に出版してから 10 年が経とうとしています。当時、グローバル化が加速する社会において、企業がいわゆるグローバル人材をますます必要とし、そのニーズに応えるために、大学は国際社会で活躍することのできる人材の育成を強く意識していました。

　そのような社会的状況のなかで、国際コミュニケーションに関する総合的な見識を備えた人材、すなわち国際コミュニケーションマネジメント・プロフェッショナルを育成する必要性を強く感じた私たちは、その人材の育成と資格の認定、そしてそのための教育に必要な教材の作成に取りかかったのでした。『企業・大学はグローバル人材をどう育てるか』はそういう思いの結晶であり、グローバル人材育成に重要な役割を果たしてきました。

　グローバルビジネスマインドを備え、国際コミュニケーションを巧みに実践することができる人を国際コミュニケーションの実践者、担い手、あるいは国際コミュニケーターと呼ぶとしましょう。一方、自ら国際コミュニケーションを実践するのではなく、あるいは実践するにとどまらず、企業やその他の組織の国際コミュニケーションのあり方を客観的に考察し、改善を提案し、組織に対してより効果的な国際コミュニケーション行動を指導できる人材を、国際コミュニケーションマネジメント・プロフェッショナル (International Communication Management Professional: ICM プロフェッショナル) と呼びます。国際コミュニケーションをマネージすることは、企業や組織に必要な戦略的活動であり、これを実践する国際コミュニケーションマネジメント・プロフェッショナルは、企業の危機管理から機会創出にまでかかわる、グローバル化時代に必須の重要な専門職です。

　この任務を専門的に担うコンピテンスを備えた証として、資格の認定が行われています。当初は非営利活動法人がこの資格の認定団体でしたが、現在は一

般社団法人グローバル・ビジネスコミュニケーション協会が、資格認定を担っています。

21世紀を迎えてすでに20年以上が経過しましたが、そのなかでもこの10年を振り返ると、国内外に、実にたくさんの変化が起こりました。2015年に国連サミットが採択した「持続可能な開発のための2030アジェンダ」が目指す持続可能でよりよい世界の実現に、日本も積極的に取り組んでいます。第125代天皇の退位により、元号が平成から令和に変わりました。2019年末に初めて報告され、あっという間に世界を巻き込んだ新型コロナウイルス感染症（COVID-19）は、人と物の動きを一変させ、日本語に多くの新しい語句をもたらし、半世紀以上を経て東京に戻ってきたオリンピック・パラリンピック夏季競技大会にも多大な影響を与えました。

このような状況において、日本とその他の国々のあいだの、個人対個人や組織対組織、そして国対国といったいくつかのレベルにおける国際コミュニケーションマネジメントを考え続けていくために、新しい教材が必要であることは明白でした。そこで、海外渡航が制限され、現地調査もフィールドワークも不可能な状況ではありましたが、既刊の教材を一新する企画を立て、多くの執筆者のご協力を得て、本書を出版するに至りました。

本書では、第1部において、言語と文化とコミュニケーションの関連に焦点を当て、国際コミュニケーションマネジメントの最も基本的な考え方を説明しています。国際コミュニケーションマネジメント・アソシエイトプロフェッショナル資格の取得に必要な視点を、第3章が提供しています。

第2部では、企業のグローバル対応の事例を紹介することにより、第1部の理論を具体的に示しています。金融業界、プラントエンジニアリング業界、食品メーカー、そして医療という幅の広い分野におけるグローバル対応を提示したのち、グローバル経営者・渋沢栄一の原点をさぐります。

第3部は、異文化、多文化、多言語、そしてコミュニケーションをキーワードとして、多角的な分析を試みています。言語コミュニケーションだけでなく、非言語コミュニケーションにも着目し、コミュニケーション言語としての英語、日本語、そして手話を考えます。さらにコミュニケーション行動が行われ

る環境に目を向けていきます。

　最後の第4部では、英語によるプレゼンテーションとディベート、そして国際コミュニケーションマネジメントの重要な一部である言語対応の検証に焦点を当てた「言語監査」を解説することにより、方法論から実践へと読者を導きます。

　本書は、その前身と同様に、これからの日本社会におけるさらなる国際化・グローバル化を担うことになる大学生のための学びを意識していますが、同時に、多様な職種・業界で国際ビジネスに関わっている一般社会人や企業経営者の視点にも対応する構成となっています。いかなる組織にも国際的なニーズがあり、その経営や業務の遂行は、国際コミュニケーション戦略の視点から行われるべきであるという考えに基づき、そのための戦略を立て、実践することができる優秀な人材が増えていくことを願っています。

　なお、本書の出版にあたっては、株式会社アスクの天谷修身社長のご理解と多大なご支援をいただきました。また、同社の影山洋子氏の辛抱強くきめ細かな編集作業がなければ、本書の出版は実現しませんでした。心より感謝申し上げます。

2022年4月

共編著者
竹下裕子・荒川洋平

■ 執筆者一覧 (章担当順)

竹 下 裕 子	島 田 昌 和	加 藤 三 保 子
本 名 信 行	足 立 恭 則	三 宅 ひ ろ 子
西 村 信 勝	荒 川 洋 平	藤 尾 美 佐
白 崎 善 宏	岡 本 佐 智 子	茂 木 秀 昭
櫻 井 功 男	齋 藤 智 恵	猿 橋 順 子
藤 谷 克 己	桜 井 愛 子	

目次

第1部 国際コミュニケーションマネジメントの基本

第2部 企業のグローバル対応の事例 ～ケーススタディ～

第3部 異文化理解、多言語環境の視点

〈図表のカラー版〉
本書の一部の図表は QR コードをスマートフォンで読み取ると、カラー版を表示することができます。

国際コミュニケーション
マネジメントの基本

第1章

国際協働コミュニケーション

「察し」の文化を越えて

竹下裕子・本名信行

1 はじめに

　異なった社会や文化に生まれ育った人々が、さまざまな場面で出会い、ことばを交わし、一緒に仕事をし、生活を共にすることがますます多くなっています。そのような機会は、国外のみならず、日本国内でも増えています。また、顔を合わせた直接的な交流だけでなく、インターネットを通じたさまざまなコミュニケーションツールが、国際的な人の関わりを可能にしています。特に新型コロナウイルス感染症流行下において、人の移動が制限されたため、このような対面以外のコミュニケーションを体験した人も大幅に増えたはずです。

　そのようなコミュニケーションは、人と人との距離を縮めるだけでなく、頻度も速度も上げていきます。より身近に感じる人々と、より頻繁に、より早く、しかも正確なメッセージの伝達ができることが、国際協働のためのコミュニケーションには欠かすことのできない能力であると言うことができるでしょう。

　しかし、誰もが自分の母語と文化をもっています。国際的にもっとも汎用性が高い英語を使っても、それぞれの英語には、それを使う人の母語と文化の影響が強く反映されていきます。本章では、日本人のコミュニケーションの特徴の一つであると言われることが多い「察し」に焦点を当てて、国際協働コミュニケーションで活躍することのできるグローバル人材の要素を考えます。

コミュニケーションとは

　コミュニケーションとは人々が社会生活のなかで、おたがいに自分の感情、意思、考えを伝え合うことです。伝え合いは、一方的な伝達ではありません。双方が言いたいことをやりとりする行為なのです。ですから、言いっぱなしはコミュニケーションとは言えません。自分の伝えたいことが相手に届いたかどうかを確認し、相手の反応を見定めるところまでいかなければなりません。

　相手の気持ちや考えを確認するのは、容易である場合もあれば、難しい場合もあります。このことは、察しへの依存度の高低に関わらず、同様です。いつも顔を合わせている家族や友人のあいだでは、相手の表情を見るだけで、コミュニケーションが成立したかどうかわかる場合があります。一方、さほど親しくない者同士や、多数を相手に何かを伝えたい場合、より慎重に相手の反応を確認しなければならないでしょう。

　職場内や企業間のコミュニケーションにおいても、このことばのキャッチボールが非常に重要です。この場合、コミュニケーションは対面であるとは限らないため、さらに配慮が必要であるかもしれません。電話のように顔が見えない場合、手紙やEメールのように即座に反応が戻らない場合など、期待したコミュニケーションが成立したかどうか、十分な確認をもって次の段階に進まないと、あとで大きな混乱や誤解を生むことになります。

　そもそも、コミュニケート（communicate※1）するということは、「共有する」ことです。現代英語には、この意味をもった単語がほかにもあります。community（共同体）、communism（共産主義）、communalize（共有化する）などがその例ですが、どれも「共通のものとする」という意味が含まれています。コミュニケーションは、メッセージの送り手と受け手の共同作業なのです。

「察し」のコミュニケーション

　コミュニケーションで大切なのは、自分の気持ち、意見、そして情報を説明

する力です。ところが、日本人は自分のことを他人に説明するのが、あまり得意とは言えません。それには、日本人の「察しの文化」が関連しています。「察し」とは、人々が多くの了解事項を共有していると認識するところに成立するコミュニケーションの様式です。これは次のように、ことばの使い方のさまざまな面に大きな影響を与えます（図−１参照）。

■ 図−1：「察し」による言語コミュニケーション

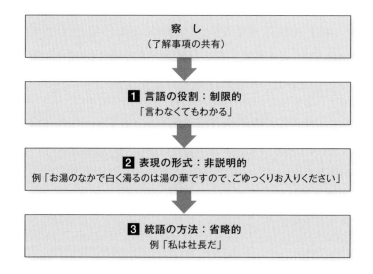

私たち日本人のコミュニケーションは、おたがいに多くの前提を共有しているという共同体意識を基礎にしているので、ことばの働きをあまり重要視しません。そして、「一を言えば十がわかる」、あるいは「言わなくてもわかる」といった人間関係の価値観を作り上げるにいたりました。やたらに詳細を尋ねると、「そんなこと、言わなければわからないのか」という叱責すら受けることになります。

このために、伝達行動において、話し手は事柄を明示的に説明するのではなく、聞き手の察しに依存します。その結果、話し手は工夫をこらして、入念な表現を考える必要を感じなくなります。不十分な言い方であっても、聞き手が気をきかして、不十分なところを補って理解してくれるはずだからです。つまり聞き手の責任において理解することが求められるのです。

このような伝達行動に慣れていると、話し手や書き手は、自分が知っていることは他人も知っていると思いがちなので、何も知らない人を対象にものごとを順序正しく、正確に説明することが面倒になり、その気も起きなくなります。私たちはこのようなコミュニケーションを日常のさまざまな場面で行っています。

ある温泉の貼紙に、「お湯のなかで白く濁るのは湯の華ですので、ごゆっくりお入りください」というのがありました。これは、「お湯のなかに白く濁るものがあってきたないよ」というお客の苦情に対して、応えようとしたものです。だから、「お湯のなかで白く濁るものは湯の華といってけっしてきたないものではありません」という説明をまず考えなければなりません。ところが、自分が湯の華の正体を知っていると、相手はこれを知らないのだから、きちんと説明する必要があるという考えをめぐらせることが難しくなってしまうのです。

さらに、文法は省略的な傾向を帯びます。共通の了解があれば、これでもかまいません。「君は部長、私は社長だ」はいくとおりもの省略文として成立します。たいがいは状況に応じて適切に解釈されます。たとえば、社長と部長の両方のご家族にご不幸があったことを知っている者同士ならば、「君は部長のご家族の葬式に出席しなさい、私は社長のご家族の葬式に出席する」のように理解することができ、「それはどういう意味ですか」と聞き返す人は、まずいないでしょう。まさに、気をきかせるのです。

しかし、こういった日本人の伝統的な言語使用の様式は、同じ日本人同士のあいだでも、だんだん通じにくくなっています。日本人の生活様式や価値観が多様化しており、察しは簡単にきかなくなっているのです。違った経験をしてきている人々と交際すると、暗黙の了解事項が少なくなります。そこで、合理的に、明示的に説明しなければならないのです。

異なった社会や文化で生活する人同士の異文化間コミュニケーションでは、ますますそうなります。私たちは日々の生活のなかで、このようなコミュニケーションのあり方に常に気をつける習慣をもちたいものです。そして、そのようなコミュニケーションを行うことができる言語力を身につけることが重要であることは言うまでもありません。

高文脈依存と低文脈依存

　私たちのコミュニケーションは、ことばとことば以外のさまざまな要素によって成立します。そのことば以外のさまざまな要素は文脈（コンテキスト）と呼ばれます。話し手と聞き手とのあいだに存在する身体的、空間的、時間的、社会的、心理的な要素のすべてを含むものです。

　それはコミュニケーションの生じる環境と言ってもよいでしょう。ことばによるメッセージを補い、意味解釈をよりスムーズにするのです。話し手と聞き手が文脈を共有していれば、察しが働くので、ことばですべてを表現しなくても、コミュニケーションに不便はなくなるものです。

　このことを比較文化論で考えてみましょう。アメリカの人類学者Ｅ・Ｔ・ホールは伝達行動で文脈に依存する割合が高い文化を高文脈依存（ハイコンテキスト：high context）、その割合が低い文化を低文脈依存（ローコンテキスト：low context）と呼びました。どの社会にも、高文脈依存と低文脈依存の両方の状況が存在しますが、どちらかを一般的傾向として言うこともできるでしょう（図－2 参照）。

■ 図－2：高文脈依存コミュニケーションと低文脈依存コミュニケーション

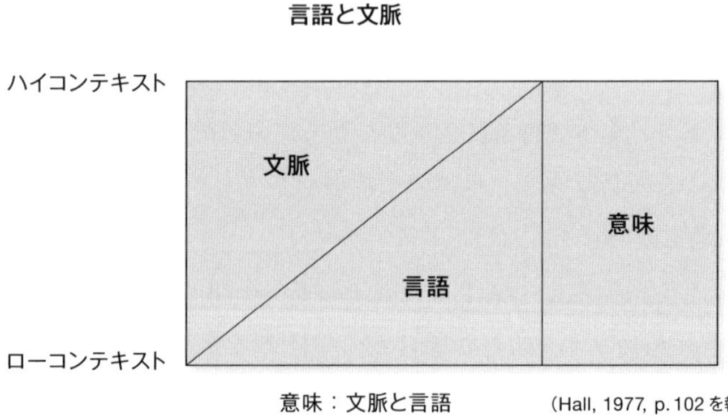

言語と文脈

意味：文脈と言語　　　　　　　　　（Hall, 1977, p.102 を執筆者が翻訳）

　文脈依存度が高まると、意味は言語情報ではなく、文脈のなかに潜むように

なります。日本は「言わなくてもわかる」ことをよしとしがちなので高文脈社会、アメリカは「言わなければわからない」という前提に立っているので低文脈社会ということができます。人々の移動性が高い社会に比べ、何世代にもわたり定住度が高い社会では、言わなくてもわかる部分が蓄積されていく可能性が高いことがおわかりでしょう。

そういえば、スペインもハイコンテキストと言われます。イベリア航空の機内で実際に起こったといわれるできごとです。日本人が新聞のラックをながめていました。そこを通りかかったパーサーはこれを見て、"Japanese?"と問いかけました。この日本人はこれを言語音とは解釈しなかったのか無言だったので、パーサーはそのまま行ってしまいました。

この一語は何を意味したのでしょうか。彼は日本人の行動を観察して、"Do you want a Japanese newspaper?"という意味で聞いたのでしょう。だから、察しのいい日本人なら、"Yes, please."と答えたでしょう。この例からも、省略文は察しのきくもの同士のあいだでは不便ではないのですが、そうでない場合は避けたほうが無難と言えます。私たちは文脈に依存しがちなことを自覚し、異文化間では詳しく説明する習慣を身につける必要があるでしょう (第17章参照)。

さまざまな文脈のなかの察し 5

高文脈依存的な文化では常に察しが働き、低文脈依存的な文化では察しを求めずにすべてのことをことばにしている、という考えは正しくはありません。察しは日本人独特の行為で、他文化では行われないことだというのも、もちろん正しくありません。どのような文化の人々であっても、自分たちの文化に根ざした文脈に応じて、相手の言わんとしていることをいろいろなメッセージ信号をもちいて理解しようとしています。

人が発するメッセージは、一定の文脈のなかで意味を与えられます。同じ文言のメッセージであっても、文脈が異なれば意味する内容も異なる可能性があるということです。これは、ことば数が多いか少ないかということとは別の問題を含んでいます。特定の文化の特定の文脈において、決まった表現をもちい

てメッセージを発するとき、何らかの前提となる了解事項があるため、特定の意味が伝えられるということなのです。

「よく眠れましたか」という質問を例にとりましょう。これは、同一文化内でも、文脈に応じて、意味が異なります。不眠症の治療を受けている患者に対する医者の質問であれば、文字どおりの質問となります。夏の避暑地の朝の会話だったら、都会の熱帯夜は寝苦しいけれど、ここではよく眠れて快適ですよね、という意味合いの質問かもしれません。

文化が異なる場合はどうでしょうか。韓国語においては、この質問は、同じ場所で寝起きした者同士の単なる朝の挨拶となるので、質問の形をしていても、答えを求めているわけではなく、単に「おはよう」の挨拶になります。ちょうど英語圏では、知り合いと会って "How are you?" というとき、ちょっと体調がすぐれない場合でも、「実はね…」という説明をするわけではなく、挨拶として "Okay." などと答えるのと似ています。いくつかのアジアの国々で「もうごはん食べた？」という表現が質問ではなくて挨拶に使われるような場合も同じです。

さらに、私たち日本人は手土産を持って人を訪ねるとき、「つまらないものですが…」と言いながら手渡すことがあります。一方、"I hope you'll like this!" と言いながら手渡す国もあります。けれども、「つまらないもの」と言う人も、実は "I hope you'll like this!" と言う人と同じくらい一生懸命に、何を持っていけば喜んでもらえるだろうかと考えたかもしれません。もらった側も、「つまらないもの」をくれた人の心遣いに感謝しているでしょう。

もう一つ、例をあげましょう。引っ越しの挨拶状の最後に、「お近くにお越しの折には、ぜひお立ち寄りください」と書くことがあります。そういう知らせをもらったからといって、いきなり予告もなく立ち寄るべきではないということを私たちは知っています。通常は社交辞令であることがわかっているからです。

ある言語で当然となっている表現が、別の言語では置き換えられない場合もあります。理由は、そういう表現をもちいたコミュニケーションの慣習がないからなのです。ドイツのある語学学校での話です。事務員のミスから、講師の

授業のダブルブッキングがあったとき、生徒に電話をして授業予定の変更をお願いしなければなりませんでした。そのようなとき、イギリス人の事務員はにこやかに "I was wondering if you could..." と言って、変更を依頼しました。

「〜かしらと思う」などと私たちが学校で教わるこの表現のあいまいさをもって、英語の話者は、謝罪して変更を依頼すべき事態を軽やかに切り抜けたのだそうです。聞き手は、語学学校に事情ができたことを察し、自分に向けられた要求を理解するわけです。一方、ドイツ語にはこのような表現はなく、この深刻な事態をもっと直接的に説明しなければならなかったため、ドイツ人事務員はイギリス人事務員を羨ましく思ったという話です※2。

私たちは英語話者との比較において、日本人は「イエス」「ノー」をはじめとして、物をはっきりと言わない国民だなどと言うことがあります。そういう考察が成立するかもしれません。けれども、ドイツ語母語話者から見れば、イギリス人の英語によるコミュニケーションは、はっきりと物を語らずに察しに依存することができると言えるようです。

察しは、決して日本人や低文脈依存型の文化に生きる人々だけのものではありません。イギリス人同士でも、アメリカ人同士でも、あるいは別の文化に生まれ育った者同士のあいだでも、文脈を共有するなかで自然に起こってくるものであると言えます。けれども、察しは、ある文化において、特定のスタイルやルールのなかでしか働かないものかもしれないのです。ですから、時には自分の表現が、相手の文化において同じ意味をもつものであるかどうか、立ち止まって考えることが必要となってきます。

おわりに

国際協働コミュニケーションにおいて相手の文脈やスタイルを知ることは、コミュニケーションの成立にとって、言語と等しく、とても重要なことであると考えられます。日本人と日本人以外がともに仕事をするとき、コミュニケーションの仕方も、ビジネススタイルも異なる場合が多々あるでしょう。そのようなとき、「わかっているはずだ」という思い込みがあると大きな失敗を引き

起こすかもしれず、「どうしてわかってくれないのだろう」と嘆いても仕事は進みません。

　大切なことは、文脈を共有しないかもしれない相手に対して、十分な説明をしたかどうか、コミュニケーションスタイルが異なるかもしれない相手に対する自分のコミュニケーションは適切であったか、相手は自分のメッセージを受け取ったかどうか、などの確認を行うことです。その繰り返しにより、理解を共有する部分を増やし、よりスムーズなコミュニケーションを図ることのできる関係を築くことができるでしょう。

問題

Q. 1　駅の公衆トイレの前に「清掃中　ご協力ください」という表示板が置いてありました。このような表示を初めて目にした外国人に対して、表示が利用者に期待している行為について説明してください。

Q. 2　留学生が友達（日本人）の家に招待されました。友達のお母さんは、たくさんの料理を作ってくれたのに、食卓につくと「ごめんなさいね、何もなくて」と言ったそうです。留学生は友達のお母さんがなぜあやまったのかわかりませんでした。あなたならどう説明しますか。

※1　英語の動詞 communicate はラテン語の *commūnicāre* という動詞にさかのぼることができるが、これは to share（共有する、分かち合う）という意味である。

※2　*Why Germans are rude.* (n.d.). Retrieved February 4, 2022, from https://www.expatica.com/de/moving/about/germans-are-rude-100958/

第2章

英語が国際言語であるとは どういうことか

本名信行

1 はじめに

21世紀は国際コラボレーションの時代です。すべての分野のプロフェッショナルは国境を越え、世界の人々と協働して、さまざまなイノベーションに挑んでいます。もちろん、ビジネスや行政の分野では、真剣な国際協働コミュニケーションが求められています。そこで広く使われることばは、英語です。

本章では、英語が国際言語であるとはどういうことかについて、次の2点に焦点を当てて本格的に考えましょう。一つは、現代英語の現状を把握することです。現代英語は、母語話者よりも非母語話者のほうが多いという、言語の歴史のなかで今までにない特徴をもっています。

もう一つは、「国際言語としての英語」の論理を理解することです。私たちは英語を重要な言語と考えますが、それは英語がアメリカ人やイギリス人のことばではなく、世界の人々がビジネスと行政の分野で用いる「国際言語」だからなのです。しかも、世界の人々が使う英語は実に多様で、日本人の英語(第16章参照)もその一端を担っているのです。

英語の今を知る2

（１）英語の国際化と多様化

　現代英語は２つの特徴をもっています。第一は、英語の国際的普及です。第二は、その多様な民族変種の発達です。これは、英語の国際化と多様化と言い換えてもよいでしょう。英語の国際化は必然的に多様化を生みます。一方を得ることなしに、他方を得ることはできないのです。

　つまり、英語の国際化は、アメリカ人やイギリス人の英語がそのままのかたちで世界中に広まったわけではありません。むしろ、それにより世界各地で英語が多様化し、さまざまな変種が発生しているのです。国際化と多様化は表裏一体で、国際化はよいけれど、多様化は困る、というわけにはいかないのです。

（２）英語の国際的普及

　英語はアメリカやイギリスの国境を越え、広域に行き渡っています。たしかに、アメリカやイギリスでは、多くの人々が英語を母語として使っており、英語の使用に大きな影響力をもっています。それでも、世界ではもっと多くの国の人々が英語を第二言語（ESL）、あるいは国際言語（EIL）として学習し、使っています (図−１参照)。

　つまり、英語は特定の国や人々のことばというよりも、世界の多くの人々が、いろいろな国の人々に対して使うことばである、と言うことができるでしょう。すなわち、日本人の立場から言うと、英語はアメリカ人やイギリス人とだけではなく、アジア、ヨーロッパ、アフリカ、ラテンアメリカと、世界のさまざまな地域の人々に対して使うことばなのです。

　このことから、英語は母語話者と非母語話者よりも、非母語話者同士で運用するほうが、ずっと多くなっています。事実、日本人はビジネス、観光、地域協力などの分野で、アジア諸国との関係を深めており、英語は日本人と他のアジアの人々を結ぶ国際共通言語にもなっています。

■ 図－１：英語の国際的普及

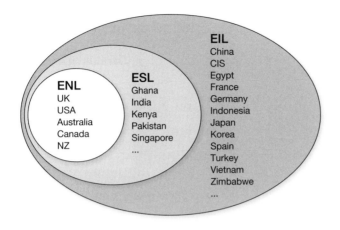

ENL = English as a Native Language
ESL = English as a Second Language
EIL = English as an International Language

（Kachru、1982を参考に執筆者作成）

■ 図－２：英語の普及と変容

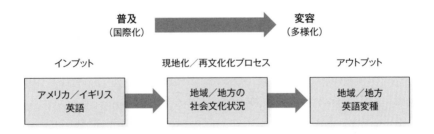

（3）英語の再文化化と多文化化

　世界でいろいろな人々が英語を話すようになると、その英語は多様な地域の文化を反映することになります（図－2参照）。普及は必ず変容を呼びます。アメリカの英語やイギリスの英語が他国に渡ると、現地の社会的文化的状況のなかで、異文化間適応のプロセスを経ることになります。

それは、現地の話し手が英語を学習しやすく、使いやすくするためなのです。そして、そのようなプロセスを経た結果が、それぞれの地域・地方の英語変種の発生です。日本人は日本語と日本文化を土台にしてはじめて、英語を話すことができるようになるのです。これは英語の再文化化 (reculturalization) と呼ぶことができるでしょう。

ものごとが普及するためには、適応が求められます。インドのマクドナルド店にビーフバーガーはありません。そのかわりに、人々はおいしいチキンバーガーやマトンバーガーをほおばっています。ことばもこれと似ており、英語が世界に広まれば、当然のことながら、世界に多様な英語が発生します。

従来、共通語には「画一、一様」というイメージがつきまとっていました。しかし、多様な言語でなければ、共通語の機能は果たせません。アメリカ英語を唯一の規範とすれば、英語は「国際言語」として発達しないでしょう。母語話者も非母語話者もお互いに、いろいろな英語の違いを認め合う、寛容な態度が求められるのです。

このように、英語が国際言語になったということは、英語が多文化言語になったということなのです。世界の人々は、それぞれ独自の発音や言い回しをしています。専門家はこの状況を、世界諸英語 (world Englishes) と呼んでいます。母語話者の英語も非母語話者の英語も、平等の言語的文化的価値をもちます。

英語とアジア ③

（1）英語はアジアの言語

アジアの人々は英語をアジアの言語と認識しつつあります。英語は英米の植民地化政策により、アジアの多くの地域にもち込まれた言語です。しかし、アジアの人々は英語の意義を再認識し、自分たちの言語にしたのです。アジアには英語を第二言語、あるいは公用語にしている国々がたくさんあります。そのほかの国々は、英語を国際言語と認識し、英語教育の充実を図っています。

実際、英語はアジアの各地で広く使われています。中国で14億人、ASEAN で6億人、そしてインドで13億人という巨大な地政学的ブロックが存在し、英語はさまざまな地域言語と役割を分担しながら、きわめて重要な国内・国際言語になっています。アジアの英語人口は8億人ともいわれますが、これは英米の合計人口をはるかに超えています。

こうなると、英語の脱英米化が生じ、多文化化が進みます。インド人やタイ人などは合掌しながら、英語であいさつすることがあります。英語を話すなら英米人のように握手するべき、と考えるのはおかしなことなのです。日本人ならお辞儀をしても一向にかまいません。自国の文化を表す言語として使う、これが英語の多様化の原点です。

（2）アジアの英語

英語はアジアの言語の一つですが、アジア諸国の人々が使う英語は実にいろいろです。マニラのホテルでのできごとです。日本人ビジネスパーソンが "Can you pick me up at eight tomorrow morning here?" と尋ねたら、フィリピン人の同僚が "I'll try." と言ったので、ずっと待っていました。しかし、彼は現れませんでした。

後で知ったことですが、フィリピンでは、"I'll try." は、"I don't think I can." の意味なのです。フィリピン人も日本人と同じく、なかなか "No!" と言えないのです。このような違いはたしかに最初は不便ですが、そのわけを知り、慣れればそれほど苦にならないものです。

さて、このような英語の使い方は間違いなのでしょうか。世界諸英語の考え方に従えば、これは間違いとは言えません。すべての話し手がいつも英米人と同じように英語を使わなければならないというわけではないからです。各民族の人々が、自分の文化に合わせて英語を使うのは自然の成り行きなのです。

同時に、アジア諸国では、類似した言い方もたくさんあります。アジアでは、面子（face）は重要な概念です。それは、respect（敬意）や honor（名誉）などを表します。このため、アジアの英語には、face を使った言い方が実に豊富です。次はシンガポール・マレーシア英語の事例です。

- They started quarreling... I don't know *where to hide my face*.
  彼らの言い争いが始まった…。穴があったら入りたい。
- You must go to his son's wedding dinner. You must *give him face*.
  あなたは彼のご子息の結婚披露宴に行かなければなりません。彼の顔を立てなければならないのです。
- Since I don't know *where to put my face in this company*, I might as well leave and save *what little face I have left*.
  会社のみんなにあわせる顔がないので、面目丸潰れを防ぐために退職したほうがよいかも。

"give him face" とは「敬意をはらう」、つまり「顔を立てる」ということです。日本人も使いたい表現でしょう。アジアでは、アジア人同士で使いたくなる言い方がたくさんあり、こういう英語を使うと、アジア人として英語を使っているという実感が沸くものです。「ぼくの顔を立ててください」は "Give me some face, will you?" なのです。

　文法では、繰り返し語法がポピュラーです。アジアの諸言語にある用法が、英語に組み込まれたものです。繰り返すことによって、副詞的な意味合いが付加されます。日本語でも「多々」や「少々」などに、その特徴がうかがわれます。シンガポールやマレーシアでは、こんな言い方によく出くわします。

- Can we come together? —— *Can can*.
  ［入国審査官］「もちろんけっこうです」
- The group does *different different* things.
  ［教師］「実にいろいろな」
- Oh, the curry was *hot hot*.
  ［店員］「とても辛い」
- *Play play*, no money. *Work work* no leisure. Combination is better.
  ［タクシーの運転手］「遊んでばかりいると」「働いてばかりいると…」
- They *choose choose choose choose choose*, but no buy.
  ［店員］「（日本人のお客さんは）品定めばかりしてちっとも買ってくれない」

※［　］内は発言者

このように、英語はアジアの言語として、独特の展開をみせています。アジ

アは多言語社会なので、アジア人同士の国際交流に英語は不可欠です。アジア人同士では、それぞれの英語に違いがありますが、その違いを乗り越えて、相互理解を図る態度が育成されつつあります。日本人も積極的に、その輪に参加すべきでしょう。

日本人の英語

ところで、日本人は英語を国際言語であると認識しながらも、依然として英語と英米文化は一体と考えがちです。また、「国際」とは、英米との関係と考えがちです。日本の英語教育では、こういった呪縛を断ち切る必要があります。多くの日本人にとって、英語は英米事情を知るためのことばではないはずです。

日本人とタイ人が英語で話すとき、アメリカ人やイギリス人の真似をしなければならないとしたら、不便このうえもありません。実際、日本人は日本人らしいしぐさで、日本人らしい英語を話しますし、タイ人はタイ人らしいふるまいしぐさで、タイ人風の英語を話します。これはごく自然なことなのです。

事実、世界の多くの人々は英米人の真似をするために、英語を学習しているのではありません。むしろ、英語の国際的実利性を認識して、それを効果的に運用する能力を身につけようと努力しているのです。ですから、母語話者の英語を模範として勉強しても、自国ふうのクセを決して恥じようとしません。

日本人も日本社会で英語を学習する以上、よほどのことがないかぎり、英米人と同じように英語を話すようにはなりません。どうしても、日本人のクセが出てしまいます。これはごく当たり前のことです。しかも、クセのあるほうが日本人であることがわかって、かえって好都合の場合も多いのです。

「ニホン英語」は発音、語彙・表現、文法、そしてレトリックなどで、ある程度ながら、英米英語とは違います。それは日本語や日本文化の影響を多分に受けたもので、日本人に使いやすい英語です (第16章参照)。もちろん、それは国際的に理解されるものでなければなりません。たとえば、次のような例があげられます。

17

① We went to Kyoto by car yesterday.
昨日車で京都に行きました。 cf. We drove to Kyoto yesterday.

② I went to the meeting. Why didn't you come?
私は会合に行きましたが、あなたはどうして来なかったのですか。
cf. I was there. Where were you?

③ Thank you for last night. It was a gorgeous dinner.
昨晩はどうも。豪華な夕食でした。 cf. ?!

④ That restaurant is delicious.
あの店はおいしい。 cf. ?!

　①と②で対照 (cf.) としているのは、母語話者の言い方です。日本人にとっ
て、ニホン英語がいかに言いやすいかがわかるでしょう。しかも、誰にでも通
じる言い方です。③は「昨晩はどうも」の言い方です。英語の母語話者がこうい
う言い方をしないからといって、遠慮することはありません。日本人にとって、
それは大切な礼儀作法なのです。

　ところで、④は大きな問題です。これはメトニミーを基礎にした表現で、レ
ストラン（全体）で食事（部分）を表しているのです。"He is sharp."（彼は切れ
る）と同じです。彼（全体）で、（彼の）頭（部分）を指しています。（頭を刃物に
たとえるのは、考えることは切ることであるというメタファーが働いていま
す。）

　ここで問題なのは、"He is sharp." は正しいが、"This restaurant is delicious."
は間違いとする考え方です。両方とも類似の根拠に基づいているにもかかわら
ず、前者は正しく、後者は間違いという判断を正当化する論理はただ一つ、前
者は母語話者が言うが、後者は言わないということです。

　ところが、現代の英語状況を考えると、この論理はもはや成立しません。多
くの非母語話者が多国間コミュニケーションの言語として英語を使っている今
日、母語話者の規範が、すべての変種に当てはまるわけではないのです。英語
が国際言語になったということは、こういうことを指すのです。

18

⑤ おわりに

　さて、2010 年頃からいくつかの日本企業が英語を社内言語にする試みが続いています。ただし、英語を唯一の社内言語にするのか、社内言語の一つにするのかは、はっきりしないようです。後者が有意義であることは明らかです。日本語に加え、英語を社内言語にすると、いろいろな点で効果的と思われます。

　ただし、日本語と英語の 2 言語使用を中心としながらも、社員の職種次第では、これら以外の言語運用能力も重要視されるべきでしょう。事実、現代ビジネスでは、多言語使用が最も適切な対応と思われます。日本企業がグローバル展開を図るなら、いろいろな言語に対応できる人材を育成する必要があります。

　また、日本企業は規模の大小を問わず、基本的に国際市場で活動することが求められており、英語を使いこなせる人材は絶対に必要でしょう。その際に注意すべきことは、英語を英米と結びつけず、世界の多くの国の人々とかかわる仲介言語と認識することです。英語が国際言語であることの意味を十分に理解することが求められます。

　さらに、国際ビジネスで英語がだいじなのは、国際企業情報を読み解く能力や、メールにすぐ返信する能力、広報、プレゼン、交渉などを力強く、効果的に行う能力です。ですから、企業内の英語研修では、一般的な英会話の訓練やTOEIC® 対策に終始するのではなく、社員の業務ニーズに適した専門的で発信型のトレーニングが望まれます (第 3 章参照)。

　同時に、日本人が英語を使えば使うほど、それはニホン英語の色彩を帯びるようになります。それはごく当然のことなのです。世界のビジネスパーソンはみな、たいがい独自の民族的特徴をもつ英語を使っています。日本人もニホン英語を恥じ入る必要は、まったくありません。

　そして、英語は世界の初期設定モード (the world's default mode) と呼ばれるように、ビジネスなどの出会いで、最初に使われる言語 (first-contact language) になっています。アジアのビジネスでは、英語はまさにこの役割を

果たしています。日本のビジネスは、非母語話者との良好な協働関係に、多く
を依存していることを忘れてはなりません。

問題

Q.1 現代英語には2つの特徴があり、しかもこの2つは硬貨の表と裏のよう
に、一方を得ることなしに他方を得ることはできないものだと考えら
れています。2つの特徴を説明し、さらにどちらか一方が欠けることが
あり得ない理由も説明してください。

Q.2 英語は国際語であるという観点から、ニホン英語とはどのようなもので
あるか、説明してください。

第 3 章

国際コミュニケーション マネジメントとはなにか

本名信行・竹下裕子

1 はじめに

　日本の多くの企業は、基本的に国際的でグローバルな性格をもっています。その特性を十分に理解し、有効に活用するためには、多様な文化的背景をもつ人々と自由にコミュニケートできる人材を確保し、育成しなければなりません。すなわち、国際コミュニケーションは企業経営の主要な戦略課題なのです。これは企業の規模や業種に関係なく、日本企業に広く当てはまります。

　日本企業は国際コミュニケーション戦略の策定にあたって、国際言語・文化・コミュニケーション・ニーズをどう認識し、それにどう対応するかについて、明確なポリシーをもつことが求められます。そのような戦略的活動は「国際コミュニケーションマネジメント（International Communication Management：ICM）」、そしてその任務をつかさどる人材は「ICM プロフェッショナル（ICM professional）」と呼びます。ICM プロフェッショナルは、企業の危機管理から機会創出にまで関わる、重要な専門職です。

　つまり、企業にとって、国際コミュニケーション管理能力は企業のグローバル展開の基礎になるキーコンピテンスなので、国際展開を図る以前に備えておくべき能力なのです。また、国際展開を始めているところでは、常にその能力について点検が必要です。もし、その能力が企業の国際活動にとって不十分であるとすれば、それを改善する方法を考えなければなりません。これらの仕事

はICMプロフェッショナルが担うべき、大事な責務です。

　多くの読者にとって、国際コミュニケーションマネジメントは新しい概念かもしれません。そこで、混同しやすい国際コミュニケーションとの比較において、これを説明しましょう。国際コミュニケーションは、国際的な状況において人と人がコミュニケーションを図るときに発生し、その言語は英語、その他の外国語、または日本語かもしれません。共通言語が見つからなければ、非言語の要素を駆使してコミュニケーションを試みることも可能です。

　このような状況下では、当事者はみな、国際コミュニケーションの実践者です。これを第三者が観察し、円滑に進むようによりよい実践方法やその訓練法を具体的に提示してアドバイスし、そのとおりにうまく運んだかどうか、後日点検することがあれば、この第三者はコミュニケーションの実践者というよりマネジャーであると言えます。そのマネジャーの任務は国際コミュニケーションをマネージすることです。このような視点や能力が、国際展開を目指す組織にとって非常に重要なのです。

　教育に置き替えて考えてみましょう。教壇に立って生徒や学生を直接指導するのは教員です。けれども、教員だけで学校教育が実践されるわけではありません。教育方針を定め、実践を見守り、監督し、指示や助言を与え、評価するなどの役割は市町村の教育委員会や文部科学省が担います。どちらも教育の実践には欠かすことができません。

　乱暴なたとえかもしれませんが、教壇に立って授業やクラス経営を行う現場の教員は、ちょうど、国際的な環境における国際コミュニケーションの実践者にあたると考えましょう。そして学校教育における教育委員会や文部科学省にあたるのが、国際コミュニケーションのマネジメントを担当するICMプロフェッショナルであると言えます。

　本章では、主に２つの事柄について考えます。第一に、企業が自社の国際コミュニケーション戦略の策定にあたって必要になる、国際コミュニケーションマネジメントの手法について考察します。第二に、日本企業が必要とする国際言語・文化・コミュニケーション能力の評価・育成のためのICMプロフェッショナルの役割について考えます。ここでは、ビジネスに焦点を当てますが、その

内容のほとんどは自治体やほかの組織にも関連します。

企業の国際言語・文化・コミュニケーション能力の必要性

世界のビジネス状況は、ますますグローバル化しています。日本企業も日本人だけで運営し、日本人だけを顧客とする必要はどこにもありません。ですから、日本企業は経営の一環として、国際「言語・文化・コミュニケーション」戦略を詳細に検討する必要があります。そして、それを実行する強い意志をもたなければなりません。

これは大企業だけに求められるものではありません。むしろ、小回りのきく中小企業こそ、独自の国際コミュニケーション戦略を立てることによって、縦横無尽の活動が期待できるのです。企業の国際コミュニケーション戦略の中核は、社員の国際言語能力の育成です。各企業は業務の展開のために、必ず、これを必要とします。

日本企業は国際コミュニケーション戦略を立てるうえで、4つの国際言語・文化・コミュニケーション分野について考慮する必要があります（図−1参照）。なお、以下では、言語の問題に焦点を当てますが、言語は常に文化とコミュニケーションの問題と関連します（第1章、第9章、第10章参照）。

■ 図−1：日本企業に求められる国際言語能力

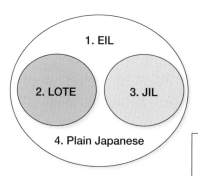

1. EIL (English as an International Language)
2. LOTE (Languages Other Than English)
3. JIL (Japanese as an International Language)
4. Plain Japanese

図－1が示す要点は、次のとおりです。

① 日本企業では、できるだけ多くの日本人社員が国際言語である英語（EIL）を使いこなす能力を持つことが望まれます（第2章参照）。

② 日本企業は、取引相手との関係を充実させるために、必要に応じて英語以外の言語（LOTE）を使える人材を確保しなければなりません。

③ 外国人社員の日本語能力も重要です。社内の国際言語として日本語（JIL）の役割を注意深く検討する必要があります（第11章参照）。

④ 日本企業は国内外の消費者に対する日本語コミュニケーションで、「平易な日本語」を使うことが望まれます（第11章、第14章参照）。

これらの4分野について、もう少し詳しく見てみましょう。

（1）国際言語としての英語

　国際コミュニケーションで、英語が有効なのは自明です。英語は英米人とだけではなく、世界中の人々とコミュニケートすることばになりました（第2章参照）。英語は広域コミュニケーションの言語（language of wider communication）と呼ばれますが、それはこの広がりを指してのことです。英語を英米に限定するのは得策ではありません。

　日中ビジネスの多くは、英語で行われています。もちろん、日本語と中国語は大きな役割を果たします。しかし、日本人が中国語を話せず、中国人が日本語を話せない場合でも、日中コミュニケーションは成立します。英語があるからです。この観点から見ると、英語は多くの国の仲を取り持つ「仲介言語（intermediary language）」の役割を担っていると言えるでしょう。

　このように、日本企業は英語の運用能力をもつ要員を十分に確保し、国際コミュニケーション活動を活発にすることが求められています。日本企業の英語対応で最も重要な取り組みに、英語版のホームページと、商品の英語表示などがあります。インターネットの普及により、大企業も中小企業も平等な広報手段をもったと言えます。これを有効に利用するかしないかは、ビジネスに大きな違いをもたらします。

　カナダのコミュニケーション学者M・マクルーハンは「メディアはメッセー

ジである」"The medium is the message. (McLuhan, p. 7)" という名言を残しました。多様なメディアが発達した現在ほど、この公理が当てはまる時代はありません。国際業務展開を目指す企業のホームページに英文情報がないとしたら、ない＝ゼロではなく、その会社は「国際ビジネスに関心がない」というネガティブなメッセージを発信することになりかねません。

　英語が重要な役割を果たすもう一つの領域は、商品の英語表示です。店頭には、たくさんの日本茶のペットボトルが並んでいますが、適切な英語の説明があるのはごく少数です。日本商品の多くはこの有様です。外国人消費者を配慮した言語対応が求められます。英語は英米人だけを対象にしたことばではないことを、十分に理解する必要があります。

（２）英語以外の言語

　次に、英語以外の言語 (LOTE) についてです。英語がいかに重要な言語であるとは言え、「どんな場合でも英語で間に合う」と考えるのは、現実的ではありません。関連国の関係者がすべて英語で十分コミュニケーションできるとは限らないからです。日本人社員で現地のことばができる人がいれば、現地の人々と広く接触し、現地の事情を深く把握することができるでしょう。現地とのコミュニケーションを確実なものにするためには、関連国の言語を駆使できる社員が求められます。

（３）国際言語としての日本語

　国際言語としての日本語 (JIL) という考え方も重要です (第11章参照)。日本語を国際言語と考え、外国人社員の日本語能力を重視することは、２つの次元で重要な役割を果たします。第一に、日本語ができる外国人社員は、日本人のこと、日本のことを理解し、それを同国の人々に伝えられることが期待されます。日本（自社）のことを広く同国の人々に知ってもらうことは、日本企業の進展に大きな貢献になります。

　第二に、日本語能力の高い外国人社員は、現地の事情や現地の人々の考え方・感じ方を日本語で日本人に伝えることができます。これにより、日本企業の現

地理解は深まり、現地状況に適切に対応することができるようになります。これは海外の市場開発と充実に欠かせません。外国人の日本語能力をこのような分野で、積極的に活用することが求められます。

(4) 平易な日本語

　最後に、平易な日本語 (Plain Japanese) です。社内、あるいは消費者とのコミュニケーションで、わかりやすい日本語を運用できる企業能力は実に重要です。英米の企業では、「平易なことば (英語)」を求める運動が 1970 年代からさかんになっています[※1]。この運動は、一般消費者のための種々の契約書が難解な法律用語で書かれていることに対する不満から生じたものです。

　その後、消費者用物品、サービス情報、製品使用マニュアル、さらにはお役人ことばにも影響が及びました。何よりも、この運動は日本語にも当てはまります。日本社会も、ややこしいことばで満ち溢れています。製品取扱説明書の多くは不備だらけで、あまり役に立ちません。日本の製造業やサービス業は、消費者に対して適切な情報提供をしなければなりません。この意味で、企業は平易な日本語による発信能力をもち、その方面の専門家を育成することが望まれます[※2]。

国際コミュニケーションマネジメントの活動分野

　日本企業は自社をとりまく国際言語環境を十分に認識し、上記の4つの国際言語分野で独自の対応策を講じる必要があります。多くの社員が優れた国際コミュニケーション能力を有していること、あるいはそのための社員教育が充実していることなどは、会社のクレディビリティを高める大切な要素です。

　逆に、この方面で後れを取っている企業は、経営に大きな不備があると言えるでしょう。企業の情報開示に関連して、知的な消費者と株主はいずれこういった情報を求めるようになると思われます。日本企業は国際コミュニケーションマネジメントの手法を積極的に取り入れて、言語対策の充実を図ることが求められます。

　国際コミュニケーションマネジメントは企業組織の見直し、新規事業の展開、新部門の創立、業績の向上、言語・文化・コミュニケーション研修の改善といった時点で求められます。ですから、それは先見的、かつ改善的な取り組みと言えるでしょう。そして、国際コミュニケーション問題を長期的に考え、確固たる戦略をもつことは、危機管理と機会創出の絶対条件になります。以下、国際コミュニケーションマネジメント（ICM）の段取りを考えてみましょう。

（1）ICM のプロセス※3

　ICM には、5 つの段階があります。①ニーズ・アナリシス、②対応評価、③研修プログラムの提案、④研修プログラムのモニター、そして⑤研修成果評価です。なお、各段階は他の段階のフィードバック機能を果たしていることを忘れてはなりません（図−2 参照）。

　企業が ICM プロフェッショナルの資格を持つ人を有していれば、彼らが自社について上記のようなプロセスを検討できます。また、社外の研修会社などに所属する ICM プロフェッショナルに、分析調査を依頼することもできます。理想的には、企業内の ICM プロフェッショナルと研修会社などの ICM プロフェッショナルが相談しあって、問題に対処するのが最適でしょう。以下、5 つのプロセスの概略を述べます。

■ 図−2：ICM のフロー

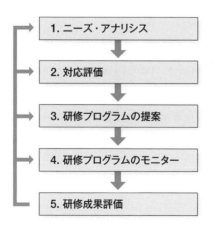

① 言語関連ニーズの分析

　はじめに、ニーズ・アナリシスです。この段階では、企業が独自のビジネス展開に関連して、どのような言語能力を必要とするかを、図－1であげた4つの国際言語能力のなかから選択します。当然のことながら、会社が全体としてどのような国際コミュニケーション戦略を必要としているか、から始めます。

　ウェブ対策、広報活動、マーケティング戦略などのニーズ・アナリシスも求められます。そして、これらの最適化に必要な言語ニーズを究明します。また、各部課のニーズは多様なので、業務に特化して分析するのが現実的です。言語ニーズを正確に把握して、それにそった能力の確保、育成が求められます。

　なお、ここで重要なことは、企業の現存ニーズだけに目を奪われるのではなく、潜在ニーズにも目を向けなければならないということです。社員の国際言語能力がどれだけ高まれば、どれだけの業績拡大が見込まれるかを考えるのです。企業の国際言語対応を改善することによって、企業業績の拡大を図るという考え方です。

② 現有能力、言語対応の現状の評価

　つぎに、対応評価です。ここでは、独自の言語ニーズに対応して、企業がどのような対策を講じているかを評価します。経営トップの言語意識や各部課の現有言語能力が企業ニーズに則して、詳細に検討されます。もちろん、言語対策（社員の語学研修など）のアウトソーシングの方法や効力なども調査対象になります。これにより、企業の言語ニーズに基づいた言語対応の長所、短所が明示されます。

③ 改善のためのプログラムの提案

　言語対応と現有能力が不十分である場合は、現状の改善を目的として、研修プログラムの提案を行います。また、人事配属が適材適所であるか、採用人事の言語要件などについても考察、提案します。研修プログラムは部課業務、あるいは社員個人の業務ニーズにそって設定され、専門業務のための言語能力の向上を目指します[※4]。

　英語を話題にして言うと、企業人の英語能力は仕事に関わることなので、社員個人が自分の仕事に合った英語能力を育成することが求められるのです。一

般的な英会話を勉強しても、仕事の本筋に役立ちませんし、画一的な TOEIC®
対策では間に合いません※5。研修プログラムの作成に当たっては、企業の ICM
プロフェッショナルが研修会社のプロフェッショナルと緊密に連携することが
望まれます。

④ プログラムのモニタリング

　研修プログラムのモニタリングは、プログラムが計画通りに実施されている
かを監督します。研修プログラムは達成目標を明確に示し、目標達成までの道
順をしっかりと提示しなければなりません。モニタリングに当たっては、受講
者の学習状況を見て、研修プログラムの修正も行います。達成目標が高すぎて、
実現が困難と思われる場合には、セカンドベストを狙うのも有意義でしょう。
モニタリングは企業と研修会社の ICM プロフェッショナルが協力して当たる
のが効果的です。

⑤ 成果の評価

　研修成果評価では、研修期間の終了にともない、期待される成果が上がった
かどうかを評価します。研修は企業の言語ニーズに対応するために、社員の言
語能力の確保、向上、育成を目的としているので、研修成果はその観点から評
価されます。研修は周期的に行われることが求められるので、ある時点での研
修成果は新たな研修プログラム設定に常にフィードバックされ、企業の言語対
応を漸次的に向上させる道を開きます。

ICM プロフェッショナルのコンピテンス

　このように、各企業は現代世界をとりまく国際言語環境に対応し、自社独自
の国際コミュニケーション戦略の立案、実施、評価、調整に関わる人材を養成
する必要があります。効果的な国際コミュニケーション戦略は、企業の国際コ
ミュニケーション・ニーズを分析し、社員の能力増強を確保することで実現さ
れます。

　ICM プロフェッショナルは、そのような戦略的任務をつかさどる人材です。
この観点から考えると、ICM プロフェッショナルは 3 分野のコンピテンス（能

■ 図－3：ICM プロフェッショナルに求められる3分野のコンピテンス

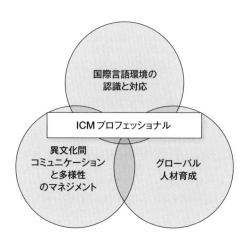

力) が求められることがわかります (図−3 参照)。

① まずは、社会あるいは企業をとりまく国際言語環境を正しく認識し、それらに適切に対処する施策を考察する能力です。

② 次に、これはきわめて重要なことですが、日本企業は基本的にグローバル化されており、いろいろな民族的背景をもつ人々との協働関係を大切にしなければなりません。現在の企業活動では、多様な文化と言語に接するのが当たり前のようになっています。そこで、そのような多様性に積極的に取り組む能力が求められます。それは、異文化間コミュニケーションの諸問題の所在を適切に判断し、民族文化の多様性を正しくマネージする能力と言ってもよいでしょう。

③ さらに、ICM プロフェッショナルは自社内のグローバル化に大いに関係し、グローバル人材の育成に関わる要員なので、その知見を有していることが肝心です。

おわりに

　日本の企業、自治体、そしてその他の組織は、言語や文化やコミュニケーションの観点から経営や運営を考えることはあまりありませんでした。しかし、国際言語環境の現状を適切に認識して、十分な対応策を講じることは、究極の危機管理と言えます。言語を問題として感知し、その解決を模索する必要があります。そのためには、国際コミュニケーションマネジメントの理論と方法の開発と、その専門家の育成が強く求められます。

問題

Q.1 "The medium is the message." を日本企業の情報発信に照らし合わせると、このことばはどのような意味で重要だと考えられますか。

Q.2 あなたがよくご存じの組織を例にとり、ICM のフローに従って国際コミュニケーションマネジメントを実践するという想定で、点検するべき事柄や提案可能な内容などを自由に論じてください。

*1　本名他、2012 年、『企業・大学はグローバル人材をどう育てるか』アスク出版、第 12 章を参照のこと。
*2　本名他、2012 年、第 11 章を参照のこと。
*3　本名他、2012 年、第 22 章と第 23 章を参照のこと。
*4　本名他、2012 年、第 4 章と第 5 章を参照のこと。
*5　本名他、2012 年、第 6 章を参照のこと。

第 2 部

企業のグローバル対応の事例
～ケーススタディ～

金融業界の
グローバル対応

西村信勝

1 はじめに

　まず、グローバル化の定義を考えてみましょう。アメリカのシンクタンクであるピーターソン国際経済研究所（Peterson Institute for International Economics：PIIE）はグローバル化について、以下のように述べています。

> Globalization is the word used to describe the growing interdependence of the world's economies, cultures, and populations, brought about by cross-border trade in goods and services, technology, and flows of investment, people, and information.
> (Kolb, 2021)
>
> グローバリゼーションとは、商品やサービス、テクノロジー、投資、人々、情報が国境を越えて移動することによってもたらされる、世界の経済、文化、人々の相互依存の高まりを意味することばである。
> (執筆者訳)

つまり、ヒト、モノ、カネが国境を越えて自由に移動することで、経済だけでなく文化や人々の国際的な相互依存が高まっている状況をグローバル化と言うことができるでしょう。

　本章では、金融機関がこのグローバル化にどのように対応しているのか、あるいは対応しようとしているのかについて考えていきます。そのことを考える前に、金融機関のグローバル化に影響を与えた4つの要因を挙げたいと思います。

（1）日本企業の海外進出と対外直接投資の増加

　金融機関は顧客への金融サービスの提供を基本としているので、日本企業の海外活動の増加に呼応してグローバル化を推進します。その意味で、日本企業の海外進出にともなうお金の流れ（対外直接投資）がどのように推移したのかを理解することが重要になります。

　日本企業の海外進出は、1969 年 10 月の対外直接投資の自由化を契機に増加していきます。その後、1985 年 9 月のプラザ合意※1 以降に異常な円高（プラザ合意前日の 242 円から 1985 年の年初には 128 円）のため、日本の輸出競争力が激減しました。その結果、人件費の安い他のアジア諸国に生産拠点を移す目的でアジアへの投資が増加したり、1980 年後半のバブル経済期には、海外の不動産を購入するなど異常とも言える海外投資が行われたりしました。逆に、1997 年半ばにタイから始まった通貨・金融危機によって対外直接投資が急減するなど、対外直接投資は大きく増えたり減ったりしましたが、1990 年代後半からは安定的に増加しています (図− 1 参照)。

■ 図− 1：対外直接投資残高の推移

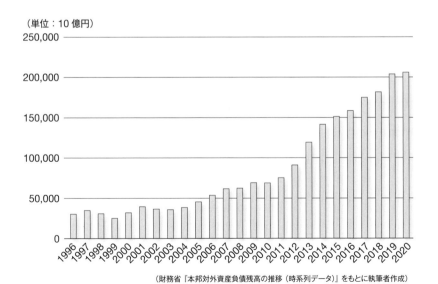

（単位：10 億円）

（財務省『本邦対外資産負債残高の推移（時系列データ）』をもとに執筆者作成）

2020 年の外務省『海外進出日系企業拠点数調査』によると、日系企業の海外拠点数は 2020 年 10 月 1 日現在で 8 万 373 社に上っています。地域別では、アジア地域が 70.1% と圧倒的に多く、次いで北米 12.3%、欧州 10.1%、その他 7.5% となっています。2008 年時点における拠点数は 5 万 4,168 社となっているので、2008 年からの 12 年間で 48.3% 増加したことになります (外務省、2009)。

（2）対外証券投資の増加

カネの流れをみるうえで、株式や債券などの証券投資も重要です。対外証券投資は、1970 年から段階的に自由化されました。バブル経済崩壊の影響で 1990 年代に伸び悩んだものの、2000 年代に入り、日本国内での低金利を背景に再び増加傾向を示しています。ただし、2008 年のリーマンショック※2 の時期は急減しています (図−2 参照)。

■ 図−2：対外証券投資残高の推移

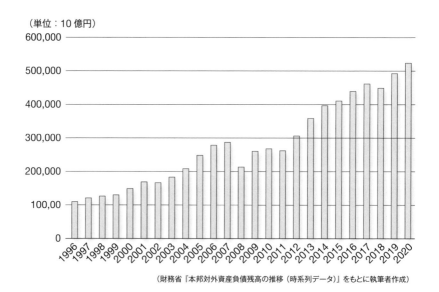

（財務省『本邦対外資産負債残高の推移（時系列データ）』をもとに執筆者作成）

（3）新たな金融商品「デリバティブ」

1990 年代以降に「金融工学※3」をベースに開発されたデリバティブ金融商品

が、金融取引において重要な役割を果たすようになってきました（図−3参照）。デリバティブ取引には、先物取引[※4]、オプション取引[※5]、スワップ取引[※6]やこれらを組み合わせた取引などがありますが、いずれも株式や債券などの金融商品から派生（derive）していることからデリバティブ（金融派生商品）と呼ばれています。

■ 図− 3：派生商品投資残高の推移

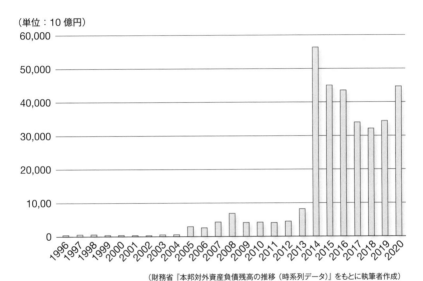

（単位：10 億円）

（財務省『本邦対外資産負債残高の推移（時系列データ）』をもとに執筆者作成）

（4）金融持株会社[※7]の導入

　上記の3つの要因に加え、金融機関の戦略に大きな影響を与えたのが金融持株会社の導入でしょう。1948年の証券取引法によって銀行と証券会社は厳しく分離されましたが、徐々に銀行と証券による相互乗入れが可能となっていき、1997年の独占禁止法の改正によって、1998年3月から金融持株会社の設立が可能になりました。この結果、金融持株会社の下で、銀行、証券、信託銀行などが一定の規制下で協働できるようになり、日本の金融機関の競争力は飛躍的に高まりました。

　次節では、グローバル化を積極的に推進している三菱UFJフィナンシャル・

グループ（MUFG）、三井住友フィナンシャルグループ（SMFG）、みずほフィナンシャルグループ（MHFG）の3社を例にとって、どのようにグローバル化に対応しているかを考えていきます。

海外拠点の展開

　三菱UFJフィナンシャル・グループ（MUFG）の資料によると、2020年9月末現在の同グループの海外拠点数は、50カ国以上約2,000拠点に上っています。地域別では、アジア・オセアニア地域が1,606拠点と最も多く、米州地域378拠点、欧州・中近東・アフリカ地域36拠点と続きます（図−4参照）。

■ 図−4：MUFGの海外拠点（2020年9月末現在）

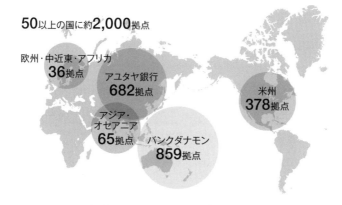

（三菱UFJフィナンシャル・グループ『三菱UFJフィナンシャル・グループの経営戦略』7頁）

　2006年3月末時点の海外拠点数は、アジア・オセアニア地域が46拠点、米州地域が364拠点、欧州・中近東・アフリカ地域が26拠点の合計436拠点でしたので、14年間で1,584拠点の大幅増加となります。地域別ではアジア・オセアニア地域が1,560拠点の大幅増加を示しています。対して米州地域は14拠点、欧州・中近東・アフリカ地域は10拠点の増加です。

　この大幅な拠点増加は、タイとインドネシアの銀行を子会社化したことによります。この結果、日系企業だけでなく、現地の企業や個人をカバーする体制ができたと言えます。具体的な例として、MUFGはタイのアユタヤ銀行との協

働を通じて、日系の完成車メーカーとの取引だけでなく、現地の部品メーカー、ディーラー、そして購入者までのすべての商流をカバーできるようになったと協働のメリットを挙げています (図-5 参照)。

■ 図-5：MUFG とタイ・アユタヤ銀行との協働

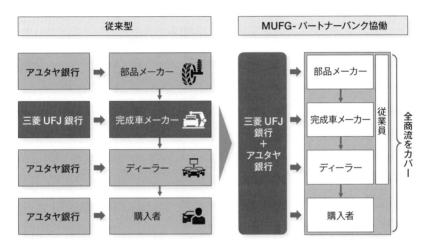

（三菱 UFJ フィナンシャル・グループ『MUFG の経営戦略』26 頁）

　一方で、MUFG は 2021 年 9 月、米国の MUFG Union Bank の中小企業および個人向け事業を米国大手銀行に譲渡することで、米国における中小企業・個人向け事業の撤退を発表しています。この結果、米州地域では、大手企業を対象として、商業銀行業務だけでなく、M&A[※8] などの投資銀行[※9] 業務の推進を重点戦略とすることになりました。その成功例が米国有数の投資銀行である Morgan Stanley（モルガン・スタンレー）との資本・業務提携でしょう。2008 年 9 月、MUFG はリーマンショックで苦境に陥っていた Morgan Stanley に 90 億ドル（当時の価格で約 9,000 億円）の出資を行い提携関係を結びました。『The Wall Street Journal（ウォール・ストリート・ジャーナル）』は、「モルガン・スタンレーと MUFG は、提携により互いに単独では実現できなかったことをやり遂げている。MUFG は日本で有力な投資銀行を誕生させる一方、財務力を強化したモルガン・スタンレーは米国内で競争力を高めた (Hoffman, 2019)」と提携のメリットを述べています。また、提携の成果として、米製薬大手 Bristol

Myers Squibb（ブリストル・マイヤーズ スクイブ）によるバイオ医薬品大手Celgene（セルジーン）の超大型買収（買収額 740 億ドル：約 8 兆円）の成功を挙げています。

　上述から、MUFG は、アジア地域においては、日本企業だけでなく現地の企業や個人顧客をターゲットとする経営戦略をとり、米州地域においては日本企業や現地の大手企業をターゲットとする経営戦略をとっていることがわかります。

　三井住友フィナンシャルグループ（SMFG）の海外拠点数も 40 カ国 137 拠点に上っており、海外貸出残高も 2020 年 3 月現在で 2,730 億ドル（約 30 兆円）と 10 年前の貸出残高（900 億ドル）から約 3 倍の伸びを示しています（図− 6 参照）。

■ 図− 6：SMFG の海外貸出残高の推移

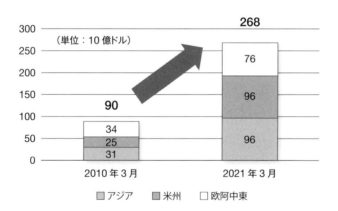

（三井住友フィナンシャルグループ『海外ビジネス』をもとに執筆者作成）

　SMFG は戦略事業領域の一つとして「アジア・セントリックの進化」を掲げて、アジア重視戦略を推進しています。2008 年以降、アジア地域 10 カ国の商業銀行と業務提携を結んで、主として日系企業に対して金融サービスを提供しています。しかし、2019 年以降、主たるターゲットを日系企業だけでなく、現地の企業や個人にまで拡大しています。2019 年 2 月に、インドネシア三井住友銀行と BTPN（年金貯蓄銀行）の合併によって、総資産 1.5 兆円、795 拠点を有

する新銀行を誕生させたほか、2021年4月にはベトナムで個人向けローンなどを提供している業界最大手のノンバンクへ49％出資しています。さらに同年7月にはインド国内で650店舗を有し、個人ローンや中小企業向け融資を展開しているノンバンクを20億ドル（約2,200億円）で買収（出資比率74.9％）しています。

　一方、SMFG、三井住友銀行、SMBC日興証券の3社は、2021年7月に米国大手の独立系投資銀行であるJefferies Financial Group（ジェフリーズ・ファイナンシャル・グループ）と資本・業務提携（約5％、420億円）を締結し、米国市場における投資銀行分野へのさらなる展開を狙っています。

　みずほフィナンシャルグループ（MHFG）の海外拠点は2021年6月末現在で34カ国222拠点に上っています。MHFGの『グローバルコーポレートカンパニー』の戦略には「アジア経済圏における充実したネットワークと米国資本市場におけるプレゼンスを梃子に、各地域のお客さまに〈みずほ〉グループの総合的な金融ソリューションを提供」するとあり、MUFGやSMFGと同様、アジア地域と米州地域に重点を置いていることがわかります。

　アジア地域では、MHFGも積極的に現地の銀行との業務提携を進めており、マレーシア、ベトナム、フィリピン、インドネシア、カンボジア、タイ、ラオスと広範にわたっています。しかし、MHFGはMUFGやSMFGとは異なるアジア戦略を打ち出しているようです。『2021総合報告書（ディスクロージャー誌）』には「トランザクション・バンキング」を推進すると書かれています。トランザクション・バンキングとは財務諸表などのハード情報を用いて、貸出などの金融サービスを提供する形態で、顧客との長期的な取引関係をベースとするリレーションシップ・バンキングとは別な手法です。日本国内と異なり、海外で長期的に取引関係を維持することは必ずしも容易ではなく、トランザクション・バンキングに注力するというのも海外取引戦略として有効だと考えられます。

　MHFGの注目すべきもう一つの重点戦略は、「Global 300」でしょう。前掲の『2021統合報告書（ディスクロージャー誌）』には、「〈みずほ〉のグローバルなネットワークを梃子に（中略）安定したクレジットを持ち、付帯取引獲得機

会のある世界約 300 の優良企業グループのお客さまに対して経営資源を集中させる Global 300 戦略を通して、安定収益の強化と収益源の多様化に取り組んでいきます (みずほフィナンシャルグループ、2021、42頁)」と述べられています。実際、2019 年の米州における「投資適格 DCM のブックランナー※10」ランキングと「投資適格 LCM のブックランナー※11」ランキングにおいて、MHFG はそれぞれ 9 位 (米銀を除くと 3 位) と 8 位 (米銀を除くと 2 位) のポジションを獲得しています。

　以上見てきたように、大手フィナンシャルグループの海外拠点戦略は、日本企業の海外進出支援、非日系大企業との取引拡大と、そのための欧米の金融機関との連携や資本提携、アジア地域の中堅企業や個人 (リテール部門) との拡大のための現地銀行への出資や業務提携と、さまざまな形態に発展していることがわかります。

グローバル経営戦略推進のための体制

　銀行、証券会社、信託銀行などは、金融持株会社の下で協業することはできますが、法律的には別会社となりますので、持株会社傘下の企業をいかに効率的に統括できるかが重要になります。そこで、本節では MUFG、SMFG、MHFG の 3 フィナンシャルグループの業務推進体制について考えていきます。MUFG は対象顧客と商品に応じて、7 つの事業本部制を採っています。海外事業は、コーポレートバンキング事業本部 (国内外日系企業担当)、グローバルCIB 事業本部 (非日系大企業担当)、グローバルコマーシャルバンキング事業本部 (海外の中堅中小企業と個人担当) の 3 事業本部がそれぞれ顧客を担当しています。顧客資産の運用サービスを提供する受託財産事業部と債券、株式、外国為替などの売買を通じて顧客にサービスを提供する市場事業本部が、3 事業本部に対して商品や決済機能を提供するシステムとなっています (表−1 参照)。

■ 表－1：MUFG の各事業本部が担当する主たる顧客層

	事業本部						
	DS	R&C	JCIB	GCIB	GCB	受財	市場
国内個人・法人（非対面）	●						
国内個人・中堅中小企業		●				●	
日系大企業			●			●	●
海外大企業				●		●	●
海外個人・中堅中小企業					●		

DS：デジタル・サービス事業本部
R&C：法人・リテール事業本部
JCIB：コーポレートバンキング事業本部
GCIB：グローバル CIB 事業本部
GCB：グローバルコマーシャルバンキング事業本部

（三菱 UFJ フィナンシャル・グループ『MUFG Report 2021（統合報告書）』18 頁をもとに執筆者作成）

　また、傘下の銀行、証券、信託銀行が各事業本部の活動で協働していること
がわかります（表－2参照）。とくに、日系・非日系大手企業に対しては、銀行、証
券、信託銀行が、市場事業本部と協働し、それぞれの強みを発揮した幅の広い
金融サービスを提供するシステムとなっています。

■ 表－2：MUFG の各事業本部に属する子会社

	事業本部						
	DS	R&C	JCIB	GCIB	GCB	受財	市場
銀行	●	●	●	●	●		●
信託		●	●			●	●
証券		●	●	●			●

（三菱 UFJ フィナンシャル・グループ『MUFG Report 2021（統合報告書）』18 頁をもとに執筆者作成）

　SMFG の業務推進体制は、顧客別にリテール事業部門（個人・中堅中小企業）、
ホールセール事業部門（国内大企業）、グローバル事業部門（海外の日本企業と
グローバル企業）の3つの顧客別事業部門と市場事業部門の計4事業部門で構

成されています。MUFGと同様に、市場事業部門は、リテール、ホールセール、グローバル事業部門を通じて、国内外の顧客に金利や通貨など資金の効果的な調達・運用管理をサポートしています。デリバティブ商品の開発や運用などもこの部門の役割となります。

　さらに、SMFGの特徴として、本社に4つの事業部門をサポートする機能があり、それぞれの機能ごとに「最高○○責任者」(Chief × Officer：C × O制)を置いていることが挙げられます。具体的には、Chief Financial Officer（最高財務責任者）、Chief Strategy Officer（最高戦略立案責任者）など、財務、企画立案、リスク管理、法令順守、人事、情報、デジタル戦略、監査のそれぞれの分野に統括者を置くことで、経営資源の共有化・全体最適な資源投入を図っています (表−3参照)。

■ 表−3：SMFGの事業部門制とC × O制

	銀行	証券	信託
リテール事業部門	●	●	
ホールセール事業部門	●	●	●
グローバル事業部門	●	●	●
市場	●	●	
本社部門(C × O制)	CFO 財務　　CSO 戦略立案　　CRO リスク管理	CCO 法令順守　　CHRO 人事　　CIO 情報	CDIO デジタル戦略　　CAE 監査

（三井住友フィナンシャルグループ『SMBC GROUP REPORT 2020：グループ体制』をもとに執筆者作成）

　みずほフィナンシャルグループ (MHFG) は、海外の顧客をカバーする「グローバルコーポレートカンパニー」など5つのカンパニー（部門）が顧客別に設置され、その5つのカンパニーを2つのユニットがサポートするシステムとなっています。「グローバルプロダクツユニット」は、投資銀行関連商品や資金運用・管理などの面でサポートし、「リサーチ＆コンサルティングユニット」では、国内外市場の分析や予測など多岐にわたる分野での調査と提言を通じてサポートしています (図−7参照)。

■ 図－7：みずほフィナンシャルグループのカンパニー制

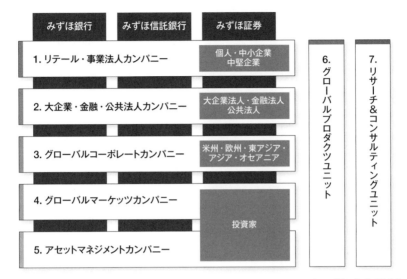

（みずほフィナンシャルグループ『〈みずほ〉の進化』）

　以上見てきたように、3フィナンシャルグループとも、顧客別あるいは地域別に作られたセグメントごとにグループ横断的に事業戦略を推進しています。顧客の需要に応じた幅広い金融サービスを効率的に提供するシステムとなっていることがよくわかります。

グローバル人材の育成

　グローバル化の進展に対応するためには、グローバルな舞台で活躍できる人材（グローバル人材）の育成が不可欠となります。2010年4月の文部科学省『産学人材育成パートナーシップ　グローバル人材育成委員会報告書』では、グローバル人材を以下のように定義しています。

> グローバル化が進展している世界の中で、主体的に物事を考え、多様なバックグラウンドをもつ同僚、取引先、顧客等に自分の考えを分かりやすく伝え、文化的・歴史的なバックグラウンドに由来する価値観や特性の差異を乗り越えて、相手の立場に立って互いを理解し、更にはそうした差異からそれぞれの強みを引き出して活用し、相乗効果を生み出して、新しい価値を生み出すことができる人材。
>
> （文部科学省、2010、31頁）

　また、2011年6月に開催されたグローバル人材育成推進会議の『中間まとめ』では、グローバル人材を以下の3要素を満たすものとしています。

> 要素Ⅰ：　語学力・コミュニケーション能力
> 要素Ⅱ：　主体性・積極性、チャレンジ精神、協調性・柔軟性、責任感・使命感
> 要素Ⅲ：　異文化に対する理解と日本人としてのアイデンティティー
>
> （グローバル人材育成推進会議、2011、7頁）

　文部科学省の『第2期教育振興基本計画　初等中等教育分科会関連箇所抜粋』では「日本人としてのアイデンティティや日本の文化に対する深い理解を前提として，豊かな語学力・コミュニケーション能力，主体性・積極性，異文化理解の精神等を身に付けて様々な分野で活躍できる」人材をグローバル人材と定義しています。

　これらの定義に共通している要素として、コミュニケーション能力、異文化理解と日本人としてのアイデンティティー、協調性と柔軟性、チャレンジ精神（新しい価値の創造）などを挙げることができるでしょう。実際、MUFG、SMFG、MHFGとも、以下のように、英語コミュニケーション能力の向上、異文化理解の深化を助けるさまざまなサポートシステムを構築しています。

- 各種社内研修プログラム
- 社外の研修プログラム参加支援（語学学習支援など）や海外の大学院への留学
- 海外拠点あるいは提携金融機関へのトレーニー派遣
- グループ企業間の研修プログラム

　しかし、今まで見てきたように、金融機関の業務内容は極めて複雑多岐にわたっているため、英語コミュニケーション力や異文化理解力だけでは、グローバルな舞台で金融のプロフェッショナルたちとやりあうことはできません。まず、自分が担当する分野のプロフェッショナルになることが求められます。実際、求められる人材として、三菱UFJ銀行は、「高い人間力とスキル・専門性を有するプロフェッショナルとして、変化を先取りし、変革に挑戦することを通じ、中長期的に高い成果・貢献を実現できる人材 (三菱 UFJ 銀行『人材育成』)」としています。また、三井住友銀行も「お客さまのニーズはますます高度かつ複雑になっており、それに応えていくための新たなソリューションがいっそう求められています。いままでと同じやり方では、もはや付加価値を提供することはできません (三井住友フィナンシャルグループ『人事メッセージ』)」として、高い専門性や付加価値のあるソリューション力の重要性を述べています。

　MHFGも「社員一人ひとりが特定の事業領域で軸となる専門性を形成し、その専門性を強化・発揮できる領域の業務に従事しながら、自らのキャリアをデザインする (みずほフィナンシャルグループ『2022 年度募集コース・募集要項』)」ことがキャリア形成だとしています。

　この点で注目すべきがMHFGの採用方式です。MHFGは「特定の事業領域で高い専門性を形成し、その専門性を強化・発揮できる」ようになることが重要として、２つの採用方式を導入しています。一つが入社後５年目から７年目を目途に、自分のキャリア分野 (キャリアフィールド) を決める「スタートオープン型」、もう一つが、入社当初からキャリアフィールドを特定する「キャリア特定型」です。

　「キャリア特定型」には７つのコースが設定されており、入社時から自分が働きたいコースを自分で選び、その分野で求められる高度な専門性を入社時から培うことができます。たとえば、グローバルコーポレートファイナンスコースでは、「入社当初より、大企業・金融・公共・海外法人ビジネスにキャリアを特定します。グローバルな視点でお客さまと向き合い、高度で幅広いリューションの提供を通じて同分野のプロフェッショナルをめざします (みずほフィナン

シャルグループ『2022 年度募集コース・募集要項』)」とあるように、国内外の大手企業の担当
者を目指すことができます (図−8 参照)。

■図−8：グローバルコーポレートファイナンスコース

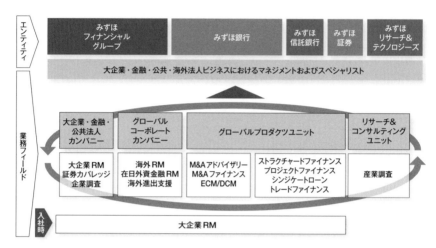

(みずほフィナンシャルグループ『2023 年度募集コース・募集要項』)

　上述の MHFG の採用方式で明らかなように、グローバル人材を育成してい
くためには、英語コミュニケーション力、異文化理解力だけでなく、担当分野
における高度な専門性を早い段階から培う環境を提供することが必要になって
くることがわかります。

グローバル・バンキングにおけるコミュニケーション 5

　本章の最後に、投資銀行業務の一つである M&A (合併・買収) 取引で使わ
れる業界用語 (ジャーゴン：jargon) をいくつか紹介しつつ、コミュニケーショ
ンについて考えていきたいと思います。

　M&A 取引では、戦略の策定、取引相手の選定、企業価値の算出、買収交渉、
基本合意書の作成・調印、精査 (due diligence ※12)、最終的条件交渉、最終合
意書作成など、さまざまな段階で高度な専門性が必要とされます。したがっ
て、取引先企業の経営陣・企画担当者、弁護士、公認会計士などで構成される

M&Aチームが取引を進めることになり、通常、投資銀行の担当者がこの混成チームの指揮をとることになります。混成チームのメンバーが時機を失することなく、さまざまな戦略や戦術を策定・実行していくことがM&A取引の成功の鍵となります。その意味で、ジャーゴンが有益なコミュニケーションとしての役割を果たすことになります。

　Cambridge Dictionaryによると、ジャーゴンとは、"special words and phrases that are used by particular groups of people, especially in their work（特定のグループの人々が、特に仕事で使用する特別なことばやフレーズ）"とあります。また、デジタル大辞泉には、「仲間うちにだけ通じる特殊用語。専門用語。職業用語。転じて、わけのわからない、ちんぷんかんぷんな言葉」ともあり、部外者には意味が通じないことばとも言えます。

　では、M&A取引ではどんなジャーゴンが使われるのでしょうか。ここでは、買収対象企業の経営陣が反対しているにもかかわらず買収を仕掛ける、という敵対的買収（hostile takeover）で使われるジャーゴンをいくつか挙げてみましょう。

- sleeping beauty
  直訳すれば「眠れる美女」ですが、まだ誰も気づいていない魅力的な買収対象企業を意味します。

- dawn raid
  直訳すれば「夜明けの襲撃」ですが、株式市場が開くと同時に買収対象企業の株式を大量に購入することを意味します。

- bear hug
  直訳すれば「（クマが抱きつくように）強く抱きつくこと」ですが、相手の経営陣が拒否できないような魅力的な買収条件を出して買収を仕掛ける戦術を意味します。sweetheart deal、godfather offer も同じ意味として使われます。

- golden parachute
  直訳すると「黄金のパラシュート」ですが、敵対的買収が成功した場合に、退職を余儀なくされるトップに途方もないほど高額の退職金を支払う旨の規約をあらかじめ設定しておくという敵対的買収への予防策を意味します。

- pac-man strategy
  1980年に発表され、記録的にヒットしたゲーム「パックマン」から連想した戦術で、買収対

> 象企業が敵対的買収企業に対して逆に敵対的買収を仕掛けるという戦術を意味します。
>
> （西村、2018、175-176 頁）

　以上のいくつかの例からわかるように、M&A ジャーゴンを使うことによって、関係者間で手短かつ正確に内容を伝えることができるようになります。しかもユーモアがあることばなので、仲間意識がより強まる効果もあります。M&A ジャーゴンは、おそらく取引を進めているうちに誰かが思いつき、それが定着していったものだと考えられます。

　Kirby & Coutu（2001）は『ハーバード・ビジネス・レビュー』誌の記事で、ジャーゴン（この記事では buzzword と呼んでいますが）について、"it serves as a sort of secret handshake or shibboleth: if you know my term then you're in my world, and if you don't then you're not.（私のことばがわかれば私の仲間、わからなければ私の仲間ではないというような、一種の秘密の握手〈特別な仲間への忠誠心を示す方法〉や合いことばである）" と記しています。つまり、ジャーゴンを使ってコミュニケーションがとれるようになれば、その分野では仲間とみなされるわけです。

　しかし、勘違いすべきでないことは、ジャーゴンを覚えたからといって M&A 分野におけるグローバル人材になれるということではありません。高い専門性に裏打ちされた仲間たちからの信頼があってはじめて、自然とジャーゴンを使って仲間たちとコミュニケーションがとれるようになるのです。グローバル人材とはそういうものではないでしょうか。

おわりに

　本章では、代表的な金融フィナンシャルグループ 3 社に焦点を当てて、海外拠点の展開、グローバル経営戦略推進のための体制、そしてグローバル人材の育成について述べ、最後にジャーゴンを例にとってコミュニケーションについて考えてきました。

　第１節で見たように、日本企業の海外進出の増加にともなうグローバルな資金フローの拡大、デリバティブ商品など高度な金融商品の開発、そして幅広い金融サービスを提供できる金融持株会社の導入を背景に、金融機関のグローバル化が大きく進展していきました。このグローバル化をどのように推進していったかを、MUFG、SMBC、MHFG のフィナンシャルグループ３社を中心に、地域別のグローバル戦略 (第2節参照)、グローバル戦略推進のための体制 (第3節参照)、グローバル人材の育成 (第4節参照) について述べてきました。そのうえで、M&A 取引におけるジャーゴンを例に、グローバル・バンキングにおけるコミュニケーションについて触れました。

　本章で明らかなように、金融業務はよりグローバルに、より専門的になっています。単に英語力を高めるだけでは、グローバル人材としてグローバルな舞台で活動することはできません。自分が担当する部門における専門性を高め、その分野の専門英語を身につけることに加え、自分が所属する金融機関がどのようなグローバル戦略を採ろうとしているのかについても知っておくことが不可欠です。

問題

Q.1 トランザクション・バンキングとリレーションシップ・バンキングの違いを説明してください。

Q.2 3つのフィナンシャルグループの海外拠点戦略に見られる共通点を説明してください。

※1　1985年9月22日にNYのプラザホテルでなされた先進5カ国（日・米・英・独・仏）による合意をいう。ドル高是正に向けたプラザ合意を受けて、急速に円高が進行し、輸出が減少したため、国内景気は低迷することとなった。

※2　リーマンショック（the collapse of Lehman Brothers）とは、2008年9月15日にアメリカの投資銀行リーマン・ブラザーズ・ホールディングスが経営破綻したことをきっかけに、世界的に起こった金融危機をいう（SMBC日興証券『初めてでもわかりやすい用語集』参照）。

※3　金融工学とは、株式、株式や債券などの金融商品のリスクや収益率、理論価格などを、数学やコンピューターを駆使して数値化し分析する学問をいう（SMBC日興証券『初めてでもわかりやすい用語集』参照）。

※4　先物取引とは、株式や債券などの金融商品を将来の一定期日に、あらかじめ取り決めた条件で売買する取引をいう。

※5　オプション取引とは、株式や債券などの金融商品をあらかじめ定められた期日までに、あらかじめ定められた価格で買う、または売る権利を有する取引をいう（権利なので実行しなくてもよい）。

※6　スワップ取引とは、同じ価値のキャッシュフローを交換することで、たとえば固定金利と変動金利を交換する金利スワップ、異なった通貨（たとえば日本円と米ドル）を交換する通貨スワップ取引などがある。

※7　金融持株会社とは、銀行、信託銀行、証券会社、保険会社、リース会社、ベンチャー・キャピタルなどを傘下に置く持株会社をいう。

※8　M&Aとは、企業の合併（Mergers）と買収（Acquisitions）を意味する。

※9　投資銀行（Investment Bank）とは、株式や債券の引き受けによる資金調達業務、M&A（合併・買収）の仲介などを行う金融機関をいう。日本の証券会社に近い。

※10　投資適格DCMとは、投資家にとって比較的リスクの小さい債券を意味する。ブックランナーとは有価証券の募集・売り出しを行う引き受け業務で、発行条件を決めるなど中心的な役割を果たした証券会社のことをいう。

※11　投資適格LCMとは、投資家にとって比較的リスクの小さいローン（融資）を意味する。

※12　精査は買収監査とも呼ばれ、M&Aの際に買い手が譲渡対象会社の財務や法務、税務などについて多角的に調査する行為をいう。

第5章

プラントエンジニアリング業界のグローバル対応

白崎善宏

1 はじめに

　エンジニアリング産業は「プラント，工場機械設備などの設計，調達，施工や完成後の試運転などを一貫して請負う産業。化学，機械，土木などの広範な分野にわたる複合的な技術力を要し，いわゆる総合的な技術を提供する産業である[※1]」と定義されています。エンジニアリング産業は設計（engineering）、調達（procurement）、建設（construction）を根幹としているため、頭文字をとって「EPC産業」とも言われます。

　英語のengineeringということばは日本語では「工学あるいは設計」と訳されます。electrical engineeringは「電気工学あるいは電気設計」、mechanical engineeringは「機械工学あるいは機械設計」のように多様な訳語が使われています。一方、産業としてのengineering industryには適切な日本語訳がなく、カタカナ表記で「エンジニアリング産業」が使われています。

　エンジニアリング産業の歴史は19世紀にさかのぼり、イギリスではヴィクトリア期の繁栄を支えた4つの産業として、農業（agriculture）、商業（commerce）、製造業（manufacture）に並んでエンジニアリング産業（engineering）が挙げられています[※2]。明治維新後の日本は、西欧から多くの技術や産業を貪欲に導入しました。しかし、エンジニアリング産業は対象となるインフラおよび産業の整備が未成熟であったこともあり、ほかの3産業と比較

して、なじみが薄いだけでなく、必要性の認識もあまりなく、導入に至りませんでした。

　日本では戦後の復興期にエネルギー・化学産業を主な顧客としたエンジニアリング産業が急速に発展し、エンジニアリング専業会社の創設のみならず、多くの重工業各社がエンジニアリング産業部門を持ちました。さらに、1970年代初頭からは国内需要だけでなく、海外需要が急速に拡大し、エンジニアリング産業各社とも海外受注量が総受注量の7割から8割を超える状況が継続しています(丸田、2014)。製造業では、まず国内生産物の輸出から始まり、海外現地生産とステップを踏んでグローバル化が進んだのに対し、エンジニアリング産業では海外での現地建設が当初から事業計画に含まれており、一気にグローバル化が進展しました。

　さて、プラントエンジニアリング産業の対象は石油・ガス、化学、発電、上下水道、製鉄、セメント、環境等と多岐にわたります。これらの対象に対して提供されるプラントは、工業活動において欠かせない資源や素材の生産を行う複数の設備を統合システム化したもので、石油・ガスプラント、化学プラントなどと呼びます。

　各産業の経済活動の変化を把握するためには「産業分類」を知る必要があります。プラントエンジニアリング産業は総務省の日本標準産業分類では「L－学術研究、専門・技術サービス業［7499］」とされています。一方、証券取引所の産業分類別証券コードでは「機械」あるいは「建設」と分類がまちまちです。これは分類の基準が混乱しているのではなく、エンジニアリング産業が多面的な要素を持っていること、そしてエンジニアリング産業に対する一般の理解度がまだ高くないことを示しています。

プラントエンジニアリング産業の特徴と課題

　プラントエンジニアリング産業の特徴と課題を以下に示し、産業を理解するための手助けとします。

（1）プロジェクト主体の受注産業

　プラント建設事業における仕事の単位は「プロジェクト」で表されます。たとえば、A 会社の石油化学コンプレックスの建設なら「A 石化プロジェクト」です。また、A 石化プロジェクトを担当する組織自体もプロジェクトと呼ばれます。エンジニアリング会社にプロジェクトが組織されると、同時に顧客側にもプロジェクトが組織されることが多くあります。その際、プロジェクトの業務を遂行するプロジェクト・チームが技術、調達、建設、人事、経理等の必要人員を集めて作られます。すなわち、プロジェクト・マネジャーを長とする欧米型のタスク・フォースで業務を遂行します。プラントエンジニアリング産業はプロジェクトを受注し、プラントを完成させることが目的の受注産業です。課題はプロジェクトマネジメントの善し悪しが、業績に直接的に反映されることです。

（2）プロジェクトの有期性と独自性

　プロジェクトの特性は有期性と独自性にあります。すなわち、同じ石油のプロセス・プラントであっても、建設地や建設時期が異なれば設計条件は異なります。また、建設作業もいつから開始し、いつまでに完了とはっきりと契約で決められます。当然、過去の経験を生かしてプロジェクトを遂行しますが、毎回新たな仕事に取り組むことになります。課題はリピート性の少ないなかで、どう経験を生かすかです。

（3）エンジニアリング会社の組織運営はマトリックス組織

　複数のプロジェクトが同時並行で進行するため、エンジニアリング会社の組織構造にはマトリックス組織（Matrix Organization※3）が多く採用されています。それは、プロジェクトが所属する横割りの事業部門と縦割りの職能部門の2つの系列を、縦・横に組み合わせて網の目のようになった組織形態です。エンジニアリング会社の従業員は職能別の組織に所属するとともに、特定の事業・プロジェクトのチーム・メンバーになり、常に2つの組織の仕事を同時に務めることになります。場合によっては複数のプロジェクト・チームのメン

バーにもなります。こうした形態を two boss three boss 方式とも言います。課題は中小のエンジニアリング企業では人員が限られるため、マトリックス組織を導入しにくいことです。

（4）巨大化するプロジェクトの規模

　プロジェクトの規模はエネルギー分野をはじめとして巨大化する傾向にあり、現在では1プロジェクトが100億円から1兆円を超える規模になっています。したがって、設計要員の確保、莫大な資機材のグローバル調達、建設工事の熟練工や管理監督を含む建設工事要員などが必要です。エンジニアリング会社には、こうした多くの人材と資材を統括するITシステム、品質管理、スケジュール管理が必須です。課題は契約形態をかんがみたリスク管理計画の策定と確実な実行です。

（5）世界中に広がるプロジェクトの顧客と建設場所

　プロジェクトが巨大化していくと、大きなリスクを負うことができる顧客は限られ、国際石油資本が主力となります。欧米系の Shell、Exxon 等のメジャーオイル、そしてオイルショック以降に台頭してきた産油国の国営石油会社である Saudi Aramco（サウジアラビア）、Gazprom（ロシア）、中国石油天然気集団公司などです。プロジェクトの建設地は、石油・天然ガスの生産地である極寒の北極圏から酷暑の中東まで世界中に広がっています。特に北米は石油・ガスの生産地であると同時に、エンジニアリング業の中心地でもありますが、近来は技術力を武器に、日本のエンジニアリング会社も進出しています。課題は建設経験のない地域の気候や労働力問題などを事前調査する能力の確立です。

（6）ジョイント・ベンチャーやコンソーシアムによる業務運営

　プロジェクトが巨大な場合、リスクの分散、資金や人材を有効利用する必要性から、顧客側と受注するエンジニアリング企業側の双方で複数の企業とのジョイント・ベンチャー（Joint Venture：JV）あるいはコンソーシアム（consortium）という形で、業務を遂行するケースが多くなりました。こうした

企業連合はメリットも多々ある一方で、コミュニケーションが入り組んでくるため、プロジェクト管理が重要になってきます。課題はパートナー選定には顧客からの要求事項やパートナーの能力の見極めなど、複雑な要素があるため、どう戦略を立案するかです。

プラントエンジニアリング産業の業務内容とグローバル化

　プラントエンジニアリング産業の業務は、プロジェクトを中心に遂行されます。その業務は大きく分けて設計、調達、建設という3つのフェーズがあります。この3つのフェーズは順次遂行されるのではなく、各フェーズが重なりあって進行していきます(図−1参照)。さらにEPCが始まる前、すなわちEPCの契約前のフェーズとEPCが終了したあと、すなわち契約終了後のフェーズも重要です。次に各フェーズの概要を示します。

■ 図−1：EPC業務の流れ

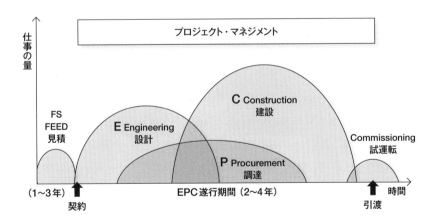

（1）EPC業務開始前−契約前

　プロジェクトが実際に開始し、EPCが始まるまでには多くの業務が必要です。まずFS（Feasibility Study）と呼ばれる業務です。目的とするプラントが技術的・経済的かつ社会的な観点から、顧客にとって投資に値するかを検討しま

す。通常は顧客とコンサルティング会社に加えて、必要に応じてエンジニアリング会社も参加して行います。

FSで実行が決定されると、次の段階ではFEED（Front End Engineering Design）が行われます。ここでは顧客とともに、採用するプロセス・ライセンシング会社の選定を含め、プラントの基本設計を決定します。基本設計はプロセス（化学生産工程）のみならず、全体の配置図、さらに環境規制への対応など多岐にわたります。

次の段階が見積・契約調印です。FEEDで決定された内容に基づき、エンジニアリング会社は競争力のあるコストを算出します。通常は複数のエンジニアリンググループ会社間での競争になりますので、コストのみならずスケジュール、改善提案、品質・環境管理など多くの評価項目をクリアして競合に勝つことによって、契約調印となり、EPC事業が開始されます。契約には一括契約（Lump Sum Contract）のほかにコストプラスフィー契約（Reimbursable Cost Plus Fee Contract）などがあります。

（2）設計（engineering）

FEEDで決定されたプロセスに基づいて、機器の構成、温度・圧力などの運転パラメータ、制御系の詳細、物質収支・熱収支などを流れ図にしたPFD（Process Flow Diagram）を作成します。さらに配管・制御機器の詳細を示すP&ID（Piping and Instrumentation Diagram）を作成し、それをもとに詳細設計が開始されます。詳細設計のIT化が進んだことで、3D設計ツールのなかに、要素技術である機器、配管、電気、制御、土木、建築などすべての情報が盛り込まれるようになりました。こうした要素技術の統合化が設計の要点となります。

従来エンジニアリング企業の本社内で行われていた設計作業は、1990年ごろからのIT化によるコスト低減と設計人員の確保のため、海外の設計子会社とインターネットをとおして行われるようになりました。そうした設計子会社は英語普及率の高いフィリピン、インド、シンガポールを主要な拠点としています。

設計部門は機能に加えて、安全性や環境面への考慮、さらにコストやスケ

ジュールの確保が重要な要素になります。JV パートナーの設計連携も必要であり、一つのプラントの設計が 24 時間常に世界のどこかで進行している状況となります。

（3）調達 (procurement)

　プラントの建設に必要な機器や資材は、重工業、たとえば鉄鋼系のエンジニアリング会社の場合、自社グループの製品も使用しますが、専業エンジニアリング会社では自社で生産するものはなく、すべて外部から調達します。設計部門の仕様書に基づき、目指す品質、価格、納期を検討し調達先を決定します。調達先はグローバルであり、一つのプロジェクトでも数十カ国以上になります。また、契約上、建設国での産品をできる限り使用することが義務付けられているプロジェクトもあります。調達は見積もり、発注から納期管理、品質検査、建設地までの輸送まで多岐にわたります。プラントエンジニアリング会社は海外調達を促進・管理するために海外に調達事務所を設置しています。

（4）建設 (construction)

　プラントの建設には基礎になる土木から、建物、機器据付、配管、電気、計装、保温・保冷、塗装とさまざまな工事項目があります。通常、サブコントラクター（subcontractor）と呼ばれる工事専門会社を工事項目ごと、ないしは一括で起用して工事を遂行します。エンジニアリング会社の責務は全体の納期、品質、安全対策、環境を綿密な工事計画の下で管理することです。建設地によりますが、過酷な気候下でのプロジェクトもあり、数十カ国の国籍からなる何万人もの作業員を統括する重要な職務です。

（5）EPC 業務終了後―引渡

　プラントの工事が完了すると、試運転 (commissioning) が行われます。最初はユーテリティと呼ばれる、プラントに使用する水、電気、空気、スチームなどの設備を立ち上げ、次に原料を投入してプラントを順次稼働させていきます。契約に決められた生産量、品質を確認して顧客に引き渡します。

プロジェクトマネジメントの基本としての技術力と国際コミュニケーション力

　実際にプロジェクトの運営に欠かせないのがプロジェクトマネジメントです。プロジェクトマネジメントの手法は、アメリカのアポロ計画（1961〜1972）の成功に大きく寄与したとされています。現代では IT 技術の進歩もあり、スケジュール管理やコスト管理等に役立つ多くのソフトウェアが開発されていますが、アメリカの Project Management Institute（PMI）が作成した Project Management Body of Knowledge（PMBOK：ピンボック）が基本になっていると言えましょう。

　ここでは個々の手法を詳しく説明するのではなく、典型的な大型プロジェクトの概要を紹介することによって、プロジェクトマネジメントの必要性を具体的に理解していきましょう。例として、中東の LNG（液化天然ガス）製造、建設工期は 4 年、受注規模は数千億円のプロジェクトを挙げます。概要は次のとおりです。

---

①顧客：中東産油国の国営石油会社 A 社とオランダの国際石油資本 B 社の JV。

②建設地：中東のガルフ沿岸（夏場の気温 40℃ を超える酷暑の地）、敷地面積は約 400,000m²。

③エンジニアリング会社：日本企業 C 社とフランス企業 D 社との JV。

④設計業務：基本設計はエンジニアリング企業 C 社、D 社の本社。詳細設計はともに数千人規模の設計会社で C 社のフィリピン子会社 E 社と、D 社のインド子会社 F 社との連携作業。

⑤機器総重量：7 万 t 超え（資材点数は約 600 万点で、20 数カ国からグローバル調達）。

⑥建設要員：現地人。ピーク時にはインド、フィリピン、ネパール、トルコを含め国籍が 40 数カ国の数万人が従事。

　エンジニアリング企業の役割は一つのプロジェクトを遂行する「仕組み」あるいは「枠組み」を作り、品質、コスト、スケジュールを契約書に記載された当初の予定通りに完了することに尽きます。プロジェクトに関与する人の数は、

顧客の契約を担当する法務の専門家から、建設現場で溶接をする作業員のレベルまで、すべてを数値化するのは困難ですが、数万人と言われています。そのうち、エンジニアリング企業のプロジェクト・メンバーはわずか200人程度と推測されます。すなわち、200人が数万人に対して直接的あるいは間接的に業務を依頼し、管理監督するのがエンジニアリング産業です。

プロジェクトの基本設計、すなわちFEEDの段階で決めなければならない重要な事項の一つが、プロジェクトで使用する言語です。グローバル規模のプロジェクトで使用される言語は、地域にかかわらず、ほとんどの場合、英語が使用言語と規定されます。プロジェクトの遂行に必要な契約書、標準書・基準書・そのほかの書類および会議もすべて英語であり、作業指示も原則英語のみです。ただし、工事の安全対策に関わる指示は、現場で働く作業員の言語・国籍にあわせて数々の言語で表示されます。ロシア語、スペイン語あるいはフランス語圏等に在住する顧客のプロジェクトでは、英語以外に建設地の言語が規定されるケースもありますが、プロジェクトの遂行管理上での必要性（人材、資材のグローバル化による）から英語が併記されるケースが多く見受けられます。

現在の世界情勢では、エンジニアリング業界における実質的あるいは実務的なコミュニケーション手段の中心は英語です。かつ、使われる英語はネイティブ英語ではなく、まさしく「国際言語としての英語」になります（実際に日本のエンジニアリング企業の場合、英語ネイティブの比率は5%程度と言われています）。プラントエンジニアリング産業の根幹は「目的にあった仕組みを作り、技術力に加えて、英語による国際コミュニケーション力で管理・運営すること」にあると言えましょう。エンジニアリング企業として言語政策の確立が課題です。

プラントエンジニアリング産業の課題と
国際コミュニケーションマネジメント（ICM）

プラントエンジニアリング産業の課題は上で述べた産業の特徴が大きく関係します。すなわち、プロジェクト中心の業務遂行であり、プロジェクトが有期、

独自であることから、プロジェクト遂行上の課題には即対応しますが、一過性の面もあります。企業としての課題は主にマトリックス組織の職能部門に集積され、対応策が講じられます。

経済産業省が官民一体で作成した報告書に多くの課題が提示されています（経済産業省製造産業局編、2003）。課題は資材価格高騰への対応等の外的要因、プロジェクトの大型化への対応、単一ビジネスモデルからの脱却等の業界要因と個別企業要因に大別されます。ここでは個別企業要因を中心に述べます。個別企業要因による課題には「高度なプロジェクトマネジメント人材の育成」「海外の顧客やサブコンストラクターとのパートナリングの必要性の高まりへの対応」「グローバル展開・ローカリゼーション対応」「付加価値拡大競争への対応」などが挙げられています。課題の多くが企業のグローバル化に関係していることは明らかです。

日本のプラントエンジニアリング産業は、ほかの産業と比較して、1970年代という早期からグローバル化が進んでいますが、課題解決には質的、量的に従来とは異なる変革・拡大が必要であることが示唆されています。たとえば、日本のエンジニアリング企業においては、プロジェクトマネジメント人材は自社での育成が中心でしたが、海外から招へいする場合を含め、外国籍の有能な人材の活用が挙げられます。これは国際人材情報システムの構築であり、従来の給与体系にも関わる課題で、企業として大きな変革を必要とします。

人材育成に限らず、グローバル対応の基盤の一つが、体系化された国際コミュニケーションマネジメント（ICM）であり、従来の経験中心の個別方策からの脱却、戦略的方策の確立です。同時に国際コミュニケーションマネジメントに関わる専門職である国際コミュケーションマネジメント・プロフェッショナル（ICMP）の養成を計画すべきです。プラントエンジニアリング産業の特徴として、プロジェクトが大型化、長期化する傾向にあり、年間で遂行するプロジェクト数はそれほど多くはないので類型化が難しく、体系化は簡単なことではありません。しかしながら、競争力の原点は国際コミュニケーション力であることを再認識し、確実なステップで体系化する必要があります。

おわりに

　プラントエンジニアリング産業自体の理解が比較的難しいと言われていますが、産業としての理解を関連企業・団体・個人に広げることも国際コミュニケーションマネジメント（ICM）の一環と考えられます。一段とグローバル化が進むプラントエンジニアリング産業の発展が、ICM のコンセプトを導入することで、より期待されます。

　本章では大手の専業エンジニアリング企業や化学・鉄鋼・電機会社等のエンジニアリング部門とその子会社の例を中心に述べましたが、中小のエンジニアリング企業であっても本質は同じです。ある特定分野の技術に特化、あるいは特定の地域に特化することによって、中小のエンジニアリング企業は特色を生かしていけます。

　プラントエンジニアリング産業によって、実際に完成した海外プラントは巨大で、大型機械や大口径の配管が走る装置を見ると、完成への大きな喜びを感じます。同時に、国際協力への貢献ができたことに対しても大きな感動を得られることは、次世代へ伝えいくべきことと思います。

問題

Q.1 プラントエンジニアリング業界でプロジェクトマネジメントの基本の一つが国際コミュニケーション力と言われるのはなぜですか。

Q.2 プラントエンジニアリング業界において、コミュニケーション言語の中心に「国際言語としての英語」があるのはなぜですか。

※1　コトバンク『ブリタニカ国際大百科事典　小項目事典「エンジニアリング産業」』より。
※2　1875 年、ヴィクトリア女王の夫君であるアルバート公を記念した「アルバート記念碑」がロンドンに建立された。大英帝国に繁栄をもたらしたとされるアジア、アフリカ、アメリカ、ヨーロッパの４大陸と、さらに４つの産業（農業、商業、製造業そしてエンジニアリング産業）の彫像がある。
※3　マトリックス組織は 1960 年代に NASA がアポロ計画を実行する際、航空宇宙産業界に推奨したことから一般に広まった。

第 6 章

食品メーカーの
グローバル対応

櫻井功男

1 はじめに

　食べ物は地域性が色濃いため、食品業界のグローバル化には独自の苦労が伴います。以下、業界の特徴に触れながら、日本の食品メーカーがグローバル化に際し、直面するコミュニケーション上の問題について記します。

2 食品メーカーの特徴

（1）世界の食品メーカー

　加工食品産業の特徴は事業者数が多いことと、個々の企業規模が小さいことです。それは一握りの巨大企業が市場を占有する重厚長大産業との大きな違いです。2020 年、食品メーカーの売上は世界全体で約 6 兆億ドル[※1]、Nestléや PepsiCo といった業界最大手と言われる企業でも市場シェアは僅かに 1%程度です[※2]。業界上位 500 社をあわせてようやく 70% に届くといった状況のなか[※3]、各社はシェア拡大に向けて世界市場で熾烈な競争を繰り広げています。

　食品業界においては健康と安全が重要なテーマです。Wiese & Toporowski(2013) は食品産業において、一つの事故がサプライチェーン全体に波及することの実例を挙げ、その危険を分析しています。そうした認識もあって、食品

メーカーは業界を挙げて食品業界全体のパイの発展に取り組んでいます。そして、多くが顧客を一般大衆とする B2C※4 ビジネスであるため、幅広い消費者層の目を意識していることも特徴と言えます。グローバルな活動をするさまざまな加工食品の業界団体が「食の安全」や「社会的責任」に関して協力しています。企業活動が世界に広がり、サプライチェーンが広域化、多層化するなか、食の安全や社会的責任に関して、グローバルな視点で取り組むことの重要度が増しているためです。

（2）日本の食品メーカー

　企業規模が小さいのは日本の食品メーカーも同じです。2020 年度の売上高が 1 兆円を超える企業は、業界売上トップの日本たばこ産業（2.09 兆円）から業界 8 位の山崎製パン（1.01 兆円）までと 1 桁しかありません※5。売上高が 27.2 兆円のトヨタ自動車、13.1 兆円の本田技研工業などの自動車業界をはじめ※6、製鉄、家電メーカーなどとの違いはここにあります。自動車 1 台が数百万円するのに対して、100 円あれば買えるパッケージ食品はたくさんあります。この差は当然かもしれません。

　日本の食品メーカーにとってグローバル化は一層大きなテーマです。「胃袋」あっての産業です。少子化で胃袋の数が減り、さらに高齢化でその胃袋が老いてしまうことは脅威です。若くて元気な胃袋を求めて他国の市場に目を向けざるを得ません。また、食料自給率がカロリーベース（37%）、生産額ベース（67%）ともに低いため※7、日本の食品メーカーは原材料の調達も海外頼りなのです。

　日本でも多数の食品メーカーが企業の社会的責任（Corporate Social Responsibility：CSR）を果たすべく積極的に取り組んでいます。食品メーカー同士で協働する場面も珍しくありません。その一例が、多数の食品メーカーが評議員として名を連ねる国連 WFP 協会です。飢餓と貧困の撲滅を使命とする国連世界食糧計画（World Food Programme：WFP）を支援する日本の認定 NPO 法人です。日本社会からの物心両面の貢献を高めることを目的としています。食品メーカーにとって自社の事業との親和性が高いからでしょう。評議

員企業 417 社のうち 40% 超となる 170 社が食品メーカーと※8、圧倒的に多い
のです。レッドカップ・キャンペーンを通じて、2011 年の開始以来、累計 2,000
万人以上の子どもたちに学校給食を届けています※9。

インスタントラーメン業界の事例

（1）日本発のグローバル食品

　日本発で世界に広まったパッケージ食品の一つがインスタントラーメンで
す。「20 世紀のメイド・イン・ジャパン大賞※10」にも選ばれています。世界の
年間消費量は 1,165 億食で※11、それを世界人口 76.8 億人で割ると 1 人当たり
の平均年間喫食数は 15 食に及びます※12。全人類が毎月 1 食以上は食べている
計算です。インスタントラーメンが誕生したのは 1958 年の日本です。テレビ、
電気冷蔵庫、電気洗濯機が「三種の神器」と言われた時代です。安藤百福が、蒸
した麺を油で揚げて乾燥する「瞬間油熱乾燥法」を考案したことに始まります。
製めん、蒸熱処理、味付け、油揚げ、乾燥という基本的な製造工程が日本から各
国に伝播したのです。

　インスタントラーメン業界においてもグローバル化の動きは加速していま
す。業界最大手の日清食品ホールディングスでは、2010 年度の海外売上高は
520 億円、2020 年度は 1,408 億円と 10 年で 2.7 倍となりました。また、この間、
同社の総売上高に占める海外売上高の比率も 13.9% から 27.8% へと倍増して
います。

（2）世界ラーメン協会（WINA）

　そんなインスタントラーメン業界のグローバル化を象徴するのが、世界ラー
メン協会（World Instant Noodles Association：WINA）です。現在は 25 カ国 /
地域から約 170 社が加盟する世界規模の業界団体です。設立は 1997 年で、イ
ンスタントラーメンが世界に広がり、年間消費食数が 400 億食に達しようとし
ていた時期でした。インターネット時代では情報が瞬時に世界中を駆け巡りま

す。遠い国のたった1件の品質事故が世界各国で報じられ、業界全体を揺るがしかねないとの危機感が芽生えたのです。

　協会の根底には安藤百福の事業哲学「会社は野中の一本杉であるよりも、森として発展した方がよい[※13]」があります。この考えの下、WINA は時代ごとの技術的課題に向き合ってきました。CO_2 の排出削減、プラスチック容器包装の軽量化や紙素材への変更、賞味期限延長の技術的検討などです。WINA ウェブサイト（3言語）における消費者への情報発信など日々の活動に加え、「世界ラーメンサミット」や「食品安全会議」を催す傍ら、大規模災害時の緊急食料支援も活動の柱の一つとしています。

① 世界ラーメン協会（WINA）の活動

　世界のインスタントラーメン事業者が一堂に会するのが「世界ラーメンサミット」。相互に関心のある問題について討議し、会員に対し必要な情報を提供する場であり、業界の PR の場でもあります。2018年8月22日（水）〜23日（木）、インスタントラーメン発祥の地である大阪で「第9回世界ラーメンサミット」が開催されました（表−1参照）。"INNOVATING HAPPINESS FOR 100 YEARS" をテーマに掲げて、16カ国／地域のメーカーや業界関係者など WINA 会員企業から70社、累計208名が参加しました。「インスタントラーメンは人々の心も体も温める Instant Hot Meal という価値を活かし、人にも地球環境にも優しく、安全・安心に美味しく食べられる食事として食文化に貢献する」と宣言しています。

■ 表−1：第9回世界ラーメンサミット大阪（2018年）

フォーラム①	「インスタントラーメンの未来」 世界ラーメン協会 会長（安藤宏基）による講演
フォーラム②	「世界の歴史におけるインスタントラーメンの役割」 米国の歴史学科教授（ケン・アルバラ）による講演
フォーラム③	「新しい時代の新しい文化」 MIT メディアラボ所長（当時・伊藤穰一）による講演
フォーラム④	ゲスト講師と学生とのオープンディスカッション

（世界ラーメン協会『第9回世界ラーメンサミット2018』をもとに執筆者作成）

② 食の安全

　インスタントラーメン業界においても「食の安全」は最優先課題です。原材料の選択基準、製造工程における安全基準などを示すなど、WINA は大きな役割を果たしています。前掲のサミットとは別に、品質保証責任者や外部の専門家らによる「WINA 食品安全会議」も催しています (表−2参照)。世界の主要メーカーは競って登壇し、業界全体の安全向上に寄与しています。

■ 表−2：食品安全会議シンガポール（2014 年）

基調講演	食品に影響を与えるグローバルトレンド （元 FDA 食品部門最高責任者による講演）
セッション1	即席麺のポジティブイメージ確立に向けて（中国）
セッション2	即席麺にまつわる危害物質の現状と対応（日本）
セッション3	減塩への取り組みの方向性（タイ、韓国）
セッション4	栄養面からの考察（インド）
セッション5	ブランドオーナーとしてのフードディフェンス（日本）

※ 出席者は経営層、品質保証担当者など 16 の国と地域から約 100 人。元・米国食品医薬局（FDA）の食品部門責任者がすべてのセッションに出席し、適宜、意見や助言を与えた。

（世界ラーメン協会『WINA 食品安全会議 2014』をもとに執筆者作成）

③ 災害食料支援

　簡便性、保存性という特性を活かした緊急食料支援はインスタントラーメンの真骨頂です。まさに本業を通じた「社会貢献」と言えます。2008 年の WINA 災害食料救援基金の設立以降、2021 年 1 月までに各国の被災地に届けた緊急支援のインスタントラーメンは、累計 680 万食に上ります[14]。

　世界規模での緊急食料支援において、WINA のような世界規模の業界団体が果たす役割は非常に大きいです。支援物資の迅速な提供はもちろん、嗜好や表示言語、宗教への対応が可能だからです。2005 年のパキスタン地震では、マレーシアの会員企業が所有するハラール認証を収得した工場で製造したインスタントラーメンを届けました。被災者の多くがイスラム教徒で、豚肉はもちろんのこと、スープに使われる豚肉エキスまで忌諱されるためです。日本から豚

骨ラーメンでも送っていたなら、それが善意であったとしても拒絶されていたことでしょう。世界的ネットワークのおかげでユーザーフレンドリーな食料支援が実現したのです。

<h1 style="text-align:center">グローバル化に向けた奮闘</h1>

（１）利益相反と葛藤処理

　安全でおいしい商品を提供したいとの想いはどの国の食品メーカーも同じです。とはいえ「栄養満点」であることが歓迎される国がある一方で、カロリーオフや減塩といったアピールが有効な国もあります。「途上国では足し算、先進国では引き算」などと言われる所以です。このように、総論賛成、各論反対の事例は枚挙にいとまがありません。そもそも業界団体はライバル企業の集まりです。会員企業間の利益相反は避けられません。以下、筆者が実務者として現場で体験したことを織り交ぜて筆を進めます。まずは貿易促進／非関税障壁と安全対策に関して見てみましょう。

　前述のように食品メーカーは企業規模の差が大きく、それは WINA の会員企業にも言えます。大手メーカーの多くは、ファーストムーバー・アドバンテージを得るべく先々の準備を進めています。国外にも多数の生産拠点を有し、国外で作った安価な製品を自国に持ち込むことも可能です。他方、中小メーカーは現業に追われる傾向にあります。この差が貿易に対するスタンスの違いとなります。国ごとに異なる食品添加物のポジティブリストやネガティブリストなど、輸入規制の違いは食料品の貿易の足かせとなっています。自国で流通している商品でも、別の国では安全性を理由に製造・販売が認められないケースがあるためです。これを非関税障壁として批判し、国際的ハーモナイゼーションを加速させようとする会員企業がいます。その一方で、他国からの製品流入を脅威と感じる会員企業は現行制度の維持を望むのです。

　利益相反は食の安全についても見られます。地域や事業規模に関わらず、食の安全は食品メーカーの最優先事項です。当然ながら安全確保のための業界指

針にはすべての会員企業が「賛成！」と応じます。ところが、その導入時期といった各論になったとたん反応が分かれます。すでに準備万端な企業は「すぐにでも導入し、それを大々的に周知すべき」と考えます。それとは対照的に、依然として準備中というメーカーは「もう少し待ってほしい」となるのです。消費者の健康意識の高まりに応え、カロリーや栄養成分、微量栄養素、塩分などを詳細に表示したいとの想いは一緒でも、基準の統一となると越えるべき壁は高いのです。

　このような利益相反のなかで、WINA 会長・安藤宏基が提唱したのが「非競争分野」なる考え方です。新製品開発や販売など競争すべきところは競争しながらも、業界全体の浮沈に関わる食品安全問題については「非競争分野」と位置付けるという考えです[15]。これに基づいて WINA では、食の安全についてはすべての会員企業でノウハウの共有を図っているのです。

（２）Win-Win 関係の構築

　災害発生時の緊急食糧支援には、被災地に近接する会員企業の協力が不可欠です。そこで支援の実行者となるメーカーとその司令塔となる WINA の双方にとって、Win-Win となる仕組みの構築が進められています。たとえば、会員企業が救援食料の搬送の際に、バナーやポスターを掲示して WINA の災害救援活動を周知します。同時に WINA 事務局では、ニュースリリースやウェブサイト等あらゆるチャンネルで協力企業の救援活動の広報に努めます。それを WINA 災害食料救援基金のガイドラインに明記することで Win-Win の関係を築いているのです。

　特筆すべきは、商品を直接提供しない場合でも、会員企業であれば間接的な貢献を謳えることです。「弊社は WINA を通じて支援しました」といった対外発表を認めているのです。ハイチ地震の際、被災地に自社製品を搬入したのはアメリカとブラジルの会員企業でしたが、タイのある会員企業は自社が WINA を通じて支援をした、とメディアに語りました。同国ではこの企業の社会貢献として報じられました。歓迎すべきことです。こうしたことを繰り返していくと、有事にも役立つといったインスタントラーメンの有用性が広く浸透するか

らです。グローバル業界団体を活用することで、会員企業が相互にメリットを享受できるのです。

（3）コミュニケーション上のチャレンジ

　WINA は世界的な業界団体とはいえ、インスタントラーメンが日本発祥の食品であることから、会員企業はアジア系が目立ちます。母語が英語の話者は少なく、会議や日常の意思疎通においても、ノンネイティブの英語が飛び交っています。また、創業者やその親族が経営の第一線に立つ、いわゆるオーナー企業が多いのも業界の特徴と言えましょう。そこで重視されるのが「衝突回避型のコミュニケーション・スタイル」です。相手を人前で論理的に論破するのではなく、相手の面子を尊重することが大切です。文化や生活習慣が異なる同士が意思疎通を図るには、お互いに話の前提を共有しておく必要があります。ここでは意思疎通における食品メーカーならではの「あるある」を紹介します。

　この業界にあって noodle は必須語です。2006 年に国際食品企画委員会（CODEX ※16) でインスタントラーメンの世界規格が成立しましたが、そのカテゴリーの正式名称が Instant Noodles です。ところが、noodle と聞いて想起するイメージは実に多様です。ラーメンのようにスープに入っている麺、ざる蕎麦のようにつけ汁が添えてある麺、パッタイ（タイ風やきそば）やインドネシアのミーゴレンのように炒めた麺などいろいろです。さらには、麺の素材も小麦、米粉、そば粉などさまざまです。世界各地の食文化を取り入れながら進化したインスタントラーメンを一つのイメージではとらえられません。

　一般消費者を顧客とする業界なので「お店（Store）」ということばも頻出語です。ここでも国が違えば浮かぶイメージが異なります。欧米などでは食品の売り場面積が 10,000m² を超す大型店がある一方で、途上国にはお客が店内に入ることなく、カウンター越しに商品と代金を交換するスタイルの店も多くあります。また、露天の店や、舗装されていない砂利道に面したスーパーマーケットも珍しくありません。頭に描く店舗像が異なっていては会話が成立しません。「インストア・プロモーション」や「店内での試食販売」といった話は通じません。

通じないでは済まないこともあります。「サテー味」のインスタントラーメンの表記を巡っての出来事です。サテーとは甘辛いピーナッツソースを使ったインドネシアやマレーシアで広く食べられている串焼き料理です。その味付けを再現したインスタントラーメンは、東南アジアを中心に人気です。スープに含まれるピーナッツはアレルギー物質を含んでおり、その旨の注意書きが必須です。オランダのある会社が販売していた商品のパッケージには「サテー味」と大きく書かれ、調理例の写真が載っていました。一部のオランダ人からは、「これを見ればピーナッツが含まれていることは一目瞭然」といった声もありました。インドネシアの旧宗主国であるオランダでは、インドネシアの食材が身近なためです。しかし、すぐ近くのスウェーデンでは「サテー味」からピーナッツを連想できない人が多くいたのです。知らずに食べてアレルギー反応が起こる、といったハプニングもありました。一国の常識が周辺国であっても通用しない例です。

　曖昧なことばが誤解を生むのは形容詞も同様です。食品業界では「おいしい」ことは一大関心事です。実はおいしい温度も国によって異なります※17。スープを最もおいしく感じる温度は、個人差はあるものの、中国が最も高く90℃を超えます。日本と韓国がこれに次ぎ、ベトナムやタイと続きます。東アジアや東南アジアでは、おいしいと感じる温度が高いようです。「熱くないとおいしくない」といったところでしょう。一方、フィンランドでは75℃を下回るときに、スープを最もおいしいと感じる人が多いようです。イギリスやアメリカでも75℃近くが好まれます。「熱くては味がわからない」と感じるのかもしれません。つまり「おいしい」といったことばには、国によって解釈の幅があるのです。

　名詞も形容詞もダメなら数字はどうでしょうか。数字にしても前提を共有しておかないと大きな誤解を招きかねません。WINAでは毎年インスタントラーメンの世界総需要を公表しています。その単位の考え方が国によって微妙に違うため集計には苦労していました。日本のスーパーマーケットなどで「5食パック」と称する商品を見かけますが、日本ではこの1パックを5個とカウントしています。インドでは6食入りのパックが売られていますが、6個ではな

く1個とカウントされていたのです。6食分が封入された状態で売られている
のだから「1パッケージで1個だ」という理屈です。さらには、フィリピンでは
「メリエンダ」という間食の習慣があり、1日8回の食事をする人も珍しくあり
ません。そのため同じ1食でもフィリピンのインスタントラーメンはかなり軽
量です。しかし、大きさに関係なく1食は1個として申告されています。どれ
が正しいかではなく、このように国によって異なった考え方があることを認識
したうえで、集計方法を収斂することが大切です。

　年間総需要といえば、国別ランキングも紛らわしいものです。2020年のトッ
プ3は1位が中国（香港含む）、2位インドネシア、3位ベトナムで、それぞれ
の年間総消費食数は463.5億食、126.4億食、70.3億食となっています[18]。し
かし、ヘビーユーザーという意味では、1人当たりの年間消費食数が約80食の
韓国が、2位のベトナム（72食）、3位のネパール（53食）を押さえてチャンピ
オンです[19]。その国の販売総数なのか、1人当たりの喫食数なのか、という単
純な違いです。しかし、こうした一見些細なことの確認を怠るとランキングが
変わってしまうのです。

5 おわりに

　以上、インスタントラーメン業界を中心に食品メーカーのグローバル化を見
てきました。少子高齢社会と食料自給率の低さから日本の食品メーカーの多く
はグローバル化に真剣に取り組んでいます。国境を越えた「食の安全」と「社会
的責任」の問題については、他社と協働することで効果的に対応できるケース
があります。規模の小さいメーカーが多い食品業界では、業界団体などを活用
することで成果を出している例を見てきました。非競争領域（共通の利益）と
の考え方です。

　地域性が根強い食品産業では、異文化間での意思疎通において構造的に誤解
が生じやすいと言えます。特に日本の食品メーカーでは外国語としての英語で
のコミュニケーションが増えるためなおさらです。意思疎通における前提の共
有に努めることでグローバル化を推進していくことが肝心です。

問題

形容詞や副詞は解釈に幅があるため誤解を招きやすいと言われます。しかし、数字を用いて表現しても誤解が生じるケースがあります。その理由を述べてください。

※1　ディールラボ『食品飲料業界の市場シェア・売上高ランキング・市場規模の分析』を参照。

※2　ディールラボ、同上。

※3　レッツマット、2021 年、84 頁。

※4　B to C、つまり Business to Customer のこと。

※5　Ullet『食品業』を参照。

※6　Ullet『輸送用機器』を参照。食品業、輸送用機器ともに 2021 年 3 月末決算の企業も含めて、本章では「2020 年度」と表記。

※7　農林水産省『令和 2 年度食料自給率・食料自給力指標について』を参照。

※8　国連世界食糧計画『国連 WFP 協会評議員リスト（2021 年 11 月末現在）』から食品企業を抽出してカウント。

※9　国連世界食糧計画『レッドカップキャンペーン公式ホームページ』を参照。

※10　ラピタ「頑張れニッポン・テクノロジー：決定！made in JAPAN 大賞」2000 年 6 月。

※11　世界ラーメン協会『総需要一覧』を参照。

※12　MEMORVA『世界人口ランキング・国別順位（2021 年版）』を参照。

※13　世界ラーメン協会『WINA とは？』を参照。

※14　世界ラーメン協会『心と体を温める Instant Hot Meal　WINA の災害支援活動』を参照。

※15　日清食品グループ CSR レポート『職を通じて世界を支える活動：世界ラーメン協会（WINA）との連携』32 頁。

※16　世界保健機関（World Health Organization：WHO）と国連食糧農業機関（Food and Agriculture Organization：FAO）が共同で策定する食品規格のこと。

※17　日清食品株式会社社史編纂プロジェクト編、2008 年。

※18　世界ラーメン協会『総需要一覧』を参照。

※19　世界ラーメン協会『インスタントラーメン・トリビア：週に一度はインスタントラーメン！年間消費量 TOP3（※ 2022 年）』を参照。

医療における
グローバル対応

藤谷克己

はじめに

　医療には2つの側面があります。一つはコンテンツとしての側面で、科学・技術と同様、普遍的な意味をもつものです。もう一つは制度としての側面です。医療制度は国や地域ごとに異なります。特に医療関連の資格、保険制度、教育養成制度、医療機関のあり方などを含む医療制度には国ごとに独自の法律や体制があります。ここで取り上げるのは、主に後者の側面です。

　本章では、医療におけるグローバル対応の代表的な例として、医療サービスを求める患者が国境を越えて移動する、いわゆる医療ツーリズムを中心とした日本の取り組みや課題を提示します。医療におけるグローバル化にはインバウンドとアウトバウンドの2つの形があります。現在の日本では、日本人患者が海外で検診や治療を受けたり、日本人医療従事者が海外で医療サービスを提供したりするケース（アウトバウンド）はそれほど多くありません。よって、患者や医療従事者が海外から日本に来るケース（インバウンド）を中心に、各国の医療状況を考察しつつ、患者と医療従事者の両視点から、現代の医療現場で求められるグローバル人材について考えていきます。

医療ツーリズム（医療観光）

近年、プッシュ要因とプル要因のマッチングの下、医療ツーリズム（医療観光またはヘルスツーリズム）と言われる医療目的の海外渡航が増えてきました。医療ツーリズムについて、国土交通省は『観光立国推進基本計画』のなかで以下のように述べています。

> ヘルスツーリズムとは、自然豊かな地域を訪れ、そこにある自然、温泉や身体に優しい料理を味わい、心身ともに癒され、健康を回復・増進・保持する新しい観光形態であり、医療に近いものからレジャーに近いものまで様々なものが含まれる。長期滞在型観光にもつながるツーリズムであり、地域や民間とも連携して取組を進める。　　　　（国土交通省、2017、29-30頁）

このようにニューツーリズムの一形態と考えられている、医療観光またはヘルスツーリズム (Reed, 2008) という概念は、医療行為そのものをコンテンツとして含む狭義の定義から、レジャー的な要素の強い広義の定義まで、幅広い概念を有すると見てとれます。ここでは狭義の定義をベースに医療ツーリズムを論じます。

（１）医療ツーリズムの背景とその主な拠点

医療ツーリズムが盛んになった主な要因として、生産と物流のグローバル化、移動の自由の拡大、各国での政策的新機軸、医療技術の進歩、サービスの急成長にともなう国際市場化が挙げられます。良質な医療を求めて人々が国境を越えるのは自然なことで、中世以前から富裕層は、高度な治療を受けるためにより医療の進んだ国に渡航していました (Franzblau & Chung, 2013)。しかし現在は、患者の移動に量的および質的な変化が起きています。医療の発展にともない、開発途上国でも高度な治療を提供できるようになったため、医療費が高額な先進国から廉価ながら高品質な医療サービスを有する開発途上国へと大量の患者が移動するようになったのです (Lunt & Mannion, 2014)。また格安航空会社による渡航ハードルの低下、そして医療サービスに関するオンラインマーケティングや

SNSによる消費者情報の拡散なども、開発途上国のみならず世界各地で医療ツーリズムを後押しし、市場はますます拡大しています。

医療ツーリズム市場の公式統計を提示するのは非常に難しいのですが、OECDによると、2009年時点における医療ツーリズムの世界市場の規模はおおよそ60億ドルと試算され (OECD、2011)、その後1,200億ドルに達すると見られていました (伊藤、2012)。特にアジア諸国では市場の成長が著しく、1年間でタイは140万人、シンガポールは57万人、インドは45万人、マレーシアは34万人、韓国は5万人の外国人患者を受け入れたとされています (伊藤、2012)。

医療ツーリズムの拠点がアジア諸国に集中している最大の理由は、医療費の安さにあります。日本人の3大死因に心疾患があります。その治療法の一つである心臓バイパス手術を受ける際、アジア諸国ではアメリカの約4分の1以下で済みます (表−1参照)。アジア諸国の医療費は、どの治療においても極端に安い場合がほとんどなのです。

■ 表−1：国別疾患別医療費の比較（2010年）

主要国の主な医療費比較（2010）							
治療の名称	米国（千ドル）	米国を100とした指数換算					
		米国	日本	韓国	タイ	シンガポール	インド
心臓弁置換術	170	100	25	21	13	8	1
心臓バイパス術	144	100	22	17	17	9	6
人工股関節置換術	50	100	43	33	28	22	16
人工膝関節置換術	50	100	21	36	24	22	14
子宮摘出術	15	100	18	60	33	27	37
健診・検診	1	100	85	89	19	19	5

（株式会社日本政策投資銀行産業調査部、2010をもとに執筆者作成）

（2）医療ツーリズムの課題

急速な医療のグローバル化にともない、さまざまな障壁が生まれています。たとえば、言語障壁です。病状に関する説明を受けたり、手術や入院、保険の手

続きを進めたりするのは、母語であっても難しいものです。それゆえ、いくつかの医療機関では、医療通訳という医療・保険分野におけるコミュニケーションを支援するスタッフを揃えて、説明や問診、インフォームド・コンセントの際、患者と医療従事者間でコミュニケーションに齟齬が生じないよう努めています。

　一方、療養上の世話では、文化や風習による差異が大きく、医療現場では戸惑いの声があるようです（大谷、2018）。たとえば、アルコールの飲食が禁止されているイスラム教を患者が信仰している場合は、医療処置であってもアルコールの使用を避け、ノンアルコールで対応するケースがあります。宗教や信条によって、食事制限があるならば、病院食のメニューや作り方にも配慮する必要があるでしょう。最近では、仏堂、礼拝堂、祈祷室といった施設を整えたり、マットや経典といった用具を揃えたりする病院が増えてきました。しかし、患者や家族の宗教信仰ニーズに応じて、多文化を尊重する環境づくりは途上にあります。また、今後増えていくと思われる多国籍の医療従事者に配慮した職場環境の整備など、今までとは異なった多様性の試練が待ち受けています。言語だけでなく、患者や医療従事者が接する文化や宗教への配慮も必要なのです。

　先進国と比べて比較的医療サービスが廉価な開発途上国に見られる地域特有の問題もあります。自国民への医療サービスの低下です。医療ツーリズムが一大産業化するにつれ、医療はおのずと利益追求主義へと傾倒していきます。医療の本質である「患者は医療の前に平等である」といった崇高な理念が失われる可能性があるのです（北原、2011）。

　医療ツーリズムの受け入れ国はタイやシンガポール、インドといったアジア地域に集中しています。たとえば、A病院では、500以上の病床、30以上の専門科、900人以上の看護師、1,200人以上の医師（うち200名以上はアメリカの認定医）を擁し、ほとんどの医師や看護師が海外の大学で学位を取得しています。多くの病床と確かな医療技術でもって受け入れる患者数は、1日に最大3,500人です。

　これらの病院経営グループは、経営方針として「質の高い医療の提供」を定めているだけで、医療ツーリズム目的の富裕層をターゲットとしているわけで

はありません。しかし、患者の内訳を見ると、年間約 100 万人の患者数のうち約 40 万人は海外からの受け入れ患者であり、病院を経営するうえでは決して見逃せない数となっています。

　医療ツーリズムのメッカとなる病院の多くは、ラグジュアリーな施設、広々とした個室、充実したアメニティなど、高級ホテルさながらの環境を整備しています。単に医療行為を提供するだけでなく、医療を取り巻くすべての環境を整えることで、患者に対して真摯であろうとしているのでしょう。とはいえ、高級志向の見た目は、海外からの患者を意識した作りとして映り、質実剛健な医療のイメージからはかけ離れているように見えるかもしれません。

　このように医療ツーリズムに注力する医療施設が乱立すると、国民は自分たちに対する医療サービスの保障が損なわれることを懸念し、医療への信頼が地に堕ちることも考えられます。隆盛を極める医療ツーリズムではありますが、医療は外貨獲得のために利用されるべきではないのです。

　さらに貧困地域にもたらされる医療ツーリズムの弊害の一つとして、臓器売買が挙げられます。移植手術では、脳死状態の患者から臓器を摘出移植する場合と、生体から臓器を摘出移植する場合がありますが、後者では生活費のために貧困にあえぐ人々が自分の臓器を売買するという危険な行為が明らかにされています (重松、2011)。こうした違法な移植医療ツーリズムに対する規制措置として、2008 年にはトルコで「イスタンブール宣言」が決議されました。臓器の合法的提供に関する枠組みや、移植に関する倫理綱領が明確に規定されたことにより、臓器の密売や違法な移植医療ツーリズムが禁止されました。その後各国が宣言を踏まえて、違法な臓器売買を禁止する法律を制定していきました (重松、2011)。しかしながら臓器売買の闇は深く、世界中で秘かに行われているという報告もあります。

（3）日本の医療観光推進について

　日本では医療と観光を結び付けて、インバウンド戦略として医療ツーリズムを推進してきました。2009 年に政府は医療ツーリズムを「新成長戦略」に盛り込み、2010 年に閣議決定しました。さらに 2017 年に閣議決定された「観光立

国推進基本計画」においては、医療ツーリズムは重要戦略に置かれました。ここで注目すべきは、厚生労働省は後述するさまざまな関係団体との調整を考慮して、あえて医療ツーリズムという文言を避け、「国際医療交流」という呼称を公式に用いている点です。よって観光庁、つまり、国土交通省が打ち立てる「ニューツーリズム」としてのヘルスツーリズムという考えとは一線を画しています。

　医療ツーリズムには諸手を挙げて賛成する動きばかりではありません。日本医師会が 2010 年に行った全国の都道府県医師会向けの医療ツーリズム動向調査では、「混合診療の解禁につながる」、「地域医療再生を優先すべき」、「経済対策という位置づけから、医療の営利化目的である」といった反対意見も挙がりました (社団法人日本医師会、2011)。一方で、全日本病院協会が 2010 年に行った調査報告では、あくまでも患者 (n = 230) を対象にした調査でしたが、「推進すべき」が 27％、「受診者に影響をあたえないように推進すべき」が 66％を占め、極端に否定的な回答はありませんでした。そのため、全日本病院協会は「普段利用している日本の受診者に影響をあたえなければ外国人の受入れについては推進する方向で良いものと判断できる (社団法人全日本病院協会、2010、41 頁)」として医療ツーリズムに賛成の意向です。前者が医師個人の専門職能団体であり、後者が病院を構成員とする組織団体ですから、ベクトルの向きが異なるのも然りです。

外国人材と受け入れ制度

（1）医療における外国人材受け入れ制度

　超高齢化社会を迎えている日本は、医療・看護・介護福祉分野での深刻な人材不足に直面しています。特に介護現場の人手不足は深刻さを増し、2025 年には約 38 万人の介護士が不足すると推計されています (厚生労働省、2015)。これを受けて政府は、看護・介護分野への外国人材の受け入れを促すべく取り組みを進めてきました。ここではその体制について詳しく見ていきましょう。

　医療分野における外国人材の受け入れ体制は職種によって異なっていますが、大まかに分けて、3通りのゲートウェイが設けられています。1つ目は経済連携協定（Economic Partnership Agreement：EPA）に基づく外国人看護師・介護福祉士候補者の受け入れ、2つ目は留学生制度、3つ目は外国人技能実習生制度です。

　EPAに基づき、日本は2008年から2019年までに、インドネシア、フィリピン、ベトナムの3カ国から、累計6,400人を超える外国人看護師・介護福祉士候補者を受け入れてきました。認定資格を保有することや高等教育機関で看護・介護過程を修了することが、来日する際の前提条件となっています。とはいえ、「受入れは、看護・介護分野の労働力不足への対応として行うものではなく、（中略）経済活動の連携の強化の観点から実施する (厚生労働省『インドネシア、フィリピン及びベトナムからの外国人看護師・介護福祉士候補者の受入れについて』)」というのが政府の見解です。国家試験合格という極めて高いハードルをクリアしなければならないので、多くの人材を確保するには至っていないのが現状です。しかし2012年度は、37.9%だった介護福祉士国家試験におけるEPA介護福祉士候補者の合格率は、2017年度には50.7%まで上がり、将来の介護業界を支えていくことが期待されています (厚生労働省、2018)。

　2つ目の留学制度とは、在留資格「留学」を使って日本語学校に留学し、日本語を覚えてから、介護福祉士養成学校に通い、資格取得を目指すものです。2016年の入管法改正により、介護分野での専門性・技術性を有する外国人材の受け入れが認められ、日本で高等教育機関を卒業し、介護福祉士の資格を取得した外国人留学生を対象に、在留資格「介護」が創設されました。つまり、外国人が日本の大学や福祉専門学校を卒業し、介護福祉士の国家資格を取得すれば、在留資格「介護」で滞在・就労することが可能となったのです。2019年には、技能実習2号または3号を終えた実習生は、在留資格「特定技能1号」へ移行することが可能になり、さらに最長5年間就労できるようになりました。

　3つ目の技能実習生制度は1993年にスタートし、その趣旨は「就労」ではなく、あくまで「実習・研修」です。そのため、「実習・研修」の領域は限定され、日本入国前に選択した職種以外の職種について学んだり、研修を受けたりする

ことはできず、滞在期間も限定されています。2016年11月に「外国人の技能実習の適正な実施及び技能実習生の保護に関する法律」が成立し、ここに介護職種が追加されましたが、実習先は施設のみとされ、訪問介護系での実習は認められていません。

2018年の閣議で決まった「骨太の方針2018」を受けて、法務省では出入国管理および難民認定法の改正を行いました。さらに同年「外国人材の受入れ・共生に関する関係閣僚会議」が開催され、一定の専門性・技能を有する外国人材の受け入れに向けた環境整備について検討が行われ、新たな在留資格である「特定技能1号」と「特定技能2号」が2019年4月からスタートしました。この制度により報酬制度も日本人と同等であることが保証され、また特定の企業・施設に限定されることなく、転職も可能となりました。しかし、介護分野の受け入れに関しては、「介護技能評価試験」と「介護日本語評価試験」に合格することが求められています。労働力の絶対的不足を視野に入れ、専門技術を擁する外国人材を開発していくことにも力を入れる必要があります。

（2）医療分野における外国人材確保の問題

外国人実習生・研修生制度に関しては、さまざまな問題が取り上げられていますが、医療・看護・介護福祉分野における人材確保と本制度は切り離して論じるべきです。基本的に制度は、「我が国で培われた技能、技術又は知識の開発途上地域等への移転を図り、当該開発途上地域等の経済発展を担う『人づくり』に寄与する (公益財団法人国際人材協力機構『外国人技能実習制度とは』)」ことを目的としています。短期間の実習を受けて帰国しても、開発途上国地域の医療分野振興に寄与できるとは限りません。

特に高度な技能や技術を有する「人づくり」をするには、まとまった年月が必要になります。看護師に関していえば、今後特定行為 (医師の指示により看護師が行う高度かつ専門的な知識および技能が特に必要とされる38行為、たとえばドレーン抜去や人工呼吸器の管理など) が研修内容として増えます。高度な診療補助行為や与薬行為などをする際に、コミュニケーションエラー等があると、医療事故に結びつく可能性もあります。

来日した人々に医療分野での貴重な人材として、日本国内で長く活躍し、定着してもらうことを前提に、将来はマネージャーとして成長していける環境を整備すべきです。現行の付け焼き刃的に滞在期間を延長するシステムではなく、しっかりした教育体制と移民政策を土台にした制度設計を考えていく必要があります。

日本における医療グローバリズムの課題と展望

外務省は2011年から在外公館において、「医療滞在ビザ」の運用を始め、医療ツーリズムの本格的なインバウンド戦略を取っています。ここまで医療のグローバル化を概括してきましたが、日本において医療の普遍性を妨げる障壁に言語があります。医療にとって要となるコミュニケーションは日本語でなければならず、このまま少子化と高齢化が進行し、労働力を外国人材に大きく依存することになれば、ことばの問題は一層深刻になってきます。

医療においてコミュニケーションは、それ自体が大切な医療行為です。医師の問診から始まって、インフォームド・コンセントや生活全般に至るまで、すべて言語を介しています。そのため医療通訳が担う役割は大きく、とても重要です。そして医療通訳は、在留外国人を対象にした医療通訳と、医療観光客らを対象にした医療通訳の2種類に分かれています。前者は一般的にボランティアが外国人のサポートの一環として行う傾向にあり、後者は政府の後押しもあって、有料サービスとして行われているケースが多いです (川内、2011)。そのためボランティアをしていた医療通訳者が、有料サービスに移ってしまうケースも報告されています。そうしたなかで、医療上の間違いが起こった際の責任所在をめぐる問題も指摘されています (飯田、2011)。

医療通訳には、通訳者自身が専門的な医療用語を十分理解したうえで、専門用語を解しない外国人患者に伝えるという、高いハードルがあります。養成機関も志願者も多くなく、人材が不足しているのも事実です。今後、質の保証という観点から、教育手法のシステムの開発を含めた、医療通訳専門の資格制度の確立が望まれるところです (田中・柳沢、2013)。また現場を多面的にサポートし

ていくためにも、専門のコーディネータ制度を検討する必要があります (カレイラ松崎・杉山、2012)。

おわりに

ここまで医療・看護・介護福祉分野における外国人材について述べてきましたが、今後日本が目を向ける方向は、一過性で付け焼き刃的な不足人材の穴埋めではなくて、来るべき人口減少を見据えた、真の人材確保です。制度を整備して、日本で長く暮らしてもらえるような医療専門職を確保しなければなりません。そこで必要なのは、医療に携わる外国人材のキャリアを保証することです。対人援助職である医療・看護・介護福祉分野は、お互いの多様性を認めて、患者や利用者、専門職種とでチームを形成しなければ目的を達成できません。単なる労働力として外国人材に接するのではなく、高度職業人の卵として育て、組織をまとめていくためのマネジメント力を養っていく必要があります。外国人材からロールモデルとなる医療従事者を育てていくことが、次世代の医療従事者育成につながるのです。

経済産業省『通商白書2016』によると、外国人材にとって、日本は業種を問わず、魅力的な労働環境とは言い難い状況のようです。給与や待遇の面等、改善するところが多いと言われていますが、生産性向上も早急に解決すべき問題の一つです。日本が外国人材から選ばれる国であるためには、産官学一体となって、高度人材確保に向けた教育制度の抜本的な見直し・充実が急務です。

Q. 1 アジア諸国では、医療ツーリズムが産業として成長してきています。その医療ツーリズムにおいて、どのような問題が指摘されているか説明してください。

Q. 2 医療におけるグローバル化を推進するために必要な制度として、日本にはどのようなものがあるか、説明してください。

第 8 章

渋沢栄一
～グローバル経営者の原点～

島田昌和

はじめに

　現代において、ある程度以上の規模をもってビジネスを展開するとき、市場の動向や資材の調達など、国際的な視点なく事業を進めることは不可能です。もし一切考慮することなく行えば、それは自殺行為に匹敵するかもしれません。グローバル経営者の歴史は、日本の開国にさかのぼります。日本が開国し、本格的に海外との取引をスタートさせた19世紀後半から、世界を視野に入れた経営者が求められていました。早い段階でそれに最も成功したのは三井物産でした。益田孝によって、欧米やアジアの市場をよく理解し対処できる人材が登用され、継続的にビジネスを拡大できる体制が用意されました。その担い手の多くは慶應義塾を卒業して欧米に長期留学したような、ごく一部のエリート人材でした。三井物産は三井財閥内だけでなく、原料・機械の調達や製品の販路で、紡績業をはじめとする大規模会社の総代理店として、グローバル経営を一手に引き受けました (木山、2009)。

　その一方で日本のビジネス界全体を国際的な視点で導き、場合によっては修正を担ったのが渋沢栄一でした。総合商社の果たした役割は実に大きいですが、さまざまな観点で日本のビジネスの国際化に貢献した渋沢に焦点を当て紹介したいと思います。言語能力や近現代の先進知識を教育として身につけなかった渋沢が、日本のビジネスを国際水準に照らして引き上げることに多大な

貢献をしたことは、現代においてもヒントとなると考えるからです。

明治時代における「グローバル経営」の必要性

　冒頭から「グローバル経営者」というワードを用いていますが、現代での定義の一例として、「グローバル全体最適の視点でグローバル経営を担う経営者・役員クラス」があります。その保有すべき知識・スキルとして「英語・異文化コミュニケーション・組織マネジメント」が挙げられ、それに「自社のバリュー・ウェイ等に対する理解」を重視する企業が多い、と指摘されています (石黒・倉沢、2018、59頁、65頁)。

　明治時代の日本のビジネスではどの程度、グローバル全体での視点が必要とされたでしょうか。明治時代から昭和戦前期にかけて、日本は欧米先進国による植民地化の脅威から逃れるべく、急速な工業化をもとに、強固な軍隊をもつ列強並みの国になる必要がありました。幕末の開港後に本格的な近代化が始まり、名目 GNP は 1885 年の 8 億円あまりから 1914 年の 47 億円あまりまで増大しました。実質化した GNP でも 2.1 倍と急成長したのです (沢井・谷本、2016)。

　これを牽引したのは第 2 次産業で、1885 年に全産業に対して 16% だったシェアが 1914 年には 33% を占めるようになりました。そのなかでも繊維産業が中心であり、製造業に対して占めるシェアは 1885 年の 28% から 1899 年には 44% と、驚くべき比率に増加しました (沢井・谷本、2016)。

　日本の近代産業の双璧は繊維産業と鉱業であり、綿糸や織布などが輸出されました。供給する製品の海外市況、調達すべき原料の質や量、価格などの情報、製品の売り込み市場の開拓に関する情報などがきわめて重要でした。それを担ったのが海運会社や商社です。なかでも圧倒的な存在感を見せたのが三井物産でした。繊維会社等と総代理店契約を結び、海外への製品売り込みを代行することが多くありました。結果、「日本の貿易全体に占める日本人貿易商（商社）の扱い高は、1906 年に輸出で 36.5%、輸入では 46.6% となる。そのうち三井物産 1 社で日系商社の貿易のうち、輸出で 46.3%、輸入で 38.2% を占めた (阿部・中村、2010、200 頁)」と言われています。よって商社の経営者は重要な意思決定

にあたり、海外情報を集め、理解して判断することが求められました。また、技術面やコスト面などの問題解決にあたって、できる限り正確かつ広範な情報を持っていることが肝要だったのです。

グローバル経営の担い手たち

　海外ビジネスにおいて、情報の摂取と交渉はきわめて重要だったので、財閥をはじめ大企業経営者には留学経験者が多くいました。世代を追って概観していきましょう。明治初期にビジネスを担った経営者たち、いわゆる第1世代の多くは、幕末に洋行を経験した者たちでした。渋沢栄一（1840〜1931）は、1867年から1868年に徳川昭武の随行として渡欧しました。三井物産を実質的に設立したあとに、三井財閥の総帥となった益田孝（1848〜1938）は、1863年に16歳で幕府渡欧使節に随行し、維新後に外国商館に勤務しました。大阪財界を作った五代友厚（1836〜1885）は、1865年から1866年に薩摩藩の派遣で渡欧しています。五代は薩摩閥の政商として批判を浴びることもあり、早死にしてしまいました。

　明治中期ごろからは、維新後に主として慶応義塾に学び、その後に欧米の大学へ長期留学したメンバーが中心となっていきました。それを牽引したのが三井物産の益田であり、三井の総帥として次世代の育成にあたり留学組を積極登用し、後進にバトンを渡していきました。

　多少相前後しますが、慶応義塾から海外留学し三井に入ったパターンを紹介しましょう。福沢諭吉の甥にあたる中上川彦次郎（1854〜1901）は、慶應義塾で学んだあと、1874から1877年にイギリスに留学しました。帰国後、時事新報社、山陽鉄道社長を経て、三井銀行に入行し、三井大元方参事、三井合名理事長として三井の工業化を推進しました。団琢磨（1858〜1932）は1871年、岩倉使節団に同行してアメリカへ渡り、マサチューセッツ工科大学鉱山学科、ハーバード大学で学び、1878年に帰国しました。工部省を経て、三池鉱山技師となって再度渡欧し、三池鉱山の三井売却とともに三井に移りました。のちに三井合名会社理事長となりました。池田成彬（1867〜1950）は、1888年に慶

應義塾を卒業し、1891年から1895年にアメリカに留学しました。三井銀行に入行し、のちに三井合名会社筆頭常務理事となりました。

　次は、慶応から三井というパターンではない経営者を紹介します。大日本紡績の菊地恭三（1859〜1942）は、1889年から1890年にかけて紡績を学ぶためにイギリスに渡り、マンチェスターなどで技術を習得したのち帰国し、大日本紡績（現・ユニチカ）社長に就任しました。財界のリーダー役となった郷誠之助（1865〜1942）は1884年から1891年にドイツのハイデルベルク大学に留学し、日本運輸社長などを務めました。

　このように、三井物産に代表される当時の大企業が積極的に採用した慶應義塾や東京高等商業学校（現・一橋大学）などの学卒者たちが、グローバル経営の担い手でした。技術面では当初、お雇い外国人に依存していましたが、大学工学部卒で留学を経験した技術系人材がそれに取って代わるようになりました。

　しかし、日本の大企業経営者の多くが海外留学経験者だったわけでは決してありません。それらの人々に絶大な影響を与えたのが渋沢栄一です。渋沢は91歳に至るまでの長い人生を歩みますが、その間に4度の渡米機会を作りました。留学こそしていませんが、財界の多くのメンバーに海外視察・交流の機会を用意し続けたのです。その意味で、海外留学組で固めた三井財閥という枠ではなく、日本の財界全般の国際化に尽力した渋沢の国際性を検証していきたいと思います。

渋沢栄一というグローバル経営者

　渋沢栄一のビジネスパーソンとしての立ち位置を簡単に紹介しましょう。渋沢は、1898年時点で東京・横浜の高額所得者ランキングで第18位、大企業130社の大株主のなかでは、第25位に位置していました。会社などの役職数は31社で第1位でした。

　さらに1911年時点の日本の鉱工業・運輸・電気・ガスの大会社で、渋沢が経営や所有で関与したのは上位10社中8社ありました。それが①南満州鉄道、

②日本郵船、③北海道炭礦汽船、④東京電燈、⑤鐘淵紡績、⑥大日本精糖、⑨台湾製糖、⑩東京瓦斯です。これを上位50社に広げると、そのうちの23社に関与していました。

　日本の近代産業ですが、「生産組織の移植は、同時に西欧モデルの会社制度の移植をともなった[1]」との表現があるように、会社・企業の成長によってまかなわれました。国内の民間資本は旺盛な消費を生み出しながら、近代的な株式会社に積極的に出資して近代産業の形成を支えました。それを牽引したのが渋沢でした。

（1）往来による国際交流

　渋沢がどれほどグローバルに活動した人物であったか、考察したいと思います。まずは、海外渡航歴です。

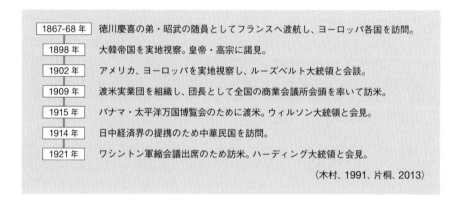

1867-68年	徳川慶喜の弟・昭武の随員としてフランスへ渡航し、ヨーロッパ各国を訪問。
1898年	大韓帝国を実地視察。皇帝・高宗に謁見。
1902年	アメリカ、ヨーロッパを実地視察し、ルーズベルト大統領と会談。
1909年	渡米実業団を組織し、団長として全国の商業会議所会頭を率いて訪米。
1915年	パナマ・太平洋万国博覧会のために渡米。ウィルソン大統領と会見。
1914年	日中経済界の提携のため中華民国を訪問。
1921年	ワシントン軍縮会議出席のため訪米。ハーディング大統領と会見。

(木村、1991、片桐、2013)

　船旅の時代にもかかわらず、渋沢はアメリカに4度も渡っていて、最後の渡米は81歳という高齢での敢行でした。戦前日本の経済界で留学経験のある経営者は何人もいましたが、渋沢のような第一世代にあって、これほどコンスタントに海外に目を向けた経営者はいませんでした。これらの渡航をとおして、渋沢は特にアメリカにおいて政財界・学識者の知日派の形成に腐心し、粗悪商品が絶えない日本商品に対するクレームを聞いて回りました。それを自分だけでなく、同行した多くの日本の経営者に共有してもらう旅でもあったのです。それは、帰国後に商業道徳のさらなる普及に向けた行動原理ともなりました。

　渋沢は英語を話すことができなかったのですが、晩餐会では両隣の貴婦人に幕末に身につけた片言のフランス語で話しかけたそうです。またスピーチではユーモアを交え、会場を沸かせたとも言われています。欧米社会の交際マナーを十分に理解した振る舞いから「グランドオールドマン[※2]」としての尊敬を得ていたのです。

　次に海外要人来日時の接遇について、その一部を紹介しましょう。

1879年	グラント大統領とジュリア夫人が来日。接待委員会委員総代を務める。飛鳥山邸でも歓迎会を開催。
1881年	ハワイ王国国王・カラカウアの招待会を飛鳥山邸にて開催。
1897年	ユダヤ系フランス人の実業家アルベール・カーンを兜町邸にて迎え、王子邸での竜門社総会に招待。 　※カーンは1908年にも再来日し、渋沢と面談している。
1900年	インドの豪商アール・ディ・タタを深川邸に迎え晩餐会を開催。 　※タタは1907年にも再来日している。
1905年	アメリカ南太平洋鉄道会社社長・ハリマン夫妻を飛鳥山邸に迎え、茶会を開催。
1908年	キリスト教系慈善団体の救世軍創設者ウィリアム・ブースが来日。飛鳥山邸で歓迎午餐会を開催。
1913年	中華民国国民党党首・孫文を民間の代表として歓待。
1916年	インドの詩人ラビンドラナート・タゴールを飛鳥山邸に招き午餐会を開催。

　このように、カーンやタタ、ハリマンのように国際的な大型商談を扱う接遇も多くありました。政治や文化の両面で日本の財界または民間を代表して、国際親善にもエネルギーを費やしました。訪問するだけでなく、迎え入れることにも努力し、双方向の交流を成立させました。親善というレベルにとどまらず、実利のある国際関係の構築に果たした役割は計り知れません[※3]。1927年には悪化する日米関係を少しでも緩和するため、アメリカの青い目の人形と日本の市松人形を交換する民間交流を推進しました(片桐、2013)。

（2）グローバル経営者としての行動事例

　それでは次に、渋沢が日本のビジネスを取り巻くグローバル環境に対して、

具体的にいかなる行動を起こしたのかを見ていきたいと思います。まず、取り上げるのが外資導入問題への対応です (島田、2007、2011)。開国以来、日本政府は、欧米資金の民間ビジネスへの受け入れが、植民地化に向けた侵略の第一歩になると認識し、かたくなに拒んでいました。それに対して異なる主張をしたのが渋沢でした。渋沢は国の経済政策に対して、独自の見地からはっきりと意見を表明していました。東京商工会議所会頭のような経済団体のトップとして、会員の多数意見に従って組織の方針決定をしつつも、それと個人の意見は食い違っていることを表明することもありました。組織の長としては政府への陳情などを粛々と行い、新聞記者に対しては一個人のビジネスパーソンとして、独自の意見を表明することもしばしばありました。そんな渋沢らしさがよく表れた事案を紹介しましょう。

日清戦争に勝利した日本は巨額の賠償金を手にしたものの、想定されるロシアとの武力衝突に備えて激烈な軍備拡張を行い、戦後の反動恐慌によって民間経済は資金不足にあえいでいました。また、外債募集を後押しするために、金本位制の採用が強行され、銀本位下で有利だった国際貿易収支への悪影響が懸念されていました。このような民間経済へのテコ入れ策が手詰まりな状態に対し、多くの経済人は国防上の利点を挙げて、民間経営で敷設された鉄道網の国有化、つまり買い上げ資金の民間還流による景気浮揚策を主張しました。これに対し渋沢は、国家による安易な救済策を批判すると同時に、国有化された鉄道のサービス低下を懸念し反対の立場を取り続けました。

批判するだけでなく、きちんと対案を出すところが渋沢らしいところで、資金不足ならば個別企業ごとに外資を導入すればよく、懸念される外資による経営の乗っ取りに対して、それにこそ対抗できる強い企業体質づくりをすべきだと訴えました。渋沢は意見を表明するだけでなく、海外との折衝を買って出て、景気を後押しする経済政策の実現を目指しました。1902 年に渡欧した際には英国ベアリング商会と協議し、外資が投資しやすくするための鉄道抵当法 (財団抵当制度) の法整備の必要性を課題として持ち帰りました。これを当時の政権担当者である桂太郎首相や所轄の通信大臣に進言・具申し、工場抵当法・鉱山抵当法とともに鉄道抵当法を議会で成立させたのです。競争力のある強い民

間経済であるべき、という信念の下、政府や経済界の多くの意向とは異なっていても、海外投資家や政府、議会との折衝を粘り強く行ってその素地を整えたのです。このような話をそう簡単に見出すことはできないでしょう。

　しかしながら、渋沢の鉄道国有化阻止の訴えむなしく、政府サイドの国防上の懸念と経済界の還流資金に対する期待を押しとどめられず、鉄道国有化は実行されました。外資導入に関しても、個別企業へ外資支配が及ぶことを恐れたために、日本興業銀行を通じての外資の一括管理による導入となり、渋沢の尽力はほとんど顧みられませんでした。

　次に紹介するのは渋沢によるグローバルビジネスパーソンの育成の動向です（島田、2007、2011）。渋沢が関与する会社の中堅社員を引き入れた親睦・教育・啓蒙機関として、竜門社という組織が 1885 年に渋沢の深川邸で寝起きする書生たちによって設立され、1890 年ごろから若手ビジネスパーソン向けの月例勉強会が開催されるようになりました。年 2 回の総会には、最盛期で 300 人以上が参加し、月例勉強会にも 80 人程度が参加していました。

　この勉強会の講師をよく引き受けていたのが、渋沢の東京大学の教え子であり、のちに娘婿となった日本で最初の経済官僚と言われる阪谷芳郎です。東京大学を卒業し、大蔵省の主計官となって、松方正義の緊縮財政、日清戦争時の戦時財政等を指揮したり、金本位制を誘導したりするなかで、大蔵省の主計局長、大蔵次官、大蔵大臣へと駆け上がっていきました。彼によってその時々の政府の経済政策について講義されました。もう一人の常連講師が、東京商法講習所（現・一橋大学）を卒業し、米国メーソン商会を経て、アメリカやオーストラリアを取引先とする貿易商として独立した堀越善重郎でした。堀越は三井物産の益田孝や森村ブラザーズの森村市左衛門らと、織物を中心とした直輸出を主導しました。彼はニューヨークで成功していましたが、早くからオーストラリアに支店網を拡げるような、先見の明があるグローバルビジネスパーソンでした。日本経済の政策誘導役や、世界中の新たなマーケットを開拓している比較的若い世代の講話が、どれだけ役に立ったか十分想像できるところでしょう。

　最後に、最晩年の 80 代で取り組んだ新たな労使関係の模索についてです（島

田、2007、2011）。第一次世界大戦中にロシア革命が起こり、世界初の社会主義政権が成立しました。これによって日本の労使関係も多大な影響を受け始めました。1919 年に新たな労働問題に対処するための機関として、協調会が官民一体で設立されました。経営者サイドは、どちらかと言うと従来からの経営家族主義・労使一体理念が根強いなか、渋沢はそれでは対処しきれないと判断し、積極的に新たな労使関係の構築に尽力しました。とはいえ、この組織の構成員、方向性、活動内容とも、様々な考えが交錯して、幾度となく中心メンバーの入れ替えを招きました。つまり、学者中心の研究機関が志向されたり、活動の中心としての常務理事間で見解に大きな相違があったりと、とても足並みがそろう状態ではありませんでした。労働側からは懐柔的な組織として距離を置かれ、保守的な経営側からは左がかった組織に見られるなど、労使の協調という名前には程遠かったのです。

　そんななかで、渋沢は賛同してくれる常務理事とともに、政治闘争化しつつあった大規模争議の調停機能を追求していきました。ストライキが法的に認められなかった時代に、実力行使行動に対して、労使双方に最後の決着を見出す手助けを模索していきました。ある一定の機能は果たしましたが、警察の弾圧もあるなかで、十分な理解を得るまでには至りませんでした。しかしながら、戦後には中央労働委員会や公共企業体等労働委員会といった仲裁機能が法制化され、産業民主主義やリベラルコーポラティズムが実現していくことを考えると、渋沢は労使関係を国際的な知見をもって理解し、行動できた数少ない経営者だったのです。

おわりに

　駆け足でグローバルビジネスパーソンとしての渋沢栄一の活動を紹介してきました。渋沢は近代的な勉学を修めず、本格的な留学経験がなかったにもかかわらず、生涯にわたって海外との渡航を続け、社交マナーを身につけた、顔の見える交流ができるビジネスパーソンでした。グローバルな視点をもち、一企業の営利のためでなく、日本のビジネスや社会全体にとっての共通益を求め

て、国際経済関係の向上のために行動し続けました。

　現在の国際社会はどうでしょうか。経済面では株主価値の最大化や新興国におけるファミリービジネスの隆盛による格差の拡大、政治面では自国中心主義や強権的な政治体制が幅を利かせています。宗教間や民族間の対立紛争も拡大する一方です。自由な競争と公益の追及の両立を目指した渋沢の理念と、そのための行動様式は現行社会の負の側面と対比的であり、解決の糸口さえ見えないなか、事実としてのヒントを提供してくれます。このことを投げかける渋沢栄一記念財団による国際的な合本主義プロジェクトが欧米、トルコ、東南アジアなどの研究者に響くのも、世界の人々が渋沢のような考え方を求めている証拠かもしれません (橘川・フリーデンソン、2014、2017 他) ※4。その点からも渋沢栄一の理念と行動が国境や時代を超えた普遍性をもっていることを記して筆をおきたいと思います。

問題

渋沢栄一が生きていたのは、今よりもはるかに海外との交流が難しかった時代です。それにもかかわらず、グローバルに活動できた渋沢栄一をヒントに、今あなたがグローバルなビジネスパーソンになるために何ができるか、書き出してください。

※1　1883 年の会社数は 1,772 社、公称資本金総額は 3,045 万円であったが、1889 年には会社数 4,067 社、公称資本金総額 1 億 8,362 万円と増大した (沢井・谷本、2016、151 頁)。

※2　「大御所」の意。英語の grand old man より。

※3　海外の大学人や外国人記者との交流によって、民間の知日派を形成し、日本の実情を好意的に発信してもらうことに腐心している。

※4　行き過ぎた資本主義の見直しにあたって、①市場ベースであると同時にモラルや教養に基づいた経営者・投資家、②財閥やファミリービジネスの機動性・効率性、の 2 点をもつ資本主義をいかにしたら日本と世界に構築できるかが重要と考えている。

第 3 部

異文化理解、多言語環境の視点

第9章

コミュニケーションと文化理解

竹下裕子

1 はじめに

　ポール・ウォツラウィックは、コミュニケーション理論における5つの基本原則の一つに The Impossibility of Not Communicating を挙げ、「人はコミュニケーションせずにはいられない」"one cannot not communicate (Watzlawick, Bavelas, & Jackson, 1967)" と主張しました。人は、発言してもしなくても、意図的に行動してもしなくても、周囲に対して何らかのメッセージや情報を発信しています。意図した情報がきちんと伝わることも、伝えたい情報が意図したとおりに伝わらないこともあります。情報を正しく伝えるためには、情報伝達の方法もとても重要なことの一つです。

　同じような伝達方法を用いる人々、つまりコミュニケーションスタイルを共有する人々のあいだでは、情報が正しく伝わりやすいかもしれません。一方、異なる方法を用いる人々のあいだでは、細心の注意が必要です。伝達方法、あるいは伝達のスタイルは、個人レベルでも異なりますが、文化が異なるとなおさらです。国際コミュニケーションの場面で、正しく共有された情報に基づいて上手に協働していくことが、今日、ますます重要な課題となっています。

　また、コミュニケーションには言語が重要と思われがちです。もちろんそれは間違いではないのですが、コミュニケーション言語に長けていればいるほど、コミュニケーションが円滑に運ぶかというと、必ずしもそうとは言えませ

ん。言語と同様に重要なことは、文化を理解する力です。本章では、人がコミュニケーションせざるを得ないならば、それをより効果的に行うために必要なコンピテンスを文化的な視点から考察します。

文化 / culture とはなにか

（1）文化を定義する

　文化を超えた国際コミュニケーションを考える前に、そもそも文化とは何かということを考えておきましょう。文化＝ culture と考えがちですが、両者は果たして同じことを意味するでしょうか。あるいは、意味にずれがあるのでしょうか。そのようなことも含めて、文化と culture を比較対照しながら定義したいと思います。

　「文化」の定義はさまざまですが、国際コミュニケーションの視点から、「文化とは、人間により創造されたもの、人工物であり、その社会において後天的に学ぶべきもの全般のことであると言える。そのような意味で、文化の種類としては言語、宗教、音楽、料理、絵画、哲学、文学、ファッション、法律などが挙げられる※1」と考えることにします。日本人の生活様式、宗教や信仰、私たちはどう生きるべきか、とか、日本社会ではこういうことはしてはいけないといった道徳観念、何を見て美しいと思うか、どのような建造物を大切にしているか、などの芸術的な感覚も日本文化の一部と解釈します。

　私たちの母語は生まれ持つものではなく学習して習得するものです。それと同様に、文化もまた学習されるものです。異文化に生きる人々が交流することにより、異文化を知る過程で、自文化が修正あるいは追加されながら、さらに発展していきます。コミュニケーションを通じて異なる文化を学ぶことにより、コミュニケーターの文化がさらに豊かになっていくというわけです。

（2）culture を定義する

　culture は、「耕作地」あるいは「耕作」という意味で中期英語※2 にすでに存

在していました。それ以前はアングロフランス語・アングロノルマン語※3に
さかのぼり、さらにラテン語にたどり着きます。ラテン語の *cultus* は、「耕作」
「耕作地」だけでなく「世話、養育」「衣服、服装」「装飾」「教化」「教養」「保護」「尊
敬」など、多くの意味をもっていました。「育てる」「作る」という意味は、ラテ
ン語から現代英語にまで引き継がれています。

　現代英語の culture を定義するために、6つの語義※4を考察します。1つ目は
「耕作」「栽培」「培養」です。ラテン語の「育てる」「作る」という意味が含まれて
います。2つ目は「特に教育をとおして、人の知性や道徳的な判断力を養うこ
と」。3つ目は「専門的なケアと訓練」。美容師やメークアップアーティスト、着
物の着付け師などによる beauty culture（美容術、美容法）などの用法がこれに
あたります。

　4つ目の語義は、「知的・感覚的訓練によって得られる啓蒙や優れた審美眼」、
と「職業能力や技術的な熟練とは区別される、美術や人文科学、さらに広い意
味の科学に関する知識や嗜好」。いずれも、生来の素質や能力ではなく、学び、
培い、育てることのできる力に関するものを指しています。

　5つ目の語義は4つに分かれます。①「人間の知識と信念と行動を総合した
もので、知識を学びとり、次世代にそれを伝えることによるもの」、②「民族や
宗教団体や社会的な団体がもっている信念や社会形態や特徴、そして、特定の
場所や時代の人々が共有する、娯楽や生活スタイルのような日常生活の特徴」。
popular culture（ポップカルチャー）や Southern culture（南部の文化）などの
用法がこれにあたります。③「共有される考え、価値観、目標や慣習で組織や団
体の特徴となっているもの」。corporate culture（企業のカルチャー）という用
法はこれにあたります。④「特定の分野、活動、あるいは社会習慣的な特色と関
連した価値観、慣習、慣行」。④の例文として、"studying the effect of computers
on print culture" と "changing the culture of materialism will take time" が挙がっ
ています。前者の例では、新聞や雑誌などの活字の出版や印刷を一つの「文化」
ととらえ、後者では精神的なものよりも物質的なものを重要であると考える傾
向を一つの「文化」ととらえ、これを変えるには時間がかかると言っています。

　最後の語義は、「培養」「培養によってできたもの」で、ラテン語の原義「育て

る」という意味を忠実に含んでいます。この意味は日本語の「文化」には含まれませんが、culture という単語を総合的に理解するために加えておきます。

　おわかりのとおり、「文化」と culture の語義を比較すると、合致する部分としない部分があることに気がつきます。このような差異は、翻訳作業において常に直面することなのですが、異文化間コミュニケーションにおいても同様です。「今日のテーマは文化 / culture です！」と伝えたら、ある人は華道や茶道を思い、別の人はバクテリアを思い浮かべる可能性があるくらい、イメージするものがかけ離れたとしても、まったく不思議ではありません。共通言語を使うというだけで、異文化間の理解が得られるわけでないのです。

（3）文化と氷山

　さて、文化はしばしば、氷山に例えられます (図−1参照)。氷山には、海上に出ている部分と、海中に隠れている部分があります。隠れている部分が、見えている部分よりも大きいということを私たちは知っていますが、海上から全体像を見ることはできません。ですから、日本語では「氷山の一角にすぎない」と言い、英語では tip of the iceberg と言います。氷山は、まさに文化の有様と似ているのです。

■ 図−1：文化と氷山

見える部分

見えない部分

　氷山の見えている部分は、文化のなかでも、見聞きして判別できる部分です。人々がどんな料理を食べるのか、フォークとナイフを使うのか、箸を使うのか、挨拶は握手なのか、お辞儀なのか、胸で両手を合わせるのか、どんな服を着て、どんな音楽を聴き、どんな遊びを楽しむのか、というようなことは、すべて文

化の一部です。このようなことは、短期間しか滞在しない旅行者でも観察して知ることが可能でしょう。

しかし、人々の行動の理由や根拠を、観察するだけで知るのは困難です。ことばを交わし、質問をし、説明を聞き、本を読むなど、さらに探求しなければ、物事の道理や行動の理由を探ることはできません。人々の行動は、独特の考え方、価値観、道徳観、教育を通じて得られた知識、生活するなかで身につけた経験など、うわべからは判断できない「内面」に裏打ちされているからです。これが、海上には出てこない氷山の大きな土台であり、私たちが文化、culture と呼ぶものの重要な要素であることを忘れてはなりません。

つまり、氷山の一角を観察しているだけでは、深い理解に到達することはできないということです。そうでなければ、その文化の人々との交流もまた、うわべだけのものに終始し、意図せぬ誤解や摩擦を生みかねず、相手との友好関係の樹立やビジネスの成功は到底望めないでしょう。

異文化間コミュニケーションに必要なコンピテンス※5

日本とは異なる文化（環境）のなかで、日本人とは異なる価値観をもちながら生活している人々との交流は、驚きと発見の連続かもしれません。違和感や嫌悪感を抱く場合もあるかもしれません。一方、誰でも慣れ親しんだものに対しては、安心と心地よさを感じるでしょう。それは、一定の環境のなかで積み重なってきた経験による慣れや予測可能な範囲の部分、つまり当然のことや当たり前のことを共有しているからです。

本節では、異文化間コミュニケーションに必要な能力を、次の3点に焦点を当てて説明します。(1) 同一文化内の「当たり前」が異文化では「当たり前」ではないかもしれないと疑うことができること、(2) こちらの「当たり前」を受けいれる受け皿を相手が持ち合わせているかどうか確認できること、そして(3) 伝達のためのツールと伝達する内容を持ち合わせていること。

（1）「当たり前」から考えるコミュニケーション能力

　私たちは日々、「当然そうだよね、当たり前だよね」「言わなくてもみんなそう思っているよね」という感覚をもちながら生活しています。家族内で、コミュニティーで、学校や職場で、都道府県などの地理的なくくりのなかで、このような感覚がしばしば共有されています。

　このくくりのなかでは、同じ文化が共有されているということができます。一つの環境のなかで生活する者同士は、その環境のなかで必要とされる情報を求め、伝える必要のある情報を伝達し、理解を共有しながら生活します。共通認識が徹底すれば、一から十までことばで説明する必要がなくなります。これが同一文化内の文脈を共有するところに成立する「察し」なのです（第1章参照）。

　このような環境のなかで、ことばの意味が狭く限定されることがあります。たとえば、「花見の季節が待ち遠しいねえ」と聞けば、寒い冬が終わりに近づいている時節の発言だろうとわかりますし、満開の桜の光景が目に浮かぶかもしれません。文脈を共有する仲間であれば、「花見っていつのことなのですか」とか「何の花を見るのですか」という質問は出ません。日本文化においては、『古今和歌集』以来、花見と言えば桜が当たり前となっています。

　色の当たり前もあります。赤い太陽、虹は七色などがそれにあたります。天才少女歌手と言われ、のちに昭和を代表する歌手となった美空ひばりのヒット曲に『真赤な太陽』があります。「まっかに燃えた 太陽だから 真夏の海は 恋の季節なの[6]」という歌が日本の各地で流れると、それを聞く人々には、太陽は真っ赤であるというイメージが刷り込まれていきました。しかし、世界中でも太陽を赤色と思っているのは、少数の国です。欧米諸国や中国をはじめ、黄色が当たり前と思っている国も多いことを知っておきましょう。

　ところで、秦基博が歌う『泣き笑いのエピソード』は、「オレンジのクレヨンで描いた太陽だけじゃ まだ何か足りない気がした[7]」というフレーズで始まります。今後、太陽の色の形容がさらに多様になれば、これまでの真っ赤な太陽の当たり前が塗り替えられていく可能性があります。

　七色の虹も一例でしょう。BUMP OF CHICKEN の『なないろ』の最後は「あ

の日見た虹を探す今日の僕を 疑ってしまう時は 教えるよ あの時の心の色 いつか また会うよ 戻れないあの日の 七色※8」です。さらに古いところでは、黒澤明とロス・プリモスが、「七色の虹が 消えてしまったの シャボン玉のような あたしの涙※9」と歌い、DA PUMP は『桜』のなかで「七色の虹の袂 足元だった※10」と歌いました。七色の虹というフレーズを含む楽曲はたくさんあります。人々の耳を通じて、当然、虹は七色なのだという認識が刷り込まれていきます。ところが、世界には、虹は六色、五色、四色、いや二色が当たり前のことがあるように、同じ虹を見ているはずなのに、それぞれの国や地域で認識は一定ではありません。七色の虹は決して世界の当たり前ではないのです。

多くの国がその国の代表となる花を持っており、それが国花に制定されていることもあります。日本では花と言えば桜、季節によっては菊でしょう。ある花が国の代表的な花として愛されるためには、その国の環境のなかにしばしば存在していることが前提となります。特定の文化のなかで見慣れたものであれば、植物でも鳥や動物でも、その文化の当たり前の情景となっていきます。

当たり前の自然の一部ということでは、日本の雨を例にとることができるでしょう。日本語をほかのいくつかの言語と客観的に比較してみると、雨に関する単語が豊富であることがわかります。アイルランド出身で日本文学者、翻訳家であるピーター・マクミランは、日本は雨量が多いことから、日本語のなかに約400 もの雨に関連した単語があると指摘し、単に「雨」のみならず、霧雨、春雨、梅雨時、五月雨、天気雨、あまごい、あめおんな・あめおとこ、ゆうだちなどの雨に関する豊富な語彙を挙げています。さらに、雨に関する擬音語（ぽつぽつ、ぱらぱら、ざーざー）も、自然界と日本語の繊細な関係を示していると述べています。

どの言語も、環境のなかで育まれ、発達してきました。環境のなかにある現象や事柄、物事について語るためにあるのが言語です。つまり環境のなかにないもの、あっても乏しいものに関する語彙は豊かになる理由がありません。雪が降らない国々には、「雪」という単語があればよく、粉雪、ぼたん雪、細雪、綿雪、新雪、残雪などと言い分ける必要はありません。特定の環境において当たり前に使われることばでも、異なる環境、つまり異文化においては、翻訳は

できても大して意味をなさないという状態が起こりうるわけです。

（2）「受け皿」から考えるコミュニケーション能力

　何かの食べ物の説明をしたことがあるでしょうか。たとえば、「○○は、本練りの羊羹よりも水羊羹みたいな触感だけど、味は羊羹というよりも甘口のお味噌みたいだった」と言われたら、その味や触感を想像することができますか。その答えは人によって異なります。本練りで固めの羊羹も、軟らかめでつるんとした感じの水羊羹も食べたことがある人にはその触感がわかり、何種類かの味噌をなめたことがある人には甘めの味噌の味がどのようなものであるかわかるでしょう。逆に、羊羹も味噌も口にしたことがない人には、何のことだか想像がつきません。

　肝心なのは、相手が「羊羹」や「味噌」を受け入れることのできる受け皿を持っているかどうかということなのです。相手が受け皿を持っていないものを提供しても、受け取ってもらえません。あるいは受け皿を持っているように見えても、それは提供しているものとは異なるものを乗せるための受け皿かもしれません。日本の味噌汁用の味噌を乗せたいのに、韓国のテンジャンチゲ用の味噌やタイのトムヤムクン用のペーストのための受け皿しかなければ、相手の受け皿はあなたが渡そうとしているものを正しく受け取ることができません。つまり、相手はあなたのメッセージをあなたが受け取ってほしい形では受け取ってくれないということになり、コミュニケーションの不成立や誤解、あるいは紛争のもとにつながる可能性があるのです。そういうときに、相手が受け皿に乗せられるような形に作り直して提供する能力が重要になります。

　受け皿の話は、物事の説明や理解だけの話ではありません。どの言語や文化にも存在する慣用句や決まり文句にも関連します。たとえば、日本語では道で出会った知り合いに「あら、どちらまで？」と尋ねることがありますが、「はい、ちょっとそこまで」くらいの返事しかかえってこないでしょう。質疑応答としては成立しませんが、挨拶として役目を果たしています。

　第１章でも触れましたが、韓国語で「よく眠れましたか」と聞けば、不眠症の人を心配してのことではなく、単に家族同士の「おはよう」の挨拶かもしれま

せん※11。タイ語で「ごはん、食べましたか」と聞くとき、まだだったらランチに誘ってあげようと思っているわけではなく、単に親しい人同士の「こんにちは」かもしれません※12。そして日本語で「お近くにいらしたときには、ぜひお寄りください」と書かれた転居はがきを受け取っても、本当に立ち寄っては迷惑かもしれません。このように、どの言語や文化にも、ああ聞かれたらこう答える、ああ言われたらこういう意味、といった決まりごとがあります。受け方を間違うと、つまり正しい皿に乗せそこなうと、ミスコミュニケーションにつながるわけです。

（３）「ツール」と「知識」から考えるコミュニケーション能力

　高い異文化間コミュニケーションコンピテンスには、コミュニケーションのためのツール、つまり媒体としての言語が必要です。コミュニケーション言語には、自分の母語、相手の母語、共通語としての英語、あるいはこれら以外の言語が使われる場合もあるでしょう。日本語がツールとなる場合、母語としての日本語ではなく、国際語としての日本語（第3章参照）、またはやさしい日本語（第3章、第11章、第14章参照）など、相手の言語の受け皿に配慮する必要があります。

　ただし、コミュニケーションの媒体には、言語だけでなく、非言語も重要です（第10章参照）。対面や映像で互いを視覚的に認識できるコミュニケーションの場合、身振り・手振りや顔の表情、服装・髪型などの非言語の要素もコミュニケーションの材料となります。電話のような、音声のみの伝達の場合には、話し方のリズムや速さ、声の高低なども伝達行為を助け、情報が適切に伝わるかどうかに影響を与えます。

　言語・非言語による情報は、一定のコミュニケーションスタイルで伝達されます。ある文化においては、人々が活発に発言し、頻繁に人の話に割り込み、大きな声で早口でしゃべる傾向があります。このようなコミュニケーションに慣れていない人は、会話に参加することが困難に感じるでしょう。一方、発言は1人ずつ順番に行い、人の話を行儀よく、うなずきなどの行為をもって耳を傾ける文化もあります。うんうんと言いながら聞いていても、特に同意や賛同の意味ではなく、単に「聞いていますよ」という意味だったということが生じるス

タイルです。

　話の要点や結論を先に言い、そこに至る状況を次に説明するスタイルもあれば、状況を先に設定し、そこから生じる事情や結論を後に述べるスタイルもあります。要点が先のスタイルに慣れている人は、状況説明を先にされると「要するに何が言いたいのだ」といらいらするかもしれません。状況を先に説明するのが親切と考える人にとって、いきなり結論を突きつけられれば、ぶしつけだと感じるかもしれません。

　異文化間のコミュニケーションでは、相手がどのようなコミュニケーションスタイルに慣れているのか、自分の伝達方法は相手に気持ちよく受け入れられるものなのか、そしてもちろん相手に情報を伝えやすいスタイルか否かということを考えることも有効です。時には、自分のスタイルではないとしても、相手に伝わりやすいスタイルを選択することも、コミュニケーションで成功する秘訣となります。

　さらに、自分の文化と相手の文化への深い理解があって初めて、両方の比較対照が可能となります。そうでなければ、自分の文化と相手の文化の共通点や差異を認識することができず、ではどうしたらよいのか、という判断もできないため、適切な行動にも至らないことになってしまいます。

　言語と非言語の要素、情報伝達や人々のあいだのやり取りのスタイル、そして自文化と相手文化の知識や理解—これらのことすべてが、意図した情報を相手に伝達するためのパイプであると言えます。パイプは太ければ太いほど、正しい伝達が可能になります。つまり、よい媒体と深い知識が、異文化間コミュニケーションコンピテンスの要素であるということです。

おわりに

　異なる文化背景をもつ人々がコミュニケーションを図ろうとするとき、コミュニケーション言語の熟達度だけでは、コミュニケーションの質を高めることはできません。社内の作業言語が日本語であろうと英語であろうと、それ以外の言語であろうと、異なった文化を背負う社員が職場にいれば、異文化間コ

ミュニケーションコンピテンスが求められます。

　どのような業種であっても、これまでは同一文化内のビジネス展開しか想定していなかった業界であったとしても、今後、さまざまな機会で、異文化間の多様性をマネージする能力が求められるようになると考えられます。異文化間コミュニケーションコンピテンスを磨けば、さらなるビジネスチャンスを手にすることになるのです。これは、国際社会に生きる私たちにとって、避けることのできない状況であると言うことができます。

問題

英語でも日本語でも、あるいはそれ以外の言語でも、話者同士の共通語でコミュニケーションを行いさえすれば、異文化間の理解が得られるというわけではありません。それはなぜなのか、説明してください。

---

*1　weblio 辞書『文化』を参照。
*2　12 世紀半ばから 15 世紀後半までの英語。
*3　1066 年のノルマン人によるイングランド征服から 14 世紀まで、イギリスで使われたフランス北部の方言。
*4　Merriam-Webster より culture を執筆者訳。
*5　コンピテンス (competence) は能力や力量の意味。
*6　1967 年 5 月に発売された、美空ひばりの『真赤な太陽』(作詞：吉岡治、作曲：原信夫) より引用。
*7　2021 年 1 月に発売された作詞作曲・秦基博の『泣き笑いのエピソード』より引用。楽曲は NHK の連続テレビ小説『おちょやん』の主題歌として、2020 年 11 月から 2021 年 5 月まで使用された。
*8　2021 年 5 月に発売された作詞作曲・藤原基央の BUMP OF CHICKEN による楽曲『なないろ』より引用。楽曲は、NHK の連続テレビ小説『おかえりモネ』の主題歌として、2021 年 5 月から 10 月まで使用された。
*9　1966 年 4 月に発売され、ムード歌謡界で大ヒットした黒澤明とロス・プリモスの楽曲『ラブユー東京』(作詞：上原尚、作曲：中川博之) より引用。
*10　2019 年 3 月に発売された、アイドルグループ DA PUMP の『桜』(作詞：shungo.、作曲：MUSOH) より引用。
*11　同じ家で寝起きする家族間の挨拶、잘 잤어요？のこと。
*12　知り合い同士の挨拶、กินข้าวหรือยัง のこと。

ノンバーバル・コミュニケーション

足立恭則

1 はじめに

　人は言語によって意識的にメッセージを伝達することもあれば、言語以外の要素（ジェスチャー、声のトーン、視線など）によって意識的あるいは無意識にメッセージを伝達することもあります。前者は言語による（verbal）コミュニケーションという意味で、バーバル・コミュニケーション、後者は言語によらないコミュニケーションという意味でノンバーバル・コミュニケーションと呼ばれます。たとえば、プレゼントをあげた相手が「うれしい」と言った場合、「うれしい」ということばの意味による情報伝達はバーバル・コミュニケーションですが、そのときの声のトーンや表情などから導き出される情報の伝達はノンバーバル・コミュニケーションです。

　このように、われわれのコミュニケーションはバーバルとノンバーバルに分けて考えることができます。この章では、普段われわれが何気なく「感じ取っている」ノンバーバルの情報を、その様式や機能面から分析・分類し、それぞれのノンバーバル要素がコミュニケーションに及ぼす影響を、特に異文化間コミュニケーションの観点から考察していきます。

ノンバーバル・コミュニケーションとは

（1）ノンバーバル・コミュニケーションの重要性

　コミュニケーションにおいて、ノンバーバルの要素が果たす役割は大きく、特に異文化間コミュニケーションにおいては、その重要度はさらに増します。たとえば、なじみのない国から来た相手とコミュニケーションをとる場合、その人の行動や表情などの解釈が難しいことがあります。こちらをじっと見つめて、至近距離で話すAさんは威圧的な性格なのでしょうか。それとも、Aさんの文化ではこれが普通なのでしょうか。感情がすぐ顔に表れるAさんは、子どもっぽい性格なのでしょうか。それとも、Aさんの文化ではこれが普通なのでしょうか。

　同一文化内では、特定のノンバーバル要素の解釈がある程度共有されていますが、文化が異なると、その解釈が通用しなくなることがあります。コミュニケーションにおいて、特定の行動をどう解釈するかは、解釈する側がそれにどのような意味づけをするかにかかっています (Storti, 1999)。それゆえ、異文化間コミュニケーションにおいては、互いの行為を正しく解釈できているかどうかに注意を払う必要があります。

（2）ノンバーバル・コミュニケーションの優位性

　人間のコミュニケーションは言語の存在により特徴づけられますが、実は、人間にとって、より根源的なコミュニケーション形式はノンバーバル・コミュニケーションであると言っても過言ではありません。バーグーン、ゲレーロ、フロイドはノンバーバル・コミュニケーションの優位性について、いくつか重要な点を挙げています (Burgoon, Guerrero, & Floyd, 2010)。まず、人間は言語能力を獲得するずっと以前からノンバーバル・コミュニケーションを行っていたという系統発生的な特徴が挙げられます。また、個体発生的に見ても、赤ん坊は言語を話し始める前から、タッチやしぐさ、泣き声、微笑みなどのノンバーバル要素

で親や周囲の人々とコミュニケーションをとっています。実際、人間は成長して言語を習得してからも、ノンバーバル・コミュニケーションをやめるのではなく、その土台の上に言語が追加されるだけです。この意味で、ノンバーバル・コミュニケーションは人間のコミュニケーションの土台となる形式であるということができます。

（3）ノンバーバル・コミュニケーションの分類

　ノンバーバル・コミュニケーションの研究は、ダーウィンの『人及び動物の表情について』に端を発し (Darwin, 1872/1991)、その後、生物学、文化人類学、言語学、心理学、脳科学など、さまざまな分野で研究されています (Givens & White, 2021)。ノンバーバル・コミュニケーションの研究は、それぞれが着目する対象によって、学術的には、音調学 (vocalics)、身体動作学 (kinesics)、接触学 (haptics)、近接学 (proxemics)、視線学 (oculesics)、人工物 (artifacts) のように分類されますが、本章では、より一般的な概念を用い、「パラ言語」、「ジェスチャー」、「表情と感情の表出」、「ボディータッチと空間」、「視線」、「マナー」というカテゴリーに分けて、主に異文化間コミュニケーションの視点から解説していきます。

パラ言語

　まずは、言語に最も隣接した要素から見てみましょう。パラ言語 (paralanguage) とは、主に発声行動によるコミュニケーションを指し、それ自体は意味を持つが、音韻論などによって扱われる言語システムそのものには属さないものを指します (Matthews, 1997)。これには、声質、声の大きさ、声の高さ、イントネーション、ためらい・口ごもり、話すペース、間、などが含まれ、主に感情面の意味を添えます。何を言ったかよりも、どのように言ったかに着目する概念で、広義では、発話に伴うジェスチャーや表情も含みますが (Reber, 1985)、この章では、ジェスチャーや表情は別のものとして扱うことにします。

　パラ言語からは、話し手の属性（性別、年齢、訛りがある場合は出身地域、な

ど）がわかるだけでなく、発話者の心理状態（落ち着いている、興奮している、緊張している、など）もわかります。また、言語で表現されたメッセージが皮肉なのか、ユーモアなのかなど、メッセージの意図を判別する重要な手掛かりにもなります（Givens & White, 2021）。

異文化間コミュニケーションにおいては、互いの母語によって、発話時の声の質や高さ、イントネーションなどが異なるため、相手の属性・心理状態・メッセージの意図などの解釈が難しくなります。たとえば、日本人の耳には中国人同士の会話が、口論のように聞こえることがあります。母語のパラ言語的特徴は外国語を話す際にも現れるため、中国語母語話者が日本語を話す際、本人が意図しない印象を相手に与えてしまうこともあります。

パラ言語の影響は、日本人が外国語を話す際にも現れます。たとえば、英語と比較して、日本語の発話は相対的にピッチ（声の高低）が高いため、日本人が話す英語は、英語母語話者には子どもっぽく聞こえることがあります。たしかに、日本語吹替のアメリカ映画を元の英語音声に戻して聞くと、そのピッチの違いを実感できます。

ジェスチャー 4

ことばのわからない国を旅しても、ジェスチャーで何とか伝わるとよく言われます。ジェスチャーとは、手や脚、目や眉など、体の部位の動きを総称して呼ぶことばです。ジェスチャーは言語とともに現れる場合と、単独で現れる場合があります。

ジェスチャーには、指で人や物を指し示したり、物の大きさ・形などを描写したり、話にリズムをつけたりといった機能とともに、ピースサインや親指を立てるグッドサインのように言語の代わりとなる機能もあります（Burgoon, Guerrero, & Floyd, 2010）。言語の代わりに使われるジェスチャーは「エンブレム（表象）」と呼ばれます（Johnson, Ekman, & Friesen, 1975）。

日本人は「大丈夫だ」と言いたいとき、親指と人差し指で○を作り（OK サイン）、「ダメだ」と言いたいときは、指や腕で×を作ったりします。しかし、これ

らのエンブレムが異文化間コミュニケーションにおいて、こちらが意図した意味で伝わっているかどうかはわかりません。

　特定のエンブレムが相手に伝わるか否かは、次のどのパターンに該当するかによります。

> ① 対応するエンブレムが相手の文化にもあり、意味が同じである。
>
> ② 対応するエンブレムはあるが、意味が異なる。
>
> ③ 対応するエンブレムはないが、意味を推測できる。
>
> ④ 対応するエンブレムがなく、意味を推測できない（あるいは誤った推測をする）。

　異文化間コミュニケーションにおいて、注意しなくてはならないのは②と④の場合です。たとえば、先ほどの OK サインは、相手が北米人であれば、①ですが、ブラジルなどの南米人であれば、②に当たります。日本文化を知らない南米人に OK サインを見せれば、相手は卑猥なサインでののしられたと勘違いする可能性があります (Axtell, 1991)。また、×のエンブレムは多くの文化においては、文脈で通じる③、あるいは通じない④でしょう。日本の学校の試験では、正解は○、不正解は×、惜しいものは△で表現しますが、日本語を学習する外国人にとって、これらのエンブレムは必ずしも即座に理解できるものとは限りません (八代・世良、2010)。

　さらに注意すべきは、エンブレムが必ずしも特定の言語と結びついているとは限らない点です。ピースサインは英語圏のアメリカ、イギリス、オーストラリアでも peace（平和）や victory（勝利）を意味しますが、手の甲を相手側に向けた裏ピースサインは、アメリカでは意味が変化しないものの、イギリスやオーストラリアでは相手を侮辱するサインとなります。同じ言語を話す国だからといって、エンブレムの意味が同じとは限らない点を理解しておくほうがよいでしょう。

表情と感情の表出

　ダーウィンは、基本的な6つの感情（喜び、悲しみ、怒り、恐怖、驚き、嫌悪）を表す顔の表情は生来的なものであり、人類すべてに共通する特徴であると主張しました (Darwin, 1872/1991)。この主張は一般に受け入れられていますが、感情をいつ、どのような場面で、どの程度おもてに出すかについては、文化差があることがその後の研究でわかっています。

　トロンペナールスとハムデン＝ターナー（2001）は仕事中に気分を害されたとき、そのネガティブな感情をおもてに出すかどうかを尋ねる調査を行い、国・文化により、ネガティブな感情の表出をよしとする度合いが大きく異なることを明らかにしました。日本やエチオピアは調査対象となった49カ国中、感情の表出に最も否定的で、クウェートやスペインは最も肯定的でした。そして、北ヨーロッパ諸国とアメリカは、ほぼその中間でした。職場において、ネガティブな感情をおもてに出すことをよしとしない日本人と、感情表出をよしとするスペイン人が一緒に働いた場合、互いの態度が原因で、摩擦が起こる可能性があります。日本人にとっては、職場で感情的になったスペイン人の行動は不適切で、仕事に対するプロ意識に欠けると思われます。一方、感情は素直におもてに出し、腹を割って問題を処理したいスペイン人にとっては、感情をおもてにしない日本人は無関心、無気力ととらえられてしまいます (トロンペナールス・ハムデン＝ターナー、2001)。

　怒りを含め、悲しみや嫌悪などのネガティブ感情の表出を嫌う日本人は、それらの表出を避ける方便として、人前では笑みを浮かべることが知られています (Friesen, 1972)。ネガティブ感情を隠す笑みは、韓国やタイなどのアジア諸国でも共通しますが (Axtell, 1991)、欧米文化では、いささか不可解な表情とされて理解されにくいことがあります。悲しいときは悲しい顔、不快なときは不快な顔が基本の文化では、悲しいときに笑み、不快なときも笑みという組み合わせは、ちぐはぐに思えるようです。感情の表出に関する文化間の違いは、どちらかが正しく、どちらかが間違っているというわけではありませんが、こうした違い

が意図せぬ誤解をもたらす可能性もあるので、注意が必要です。

ボディータッチと空間

　人々の接触行為や空間の取り方に関する研究をまとめたバーグーン、ゲレーロ、フロイド (Burgoon, Guerrero, & Floyd, 2010) によると、文化は接触を好む文化と好まない文化に大きく分けられます。中東やヨーロッパの地中海地域、ロシアを除く東欧、中南米などは接触文化に含まれ、北欧や西欧のドイツ、イギリス、アジアは非接触文化に含まれます。アメリカは緩やかな接触文化 (moderately immediate culture) に分類されます。

　接触文化圏では人と人との間隔が近く、アイコンタクトも頻繁で、より相手の正面でコミュニケーションをとる傾向が高くなります。さらに、話す声も大きいという特徴があります。また、これらの文化では、接触や匂いによるコミュニケーションを好むとも言われます。たとえば、アラブ文化では、相手の息や体の匂いを感じることで、相手との親密さを認識するため、関係が親しいほど話をする者同士の距離も近くなります (Hall, 1966/1990)。そのため、プライバシーを意識して、一定の距離を取りたがる欧米人に対しては、よそよそしさを感じることがあるようです。またアラブ文化では、親密さを表すために、仲の良い同性同士が手をつないで歩くことも珍しくありません (Axtell, 1991)。

　一方、非接触文化の人々には真逆の傾向が見られます。接触・非接触文化の違いは特に挨拶の仕方に顕著に表れ、相手を抱擁する→握手をする→お辞儀や合掌をする、の順で接触が少なくなります。しかし、同じ非接触文化に分類される文化でも程度の差があります。たとえば、非接触文化に分類される中国や韓国でも、仲の良い女性同士が腕を組んだり、手をつないだりする行為はよく見られますが、日本ではそのような行為はあまり頻繁ではありません。そのため、中国や韓国の人々は日本人の友達との身体的距離感をいくぶん、よそよそしく感じることがあるようです。

視線

人は相手の目や目の周りの表情から多くの感情を読み取ることができます。たとえば、まばたきの頻度は心理的ストレスの量を反映し、眼球を回す行為はあきれや軽蔑、眉間にしわを寄せる行為は怒りや集中を表します (Givens & White, 2021)。なかでも、視線からは多くの重要な情報を読み取ることができます。

視線が持つ意味や機能はさまざまです。たとえば、相手に対して強い視線を向ける行為は、相手を威嚇したり、自分が相手との関係において優位であるというメッセージを送ったりする機能を持ちます。また、視線は相手との人間関係を構築し、相手への誠意や愛情を示すという機能も持っています。これら2つは相反する性質を持つため、相手の意図を読み違えると、相手との関係を大きく損なう可能性があります。そのため、各文化は視線の使い方についてルールを作り、調整していると考えられています (Matsumoto, 2006)。

たとえば、視線を合わせる行為、すなわちアイコンタクトについては、それが多い文化と少ない文化があります。非接触文化の日本、韓国、タイなどのアジア諸国やアフリカ諸国などではアイコンタクトが少なく、接触文化である北米、東欧、中東などはアイコンタクトが多い傾向が見られますが (Axtell, 1991)、こうした違いが出るのは、接触文化では視線の持つ誠意や愛情を示す機能を優先し、非接触文化では視線が持ちうる攻撃性を避けることを優先しているからとも考えられます (Matsumoto, 2006)。日本人は目上の人と話す際、相手の目を直接的に見ないよう育てられています。一方、アメリカ (特にヨーロッパ系アメリカ人文化) では、幼少期より親や教師の話を聞くときは、目を見て聞くようにしつけられています。相手の目を見なければ、何か隠し事をしている、あるいは反抗しているととらえられてしまう可能性があります。

マナー

最後に、ノンバーバル・コミュニケーションのうち、特にマナーに関連する

ものをいくつか紹介しましょう。マナーに関わるノンバーバル行動は普遍的なものもありますが、普遍的に思えても、実は文化によって適用される程度が異なったり、善し悪しの判断が真逆であったりするものもあるので、注意が必要です。たとえば、クチャクチャと咀嚼音を立てて食事をすることを、マナー違反とする文化は多くあります。しかし、どの程度の音を立てたら「音を立てている」ことになるのか、文化間で基準が異なることもあります。日本人には「クチャクチャ」と聞こえても、その文化ではマナー違反になるレベルの音とは見なされない場合があるのです。また、日本ではご飯を入れたお茶碗を手に持って食べるのがマナーとされていますが、日本と同様にご飯を食べる韓国では、器を手に持って食べることはマナー違反と見なされます。欧米諸国でも食事が入った器を手に持って食べることをマナー違反とする場合が少なくありません。

　似たような食文化でもマナーが異なる例はほかにもあります。日本人のなかには、そばやラーメンなどの麺類（パスタを除く）をすする行為は、麺類を食べるアジア諸国であれば共通であると思っている人が少なくありません。しかし、中国、韓国、ベトナムなど、日常的に麺類を食べる国でも「すする行為」はマナー違反とされています。

　このように、「不快な音を出してはいけない」ということで異文化間で合意が取れたとしても、何を不快と感じるか、どのレベルで不快と感じるかという点では意見が一致しないことがしばしばあります。また、食器を持つべきか持たないべきかなどのように、それぞれの食文化の事情によって、ある程度恣意的に決められるマナーもあります。

おわりに

　言語によるコミュニケーションは言語を知らなければ成り立たないことは明らかですが、ノンバーバル・コミュニケーションについては、おおかた普遍的であると多くの人は思っています。ことばのわからない国に行っても、心で通じ合うことができる、ジェスチャーで何とか通じるといった主張をしばしば耳

にします。これは、ある程度までは事実でしょう。しかし、この章で見てきたとおり、ノンバーバル・コミュニケーションにもそれぞれの文化に特有の表現や解釈のルールが存在し、そうしたルールを知らなければ、互いに誤解が生じてしまいます。

　心に忠実に接した結果、相手との距離の取り方を誤ったり、世界共通と思って使ったジェスチャーで意図せぬメッセージを送ってしまったりすることは起こり得ます。旅先で道を尋ねたり、自分の困りごと（お腹がすいた、お金を落とした）を伝えたりする程度であれば、ノンバーバルの手段で通じ合うことは可能です。しかし、ビジネスの場で仕事上のコミュニケーションをとったり、留学先で指導教員やクラスメイト、ホストファミリーと親密なコミュニケーションをとったりする場面においては、単なる旅先でのサバイバル的コミュニケーションでは不十分です。その意味で、ノンバーバル・コミュニケーションの文化差について、日頃から知識を深めたり意識を高めたりしておくことが重要です。特に、自分では気づきにくい自分自身のノンバーバル行動の特徴やその裏にある前提や思い込みを客観的に分析し、他の文化のそれと比較しながら相対化していくことが大切です。

　もちろん、一般的にノンバーバル行動は強く習慣化されているため、すべてに気を配り、自分の行動を調整し続けるのは難しいことです。これは、相手にとっても同じです。互いに努力をしていても、ある程度の誤解は起こるものです。重要なことは、相手のノンバーバル行動により、気分を害されたとき、すぐに相手を非難するのではなく、相手の意図とこちらが解釈したものとでは異なる可能性があることを常に意識し、早計な判断を行わないことです。ノンバーバル・コミュニケーションの文化差を学ぶとともに、こうした判断保留の練習を積み重ねることで、多様な文化的背景を持つ人々との相互理解が可能になるものと考えます。

問題

Q.1　ノンバーバル・コミュニケーションのほうがバーバル・コミュニケーションよりも、人間にとってより根源的なコミュニケーション様式だと考えられる根拠を2つ挙げてください。

Q.2　日本人が使うジェスチャーのなかで他の文化の人に誤解を与える、あるいは意味をなさない可能性があるものを2つ挙げてください。

Q.3　悲しいときに笑みを浮かべる日本人の行動が欧米の人には不可解に思われることがあるのはなぜですか。

Q.4　食事中に咀嚼音を立てることをマナー違反とする国で、クチャクチャと音を立てて食事をしている光景を目にすることがあります。この光景は現地の人にとってもマナー違反に見えると考えてよいでしょうか。

第11章

日本語による
異文化間コミュニケーション

荒川洋平

1 はじめに

　本章では、日本語非母語話者との日本語コミュニケーションに関して考察します。

　まず言語管理理論における接触場面が日本語でなされるケースを、日本語による異文化間コミュニケーションと位置づけ、そこで生じる問題点をスピーチ・アコモデーション理論に基づいて解析します。さらにその解法の一つとされる、いわゆる「やさしい日本語」に関して現況を述べ、問題点を整理します。

2 接触場面から考える日本語の異文化間コミュニケーション

（1）接触場面とは

　異文化間コミュニケーションの多くは、接触場面において展開されます。接触場面とは母語話者と非母語話者間のインターアクション場面であり（ネウストプニー、1995）、そこでの非母語話者による規範からの逸脱、それに対する評価や調整ストラテジーなどの過程を理論化したものが、いわゆる言語管理理論です。

　接触場面の典型として、母語話者によるフォリナー・トーク（Foreigner Talk：FT）が挙げられます。FTとは「ある言語の母語話者がその言語を母語

話者並みに十分に運用できない非母語話者に対して用いる言語使用域 (Ferguson, 1981, p. 143)」であり、母語話者側が発話スピードを落としたり、平易な語彙を用いて話したりする場合がそれに相当します。

　日本語を用いた接触場面は、日本人は母語 (L1) である日本語を、非母語話者は第二言語 (L2) としての日本語を用いるので、日本人にとっては英語などの外国語を使用するよりは扱いやすい状況と考えられます。しかし日本語による異文化間コミュニケーションでは、多様な問題が少なからず生起しています。筆者は荒川 (2010) において、聞き取り調査等で判明したそれらの問題をパイロットスタディとして6パターンに分類し、紹介しました。本章ではこの問題の再カテゴリー化を試み、Giles & Smith (1979) のスピーチ・アコモデーション理論 (Speech Accommodation Theory：話しことば調整の理論、本稿では SA 理論) を用いて分析していきます。

（２）SA 理論の概説

　SA 理論とは「ある会話における参加者が、もう一方の参加者の話しことばのスタイルに応じた、自らのアクセント、語の選択、言語の他の側面に対する調整行動 (Giles & Smith, 1979, p. 46)」であり、この過程はコンバージェンス (convergence：収斂) とダイバージェンス (divergence：分散) に分けられます。

　コンバージェンスとは話し手が自分の言語行動を相手に合わせることで、upward convergence（上方収斂）と downward convergence（下方収斂）に二分されます。前者は自分より立場が上の者の話し方に合わせるもの、後者は自分より立場が下の者の話し方に合わせるものであり、FT の多くは下方収斂に相当します。一方、ダイバージェンスは、話し手が自分の言語行動を相手に合わせないことを意味します。

　Thakerar, Giles, & Cheshire (1982) は、SA 理論の調整過程には主観的な側面と客観的な側面があると指摘しています (表−1 参照)。主観的な側面とは、話し手がある言語行動を取る際の意識や信念 (ビリーフ) であり、客観的な側面とはそれが相手に合わせたものになっているかという、実際の言語行動を意味します。

121

■ 表−1：主観・客観の別によるアコモデーション（言語調整）の分類

		主観的	
		コンバージェンス	ダイバージェンス
客観的	コンバージェンス	A：言語調整の成立	B：事例なし
	ダイバージェンス	C：過剰言語調整	D：言語調整の不成立

(Thakerar, Giles, & Cheshire, 1982, p. 238 の表に執筆者の解釈を付記)

　Aはコンバージェンスを意図してそれが相手に伝わったケースであり、アコモデーション（言語調整）が成立します。一方、Dでは話し手が相手に対して合わせる気がないことが伝わっているので、言語調整は成立しません。問題となるのはCで、話し手が意識の上では相手に合わせた何らかの言語行動を取っているにも関わらず、それが相手に合わせた行動であると受け取られないケースを含みます。いわゆる「良かれと思って言ったことが裏目に出る」ケースは、このカテゴリーに入ります。

日本語の FT における調整行動の失敗例と分析

　以下では、荒川（2010）で述べた、日本語FTにおいて異文化間コミュニケーションが円滑に進まない諸例を概説し、さらにSA理論から考察を試みます。

（1）子ども扱い型

　この調整行動は、日本語を用いたFTにおいて、成人またはそれに近い年齢の非母語話者をあたかも子どものように扱うものです。非母語話者による自己紹介程度の発話に対して、母語話者が「日本語が上手ですね！」と過度に賞賛するものがその例です。この賞賛が子ども扱いになる理由は、母語話者側がその賞賛とは逆に、非母語話者に対して子どもに向けて話すような言い方をするためです。

　SA理論からは、この調整行動は表−1におけるC、つまり過剰言語調整に

相当すると考えられます。非母語話者を子ども扱いする母語話者は、主として相手の外見的特徴から日本語が不自由に違いないと決めつけ、多くは親切心から上述のような言語行動を取り、結果として、非母語話者から不愉快に思われます。

　日本語は英語ほど国際言語化しておらず、歴史的には接触場面において選択されることが過少であったため、一般に日本語母語話者はFTに習熟しているとは言い難いものです。それゆえ、母語話者側は母語獲得中の幼児に対する親のことば遣いを推測可能な起点領域にして、FTへのマッピングを試みていることが推測されます。

　子ども扱い型は過剰言語調整の代表的な行動です。相手の第二言語の運用力を評価したいのであれば、相手への真摯な関心を示すポジティブ・ポライトネスが必要です。

（2）外見予断型

　この調整行動は、非母語話者とのコミュニケーションを忌避したり、英語など他言語への切り替えを行なったりするものです。非母語話者が日本語で話しているにも関わらず、当該の話者の肌や髪、眼の色といった言語外的特徴から「この外国人は日本語ができない」と決めつけてその場から逃げたり、外国語ができそうな別の母語話者にコミュニケーションを委ねたりするものがその例です。また、母語話者側が英語を話せる場合、非母語話者が日本語で話しているにも関わらず英語で返答する事例や、オストハイダ（2005）が指摘するような、非母語話者が日本語で話しかけているのに対して、母語話者側がその返事を非母語話者の同伴者である日本人や日本人と似た外見の外国人に向かってする事例もあります[※1]。ここでは、外見という言語外特徴が母語話者側の調整行動に決定的な影響を及ぼしています。

　SA理論では、この調整行動は表－1におけるD、つまり言語調整の不成立に相当します。ことばによるやり取りを放棄しているということは、それにともなう調整行動の放棄と同義であり、自らの話し方を変えず、主観的にも客観的にも、相手に合わせないというダイバージェンスと位置づけられます。

　あるいは母語話者側が英語によるコードスイッチングを行なう場合、表－1におけるC、つまり過剰言語調整に相当するケースもあり得ます。これは、母語話者側がL1である日本語を使わない態度そのものが、結果的に非母語話者による日本語の発話にダイレクトに応答する気がないというメッセージを送っているためです。ファン（1999）が述べるように、ある言語の非母語話者同士の接触場面においては、国際英語の使用、自分もしくは相手の言語バラエティの使用など、談話上のコードスイッチングは頻繁に観察されます。ただしそれは相互の理解に基づく選択であり、「外見予断型」のように、コミュニケーションの参画者の一方が、言語選択の権利を一方的に否定されるものではありません。

（3）高ハードル設置型

　この調整行動は日本語母語話者が非母語話者に対して、日本人が使うレベルと同等の日本語運用力を要求するものです。また非母語話者が用いる日本語の意味解釈を行なう際、それを母語話者が話すものとまったく同等のものと考えて不愉快に感じたり、時に憤ったりする行動もこれに含みます。事例としては、コンビニエンスストアや飲食店などで、外国人スタッフが使う日本語がややぞんざいであった場合にそれを咎めたり、非母語話者の誤用を見つけた際、現在の話題を脇に置いてまでその訂正を行なったりするものが報告されています。

　この行動の特徴は、第2節の外見予断型と同様に、言語外的条件に影響された行動でありながら、それが生起するのは非母語話者側が日本人と類似の外見を有する、東アジア・東南アジアの出身者に向けられることです。

　当該地域の非母語話者たちは、地理的にも人数としても日本人と日本語で異文化間コミュニケーションを行なう可能性が最も多い人々でありながら、第2節で述べた外見予断型を支える民俗的な二分法「日本には日本人がいて日本語を話す・外国には外国人がいて英語を話す」では、いずれのカテゴリーにも入らない存在となってしまうことが多いのです。第二次世界大戦直後に用いられた、これらの人々に対する「第三国人」という蔑称は、このカテゴリー外の存在に対する日本人の意識の言語的体現と言えるでしょう。

　日本語母語話者が、アジア系の非母語話者に日本人と同等の日本語運用力を求めるのは、表層的には日本人側が彼ら・彼女らをその外見という言語外的条件ゆえに、日本人だと勘違いしているというだけの観察で済むかもしれません。しかし、そこに欧米崇拝の裏返しとしてのアジア蔑視や、外国人は金を稼ぎに来ているのだから日本に同化すべきであるという、抜きがたい差別意識を批判的にとらえる視点も必要です。

　SA理論では、この調整行動は表－1におけるD、つまり言語調整の不成立に相当します。母語話者である日本人が自分の言語行動は調整せず、非母語話者からの言語調整のみを期待している点で、ダイバージェンスであると考えられます。外見予断型・高ハードル設置型のダイバージェンスは、欧米崇拝とアジア蔑視という、一部の日本語母語話者による対外国人意識が鏡のような対照を示している調整行動として興味深く、一層の分析が必要です。

（4）言い換え失敗型

　この調整行動は、母語話者が非母語話者に対して、わかりやすい日本語を使おうと試みたものの、それが逆に難しくなったり、わかりにくかったりして適切なやり取りが成立しないものを指します。例としては「トゥモロウにアンケート、スタートね」などと、日本語の統語構造を維持したまま語彙は和製英語を含むカタカナ語に変えて話したり、「心ゆくまで」を「心理的に充足した状態まで」などと非母語話者が知らない語句を漢語を多用して、一層難解な言い換えにしてしまったりするものがあります。

　SA理論では、この調整行動は表－1におけるAもしくはC、つまり言語調整の成立もしくは過剰言語調整に相当します。双方の可能性が考えうる理由は、その言い換えや説明の適切さによって非母語話者側の理解が異なるためです。ただし、主観的には母語話者側は下方収斂を行なっており、その点では外見予断型・高ハードル設定型とは明確に異なるものです。

　このように、母語をわかりやすく説明する技法の習得には、一定の規範や規則を踏まえた上でのトレーニングが必要になります。言い換え失敗型の場合、偏向した対外国人意識からは脱却しており、わかりやすい説明を行なう意思は

あるものの、適切な方策が見つからない段階にあるわけです。

　また媒介語的に英語を用いるというのは「外国人は英語」という、外見予断型などに見られるビリーフが影響している可能性があります。さらに説明を難しくしてしまうケースに見られる「難しい語を使う人は知的である」という日本語母語話者としてのビリーフも考察する必要があるでしょう。

（5）適切な言語調整に向けて

　上記の事例が明らかにすることは、適切な言語調整に向けての FT は、母語話者側が調整行動を再考するだけでは十分ではないということです。それに加え、母語話者が保持する異文化間コミュニケーション上のビリーフを再確認し、適切な言語調整に至るためのコミュニケーション・ストラテジーを習得することが必要性となります。オストハイダ（2010）はこれを「対外国人コミュニケーション能力」と名づけ、日本人は文部科学省を中心とする日本の英語教育が推進してきた「使える英語能力」よりこの能力の涵養を図るべきである、と主張しています。本章では荒川（2010）に従い、同様の概念を「対外日本語コミュニケーション能力」と呼称し、その習得が日本人の異文化間コミュニケーションにおいて必須であることを主張します。

「やさしい日本語」の難しさ4

　日本語による異文化間コミュニケーションにおいて、非母語話者に対する適切な調整行動体系としての「やさしい日本語」があります。これは日本語能力が十分ではない日本語非母語話者に対する理解しやすい日本語の運用形式であり、栁田（2015）はこれを日本語の FT であると定義しています。

　2021 年現在、「やさしい日本語」を研究する学派は 2 つに大別されます。一つは弘前大学の佐藤和之らを中心とする研究グループです。災害時における外国人の被災を減らすための言語措置として、何が求められるかを中心に研究をはじめ、「やさしい日本語」が災害時に効果を持つことを、実験によって証明しました。このグループを本稿ではグループ I と呼称します。

　もう一つは一橋大学の庵功雄らを中心とする研究グループで、平時における生活者としての外国人に対する「やさしい日本語」を研究しています。このグループの研究者たちは「やさしい日本語」を情報提供のツールとして考えるに留まらず、初期日本語教育の公的補償の対象としての意義、地域社会の共通言語としての意義、そして主としてボランティアの教え手が担う地域日本語教育としての意義を認めて活動しています。このグループを、本稿ではグループⅡと呼称します。

　両グループの主張にはいくつかの相違が見られますが、その一つに、現代の日本における複言語環境への対応をどう考えるかという点があります。グループⅠの代表者である佐藤は、「(前略)『やさしい日本語』は地域に居住する外国人の母語に取って代わろうというものでもない。元々2000語だけで災害情報を伝えようというのであるから、必要最低限の安全を保証する情報を伝えるためだけの表現方法である。だからあくまでも地域社会に居住する大多数話者から漏れてしまう少数言語話者たちに伝えるもうひとつの外国語（＋1）という位置づけである。(佐藤、2005、15頁)」として、研究の早い時期から「やさしい日本語」が複言語対応における有力な選択の一つであることを認めています。

　この論旨を支えるものとして、多言語国家であるマレーシア出身の「やさしい日本語」研究者であるSheng (2012) は以下のように論じています。

現在の多言語化から取り残されている少数言語を話す外国籍住民への救済策として「やさしい日本語」が考えられるが、「やさしい日本語」はあくまでも補助的な対策であるということを断っておきたい。決して多言語化をやめて「やさしい日本語」にするというわけではない。現在の日本社会において「やさしい日本語」は多言語化を補完するものとして位置づけたい。

(Sheng、2012、42頁)

　一方、グループⅡの研究者による著作類には、「やさしい日本語」が唯一の手段であるという言明はないものの、その広報における文言のなかには、結果として実質的なリンガフランカである国際英語が、不要であるかのような印象を与えるものが散見されます。これは、複言語環境における国際英語の意義を所与とする国際コミュニケーションマネジメントの観点からは看過できるもの

ではありません。

　たとえば庵 (2019) は「定住外国人に対する情報提供という観点からは英語は不適格であると言えます (13 頁)。」と、外国人を定住者に限定した上で、これらの人々に対する情報提供に話を限った場合には、英語は不適格なものとしています。しかし居住者に対する情報提供を「やさしい日本語」に限定したとしても、訪日外国人に対する情報提供を別に考えるのであれば、日本人母語話者がその両方に対峙せねばならない可能性を前提として論を進めるべきですが、そこは触れられておりません。

　また岩田 (2010) では「情報の伝達効率を考えると、英語は日本語には及ばないことがわかる。しかも英語は多く見積もっても 44% の外国人住民にしか通じないということになる (83 頁)。」と上記同様に外国人を定住者に限定した上で、「やさしい日本語」の有効性を述べています。しかし日本において、生活者としての外国人は、訪日客としての外国人と分かれて生活しているわけではなく、一定の文脈が与えられない限り、日本語母語話者から見て両者をすぐに区別することは簡単ではありません。岩田は同時に「本稿は英語の国際性を否定するものではないし、現在に至った自治体の取り組みを批判するのが目的でもない (88 頁)」と注意深く明言していますが、日本人の多くが日本語と英語など他言語とのコードスイッチングが可能な運用力を有していない以上、非母語話者が聞く日本語 FT には英語の単語やフレーズも多く入ります。こういった類の FT は、日本語か英語かの選択という単純な位相で展開されるものではありません。言い換えれば、日本語による異文化間コミュニケーションとは、コンバージェンスを志向する限り、母語に加えて外国語、多様な非言語コミュニケーション、パラ言語などを総動員したきわめて泥臭いものであり、言語上の発話スピードや語の選択といった狭い範囲への配慮に留まるものではないのです。「やさしい日本語」だけでよい、英語でなくてよい、と英語排除ともとらえられかねない雑な主張は、真摯な日本語 FT の実践を志向する日本語母語話者に対して、文脈によっては英語の運用を否定するメッセージを送りかねません。

　「やさしい日本語」の理想的な実践のために必要なことは、表層的なスキルの

伝達ではなく、「対外日本語コミュニケーション能力」のシラバス記述に向けた基礎作業です。それは異文化間コミュニケーションを円滑に行なうためのストラテジーの目録作成や、国際英語の運用力向上など、SA 理論やポライトネス理論も援用した多層的、複合的な能力の記述となるでしょう。

おわりに

　本章では日本語による接触場面を日本語の異文化間コミュニケーションと位置づけ、そこで生じるさまざまな問題をスピーチ・アコモデーション理論から分析し、あわせて「やさしい日本語」が直面する諸課題に触れました。異文化間コミュニケーションにおいては、単純化できる唯一の解はありません。文化背景を異にする者同士がある程度理解しあうためには、コードスイッチングや非言語コミュニケーションを駆使した、ときに無秩序とも思える複合的な過程を経る必要があるのです。

> **問題**
>
> 「接触場面」とは何ですか。表-1 (p. 122) の説明を参照し、あなたが接触場面に参加した経験がある場合、そのときの状況を説明してください。

---

*1　オストハイダ (2005) はこれを「第三者返答」と命名している。

第12章

21世紀の移動と
言語研修

岡本佐智子

1 はじめに

　人の移動は人類の歴史を作ってきました。21世紀は移動の時代と言われているように、より良い生活を求めて国境を越えて移動する外国人労働者とその帯同家族の定住が年々増加しています。気候変動や自然災害、政治的な混乱や内戦、迫害などで他国へ避難する人々の移住も増えています。

　世界の移民数は2000年代になると右肩上がりで推移しています。国連経済社会局人口部 (2020) の推計によると、2020年6月時点の国際移民※1数は、過去20年間で1億人増の2億8,100万人と、最多記録を更新しており、世界各地で多民族・多文化・多言語社会が生まれています。しかし、2020年からの新型コロナウイルス感染症のパンデミックは2年以上も収束することなく、世界経済に大打撃を与え、出入国制限の長期化と移民の失業率上昇が労働移民市場の拡大現象に歯止めをかけました。

　この間、新型コロナウイルス感染症防止策として、世界中でテレワークをはじめモバイルワークやオンライン留学等が推進され、情報通信機器の活用が一気に進みました。国外の企業にオンライン勤務する人々も増え、働く場所に縛られないグローバルな「デジタル移民」あるいは「デジタルノマド（遊牧民）」といった、物理的に国境を越えることのないサイバー空間上の移動や遠隔移民という新たな移動形態を日常化させ、その共通言語には英語を使用することが

「常識」となっていきました。

　一方で、対面を主とした労働形態でデジタル環境での仕事に適さない職種の多くは、このパンデミック以前から慢性的な労働力不足で、外国人材に依存していました (第7章参照)。そのため、パンデミックのピーク期には、医療現場で働く労働者をはじめとするエッセンシャルワーカーの深刻な人手不足に拍車がかかり、社会サービスに支障をきたしました。

　移民を積極的に受け入れてきた欧米諸国では、近年、移民の流入増大でさまざまな軋轢が生じ、国内世論を二分する「移民問題」に発展しています。移民排除の気運が高まっていましたがパンデミックを機に外国人労働力なくしては社会が機能しない現実を再確認し、移民政策の見直しをしています。長年の課題である移民の社会統合の方策は、移民が今まで以上に受け入れ国の言語習得と文化理解、そして社会に適応できるようにするための支援プログラムの強化が必要となっています。

　人口減少社会に突入した日本でも深刻な労働力不足に直面しており、公的な「移民」政策はとっていませんが、外国人労働者の受け入れが加速しています。増え続ける外国人生活者との共生を目指して、伝統的移民受け入れ国の先例から、移民の社会統合を学ぼうとしています。そして、日本独自の「多文化共生社会」を模索しています。本章では、ヨーロッパの外国人労働力の受け入れと移民の社会統合におけることばのコミュニケーション問題から、日本の在留外国人への日本語教育を考えていきたいと思います。

移民の社会統合とことば

　移民の受け入れは、自国の発展に寄与する高学歴・高技能の高度人材を歓迎し、誘致するパターンと、労働力が不足している産業や業種を補うために在留期限付きで非熟練労働者を受け入れるパターンに二分されます。すでに2000年代初頭からは、世界中で外国人材の奪い合いが始まっています。

　国民が就きたがらない業種の人手不足は、非熟練の外国人労働者で補われ、その社会的立場の弱い雇用は景気の調整弁とされてきました。しかし、こうし

て一時的に受け入れたはずの外国人労働者が、やがて母国から家族を呼び寄せて定住していきます。そこには同じ民族や人種、宗教、言語など、独自の共通文化を保持するエスニック集住地域（コミュニティー）が生まれていきます。宗教をはじめとする母文化と母語のみで生活できるコミュニティーは、受け入れ国の社会との関わりも薄く、2世、3世になっても社会統合がなかなか進まない課題となっています。

このため、社会情勢や経済状況が悪化すると、国民の雇用機会が縮小して移民への反感が強まるとともに、移民の失業率が高まり、その社会保障費用の負担増加や治安の悪化などが懸念され、移民排斥の声が高まっていくのがパターン化されてきました。移民問題は、政治、経済、人口、国家安全保障、長期化する紛争、社会の不均衡、そして文化、言語、宗教まで、多岐にわたる問題と関連することから、年々複雑になってきており、移民の社会統合にはさまざまな課題が上積みされています。

伝統的な移民国家である、カナダやオーストラリア、アメリカでは、1970年代に各民族を尊重する「多文化主義」を掲げて以来、民族や人種、言語など文化の多様性を資産として、すべての人が平等に社会参加できる国家を目指してきました。その第一歩として移民に英語教育プログラムを提供し、多文化国家として社会的結束力のある地域社会を築こうとしてきています。

ドイツやイギリスでも、多文化主義が国民統合の理想であるとし、1990年代以降、移民政策に巨額の資金を投入してきました。しかし2010年ごろになると、当時の両国首相は「多文化主義の失敗」を公言しています[※2]。その背景には、多文化主義の下では移民は受け入れ国の市民というよりも自民族への帰属意識が強く、国家を分断してしまうのではないかという危機感がありました。言論の自由や民主主義、ジェンダーなどの価値観を共有しないため、移民は社会の異端となってしまうのです。このことを憂慮したドイツのメルケル首相（当時）は「受け入れ側の国民は移民を差別したり排除したりすることなく、移民が社会に溶け込めるように、移民の文化を寛容に受け入れる努力が必要だ」と発言しています。

イギリスでも2000年代になると、人種暴動や国内の一部の若いイスラム過

激派によるテロが続き、キャメロン首相（当時）も「多文化主義の失敗」を語っています。移民の多様なコミュニティー文化を認め、相互干渉しない寛容な社会がイギリスの価値観と相容れない思想を生んでしまい、国民としてのアイデンティティーが醸成できなくなっているので、同化の必要があるというものでした。そのため、移民が市民権を取得するためには、国家に忠誠を誓うだけでなく、イギリスに関する知識と一定の言語能力を求めるようになりました。

しかし、EU（European Union：欧州連合）加盟国が東欧諸国に拡大すると、大量の移民が流入し、2010年代後半には、イギリスの人口増加分の約3分の2が移民とその家族で占められるまでになっていきます※3。安価な移民労働力は国民の雇用不安につながり、国家の利益となる高度人材誘致と非熟練労働者抑制の「選択的受け入れ」を明確化していきます。しかし、EUに加盟している限り難民を含めた移民の受け入れは拒否できないままでした。やがて世論は国民の雇用優先と「イギリスらしさ」を守ろうとEU離脱に動いていきます。

一方、フランスでは、多文化主義をうたいながらも、実際には同化主義に近い政策をとり、移民に信仰の自由は認めても、公共の場では宗教を持ち込ませない政教分離を原則としています。移民の文化背景に関係なく、フランスのルールに合わせた「フランス国民」になることを求め、平等に扱われる「フランス人」になるためにフランス語を習得することを課しています。

こうした欧米の移民受け入れ国における多文化主義や同化主義的政策をもってしても、社会統合の道は容易ではなく、そのための国家予算も年々多額になっています。それでも、移民を一段低い地位の外国人労働者として扱うのではなく、移民が自身の文化的アイデンティティーを保持したまま、社会の一員として、経済的・社会的に自立した生活を営めるように各国で方策を打ち出しています。

移民の社会統合には、まず雇用で生活を安定させることが重要であり、雇用機会を増やすためにはことばの壁をなくそうと、政府主導で言語教育支援を行っています。あわせて、受け入れ国の歴史や文化を学ぶ移民教育プログラムも公的資金でまかなわれています。それでも移民の馴化は期待するほど芳しくないことから、移民受け入れに「言語能力選別」の方策をとり、移民の在留資格

条件をはじめ、雇用や永住権・市民権（国籍）の取得審査等に、一定の言語能力を求めるようになっています。

ヨーロッパ言語共通参照枠の背景

　世界で最も多く移民を受け入れているヨーロッパですが、その移民の7割は同じヨーロッパ生まれです。EU は、原加盟国6カ国から6回の加盟国拡大期を経て、2021 年時点では 27 カ国が加盟しています。加盟国の拡大とともに、さまざまな言語話者の自由な移動が活発化し、移民の流動で各国の民族構成も大きく変わってきています。

　国際移民を受け入れるなかで、地域共通の外国語能力を測定するために、欧州評議会（Council of Europe）は 2001 年に『外国語の学習・教授・評価のためのヨーロッパ言語共通参照枠（Common European Framework of Reference for Languages：CEFR）』を発表しました。CEFR は、文字どおりヨーロッパにおける外国語の授業やカリキュラム指針、試験、評価、教科書作成等のための共通の参照枠です。域内の外国語教育は各国の教育事情に合わせて CEFR に準拠しており、学習者の習熟度に沿った新しい言語教育に取り組んでいます。

　CEFR はヨーロッパだけでなく、世界各国の外国語教育における共通の言語能力測定の「指標」として注目されています。『増補版（Companion Volume）』(2018) や『補足版』(2020) が公開されるころには、特に非英語圏では、英語能力評価の「国際基準」に位置づけられていきました。

　言うまでもなく、ヨーロッパの長い歴史のなかで生まれた CEFR に基づく外国語教育や言語能力評価を、そのままヨーロッパ以外の国の外国語教育に適合できるわけではありません。それでも CEFR を国際基準とするのは、人の移動が容易な時代に言語能力が測れる世界共通の尺度が必要だからです。

　日本の文部科学省も CEFR を国際指標と位置づけています[※4]。国費外国人留学生の応募要件に、英語能力を CEFR の熟達度レベル（B2 以上）で説明しています。CEFR に準拠した外国語教育であれば、国際移動しても言語能力を一定の共通基準で証明できたり測定できたりするうえに、その言語ポートフォリオ

があれば、どこの国へ行っても学習がスムースに継続できるという利便性があります。

CEFR を作成した欧州評議会には EU 加盟国をはじめ、トルコを含めた 46 カ国が加盟していますが法的拘束力はありません。このため EU は欧州評議会と連携し、欧州評議会の理念を土台に CEFR の考え方を援用しています。それは「多様性の中の統一」を目指して、「言語の多様性はヨーロッパの文化遺産で、すべての言語は平等」であり、経済は統一しても言語と文化の多様性を守るという多言語主義・多文化主義で体現しています。

欧州評議会は第二次世界大戦後まもなく「不戦共同体」として設立され、民主主義と人権保護、法の支配の下、ヨーロッパ社会における多様な文化と言語の併存を確立しようと、外国語教育政策を推進しています。たとえば、ヨーロッパ市民には母語以外に 2 つ以上の言語を生涯にわたって学んでいく「母語＋2 言語」の「複言語主義 (plurilingualism)」と、母語以外の言語学習体験は異文化も学ぶことになるので相互理解につながるという「複文化主義 (pluriculturalism)」を提唱しています。言語と文化は切り離せない関係にあります。複数の言語が使えるという複言語能力は、複数の文化経験も持っているので、複文化能力は複言語能力に含まれるという考え方です。そして、その複言語・複文化主義は多言語社会・多文化社会を包摂するというものです。

異なる言語が併存する社会を容認する多言語主義に比べて、複言語主義の対象は個人です。個々人が複数の言語を使って相手や場面に合わせて、なんとかコミュニケーションを図っていこうとする言語活動姿勢です。この「2 言語」以上の言語習得とは外国語に限らず、方言でも言語変種でも容認しています。

CEFR の言語能力スケール

CEFR は、言語学習者が目標言語を使ってコミュニケーションするために、何を学ぶ必要があるか、課題を遂行するためには、どんな知識と技能を身につければよいのか、目標言語で「何ができるか (Can do)」を、聞くこと、読むこと、話すこと (やりとり)、話すこと (報告)、書くこと、オンライン、仲介 (橋渡

し）の7つの言語活動における熟達度を能力記述文（Can-do descriptors）の形で提示しています。また、従来の読む、書く、聞く、話すといった4技能の総合的な能力だけでなく、リーディングは中級レベルでも、スピーキングは初級レベルというように、部分的能力も認めています。

　CEFRは、言語コミュニケーションの熟達度を大きく6段階で示しています。初級から中級、上級レベルの各段階を、「基礎段階の言語使用者（Basic User）」のA1とA2レベル、「自立した言語使用者（Independent User）」段階のB1とB2レベル、そして「熟達した言語使用者（Proficient User）」段階のC1とC2レベルと、6つの尺度を基本にしています。『増補版』では入門期の「Pre-A1」と「A2＋」「B1＋」「B2＋」に、超上級の「Above C2」が追加され、全部で11レベルに分類されています。

　言語能力レベル別に「何ができるか」を示した熟達度の詳細は、欧州評議会のほか、多くの外国語教育機関や各語学能力試験のウェブサイトでも確認することができます。また、CEFRに準拠した日本語教育版は国際交流基金や文化庁のウェブサイトでも公開されています。

　国内の外国語教育では、いち早く日本語教育が2010年にCEFRを参考にした「JF日本語教育スタンダード」（国際交流基金）を発表しています。これはヨーロッパ日本語教師会の協力のもと、国内外の日本語教育のコースデザイン、授業設計、評価を考える枠組みで、CEFR同様、文法や語彙等の言語構造知識に偏重するのではなく「日本語で何ができるか」という具体的な言語活動を例示し、その行動中心の言語コミュニケーション能力を6レベルで評価するものです。さらに、日本語教育全体の充実として文化庁国語分科会によって、2021年に「日本語教育の参照枠」がとりまとめられました。それまでは、国内外で学ぶ日本語学習者の出身国・地域や文化、年齢、在留資格、職業、学習目的等に合わせて教育内容が多様化していたものの、その日本語能力を判定する基準が統一されていませんでした。そのため、日本語教育に関わるすべての関係者が、学習者を「社会的存在」としてとらえ、生活者向けから就労者、留学生等、学習目的別の能力記述文（Can do）を示して、日本語教育の内容・方法、評価を参照できるようにする必要があったのです（表－1参照）。

■ 表−1：「日本語教育の参照枠」における CEFR に準じた全体的な尺度

熟達した言語使用者	C2	聞いたり、読んだりしたほぼ全てのものを容易に理解することができる。いろいろな話し言葉や書き言葉から得た情報をまとめ、根拠も論点も一貫した方法で再構築できる。自然に、流ちょうかつ正確に自己表現ができ、非常に複雑な状況でも細かい意味の違い、区別を表現できる。
	C1	いろいろな種類の高度な内容のかなり長いテクストを理解することができ、含意を把握できる。言葉を探しているという印象を与えずに、流ちょうに、また自然に自己表現ができる。社会的、学問的、職業上の目的に応じた、柔軟な、しかも効果的な言葉遣いができる。複雑な話題について明確で、しっかりとした構成の、詳細なテクストを作ることができる。その際テクストを構成する字句や接続表現、結束表現の用法を使いこなせていることがうかがえる。
自立した言語使用者	B2	自分の専門分野の技術的な議論も含めて、具体的な話題でも抽象的な話題でも複雑なテクストの主要な内容を理解できる。お互いに緊張しないで熟達した日本語話者とやり取りができるくらい流ちょうかつ自然である。かなり広汎な範囲の話題について、明確で詳細なテクストを作ることができ、様々な選択肢について長所や短所を示しながら自己の視点を説明できる。
	B1	仕事、学校、娯楽でふだん出合うような身近な話題について、共通語による話し方であれば、主要点を理解できる。その言葉が話されている地域を旅行しているときに起こりそうな、大抵の事態に処理することができる。身近で個人的にも関心のある話題について、単純な方法で結び付けられた、脈絡のあるテクストを作ることができる。経験、出来事、夢、希望、野心を説明し、意見や計画の理由、説明を短く述べることができる。
基礎段階の言語使用者	A2	ごく基本的な個人情報や家族情報、買い物、近所、仕事など、直接的関係がある領域に関する、よく使われる文や表現が理解できる。簡単で日常的な範囲なら、身近で日常の事柄についての情報交換に応じることができる。自分の背景や身の回りの状況や、直接的な必要性のある領域の事柄を簡単な言葉で説明できる。
	A1	具体的な欲求を満足させるための、よく使われる日常的表現と基本的な言い回しは理解し、用いることもできる。自分や他人を紹介することができ、どこに住んでいるか、誰と知り合いか、持ち物などの個人的情報について、質問をしたり、答えたりできる。もし、相手がゆっくり、はっきりと話して、助け船を出してくれるなら簡単なやり取りをすることができる。

（文化審議会国語分科会、2021年、22頁）

　CEFR の言語熟達を測る尺度は移民の受け入れにも用いられています。たとえばドイツでは、移民に CEFR の6段階の下から2番目の A2（初級後半レベル）以上のドイツ語能力を求め、求職目的で滞在するビザ申請なら、その上の B1 レベル以上を設定しています。EU を離脱したイギリスでは、移民受け入れのポイント制が明確化され、外国人技能労働者には B1 レベル以上の英語力を

求め、英語圏以外の留学生が学士以上の学位取得を目的として学生ビザを取得するには B2 レベルが必要です。

日本の外国人労働者の受け入れは、移民受け入れ先進国のなかでも日本との類似点があるドイツに学ぶところが多いと言われています。とはいえ、国連の『国際移民ストック 2020』によれば、ドイツの移民割合は 2020 年時点で総人口の 18.8% を占め、外国をルーツとする国民はその倍以上であると推測されている移民大国の一つです。一方、総務省『令和 2 年国勢調査』によると、日本の在留外国人人口は、2015 年から 2020 年で 43.6% 増加し 274 万 7,000 人となりましたが、総人口に対する外国人の割合は約 2.2% にすぎません。

ドイツは「ナチスの過去」と向き合い、それを負の歴史の責任として、難民の受け入れにも前向きです。歴代政権は、現在の日本と同様、外国人労働者を一時的滞在者として、「ドイツは移民国家ではない」という方針でした。それが、看護、介護、清掃業などで人手不足が続くと、東欧諸国から労働者を受け入れ始め、一気に外国人労働者の定住と難民の流入が増大していきました。そのため 2005 年には移住法が公布され、ドイツ語が十分でない移民・外国人は、言語教育の資格を持った教師からドイツ語を 600 時間以上学ぶことが義務づけられました。さらに、ドイツ社会への適応プログラムとして 45 時間にわたってドイツの法律や歴史、文化、民主主義などの価値観を学ぶことも必須となりました。

在留外国人への日本語教育 5

日本政府は「移民政策はとらない」という方針を変えず、いわゆる単純労働の外国人受け入れを公式には認めていません。このため、1990 年の入管法の改正以降、就労目的で来日する日系人が増加し、定住化も進んでいきましたが、日系定住外国人向けの「生活者としての外国人」施策は後追いで、日本語教育も児童の母語継承教育支援もボランティア頼みでした。

1993 年に途上国への技術移転と国際貢献を目的とした「外国人技能実習」制度が導入され、2009 年の入管法改正で在留資格「技能実習」が設定されると、

実質的には労働者である技能実習生が増え続けていきます。借金を背負った入国や劣悪な労働条件での就労から失踪者や非正規滞在が増加し、技能実習制度は「現代の奴隷制度」と揶揄されるほどその受け入れ体制は未整備でした。

こうしたなかで、2019年に新たな在留資格「特定技能1号・2号」が創設されました。この特定技能は技能実習とは異なり、「人材を確保することが困難な状況にあるため外国人により不足する人材の確保」を目的とし、製造業から農漁業まで人手不足が深刻な14業種を2019年度から5年間で34.5万人を受け入れる計画です※5。特定技能1号は通算5年の在留制限ですが、同2号に移行すると制限はなくなります。つまり特定技能資格の成立は、日本が外国人労働者を正面から受け入れ、移民の受け入れも開始したことを意味します。

すでに介護・看護職ではその専門知識と専門日本語が必修でしたが、特定技能の受け入れ条件にも各専門技能だけでなく日本語能力を求めるようになりました。特定技能1号の取得に必要な日本語能力は、「国際交流基金日本語基礎テスト」でCEFRのA1レベル相当の判定、または「日本語能力試験」N4以上です。これは海外で最小限の生活日本語を学んだだけですから、日本で日本語学習を継続していく必要があります。しかし、学習機会の提供は受け入れ事業者の義務となっていないので、多くは自助努力となります。日本語能力が十分でなくても、「習うより慣れよ」の自然習得を期待する日本人の言語観があります。

こうした日本語教育の環境改善に大きく動き出したのは、外国人生活者が地域住民とのコミュニケーションや情報取得困難から孤立し、日本語教育の必要性がマスメディアでたびたび取り上げられるようになったことも一因です。2018年には内閣府に「外国人材の受入れ・共生に関する閣僚会議」が設置され、その「総合的対応策」を省庁連携で検討を始めるようになります。翌年の2019年には、日本語教育を推進するための「日本語教育の推進に関する法律」が公布・施行され、2020年にはその施策を効果的に推進するための具体的方針が各省庁から発表されました。たとえば、文化庁は「生活者としての外国人」を対象として、地域の日本語教育プログラムやICTを活用した日本語学習コンテンツの開発に取り組んでいます。厚生労働省では「介護の日本語」「就労場面で必

要な日本語」など、目的別の日本語教育と日本語能力の目標設定ツールが開発されています。

　地域社会では1980年代後半から地方自治体が主体となって、留学生や外国人労働者の受け入れを開始し、ニューカマーの多様性を成長の力とする方針に転換していきます。2005年に総務省が「国籍や民族などの異なる人々が、お互いの文化的ちがいを認め合い、対等な関係を築こうとしながら、地域社会の構成員として共に生きていく（総務省、2010、18頁）」多文化共生の実現に向かって、「多文化共生の推進に関する研究会」を設置し、地方自治体の多文化共生への取り組みを後押しするようになります。以降、外国人労働者の労働環境の整備や、地域の外国人や外国人児童生徒の日本語教育支援などに積極的に取り組む自治体が増えています。しかし、実際に地域の日本語教育を担っているのは、日本語教育の専門家ではなく、有期雇用の「町おこし隊」員やNPO等のボランティア団体が主で、日本語教育の質向上を図っていくには、さらなる公的支援と多様な学習者に対応できる日本語教師養成の促進、日本語教師の社会的地位の向上が望まれます。

おわりに

　日本の外国人労働者の受け入れ方針転換に対して、労働政策研究・研修機構（2018）は、ヨーロッパが域外からの非熟練労働者を受け入れる際に起こった諸問題から、「自国に外国人労働者を受け入れるということは、労働条件の整備だけでなく、外国人にも対応した教育、医療、その他の生活環境インフラを整えておく必要があることを意味する。これらインフラの必要性は、外国人労働者を受け入れた直後から発生する（16頁）」こと、外国人労働者が家族を呼び寄せれば、その家族のケアも必要になるわけで、「違法に呼び寄せた子供だからといって、教育を受けさせずに放置するわけにはいかない。もしそれを無視すれば社会の潜在的リスクになる（16頁）」と釘を刺しています。一時的に受け入れた労働者であっても、「労働者であると同時に人間としての生活者（16頁）」であるのですから、当然のことながら、いろいろなことが起こることを前提として

受け入れなければならないと、あえて記しています。

　日本の外国人労働者の受け入れ施策はなかなか進展をみませんでしたが、超高齢社会を目前に、「移民」受け入れ社会のシナリオも描けていないなか、急ピッチで外国人労働者受け入れの法整備を進めようとしています。外国人との共生社会の実現のための有識者会議（2021）の『意見書』にあるように、外国人との共生社会実現に向けて中長期的に取り組む課題については、以下の3つのビジョンが掲げられています。

> ① これからの日本社会を共につくる一員として外国人が包摂され、全ての人が安全に安心して暮らすことができる社会
> ② 様々な背景を持つ外国人を含む全ての人が社会に参加し、能力を最大限に発揮できる、多様性に富んだ活力ある社会
> ③ 外国人を含め、全ての人がお互いに個人の尊厳と人権を尊重し、差別や偏見なく暮らすことができる社会
> （外国人との共生社会の実現のための有識者会議、2021、4頁）

また外国人との共生社会を実現するための重要事項のトップに、円滑なコミュニケーションと社会参加のための日本語教育等の取り組みを挙げています。

　日本語教育支援は、児童生徒だけでなく高齢化した外国人居住者にも継続して行うことが重要です。ただ日本語学習機会を提供してさえいればよいというわけではありませんが、学習機会の持続的提供は欠かせません。また、日本の在留外国人の半数以上が非漢字圏出身ですから、「日本語の壁」を乗り越える負担は大きく、その学習継続の動機付けも必要です。

　2020年以降、多くの市町村がSDGsの理念を踏まえ、「誰一人取り残さない」社会の実現を宣言し始めました。日本人と外国人が対等な関係で、まちづくりに参加していくシステムづくりも必要でしょう。何よりも社会変化に対応できるよう、日本語教師の教育の質向上が求められている現在、地域や各産業分野で日本語教育等を長期的に牽引できる日本語教育専門家の常勤が望まれます。このことは地域の日本語教室運営者らが30年以上も声を上げていますが、遅々として進んでいません。

外国語が苦手な日本人にとって、外国人からの情報や異文化を日本語で直接知ることは、相互を尊重する異文化理解の促進につながります。国内外で日本語を使う「日本語人」から、私たちがどれほど多くの恩恵を受けているかを考えると、外国人への日本語教育施策がいかに重要か、考えていく必要があります。

問題

Q.1 日本が外国人との共生を目指すうえで、重要なことは何ですか。3つ挙げなさい。

Q.2 出入国在留管理庁のホームページ『在留外国人統計』（下記のアドレス）にアクセスして、国籍・地域別や在留資格別、年齢別、居住地別などの最新データから、日本における外国人労働者受け入れの特徴を述べなさい。
https://www.moj.go.jp/isa/policies/statistics/toukei_ichiran_touroku.html

---

*1 国連の定義によれば「移民」とは、移住の理由や法的地位に関係なく、居住地を自国以外の国に変える人々をいう。また、「国際移民」とは、定住国を変更した人々を指す。移民には3カ月から12カ月の短期移住と、1年以上にわたる長期的ないし恒久的移住がある。移民は必ずしも永住するとは限らない。この「移民」定義で見ると、OECDの統計では、日本は留学生や技能実習生の受け入れ増加で、実質上移民大国になっている。

*2 2010年10月16日、ドイツ首相でドイツキリスト教民主党（CDU）党首のメルケル氏は、ポツダムのCDU青年団組織ユンゲ・ウニオンにて、多文化社会を創り出そうとするドイツの試みは「完全に失敗した」と演説した。ドイツ社会に適応する意欲のない移民に関し、厳正に対処するようCDU内部から求められていたものの、メルケル氏はことあるごとに移民に対して「ドイツ語を学ぶべき」と発言してきた。またドイツ国民には、約400万人のイスラム教徒が住み、モスクが日常風景の一部になっている現状を受け入れるよう述べている。2011年2月5日には、イギリス・キャメロン首相もミュンヘンでの安全保障に関する会議の冒頭演説で、異なる文化が別々に存在している多文化主義を批判している。

*3 国連『国際移民ストック2020』によると、イギリスにおける外国人人口（2020年）は総人口に対して13.8%（936万人）で、英国国家統計局（2021）によれば、2020年6月時点でイギリスに居住するEU域内出身者の人口は推定360万人で前年と同水準だったが、非EU諸国生まれの人口は、2020年から2021年にかけて、推定590万人から610万人に増加している。外国籍の上位3カ国は、ポーランド、インド、アイルランドである。

*4 文部科学省は2020年からの大学入試改革の一環として、共通テストに民間の英語試験を導入しようと、性格の異なる各種英語能力試験結果のレベルやスコアをCEFRに換算したものの、各試験の評価基準の不透明さや受験機会の不平等などの批判を受け、その利用を見送っている。

*5 2020年からの新型コロナウイルス感染症のパンデミックによる出入国制限で、初年度に目標としていた「特定技能1号」受け入れ数（4万人）は、法務省出入国在留管理庁の公表では2020年12月末時点で約15,600人と、目標人数を大幅に下回っている。2021年12月末時点の総数でも約5万人で、国籍・地域別では、ベトナムが約6割を占め、産業分野別では、飲食料品製造業で3割強、農業と建設を合わせて2割強となっている。

第13章

言語景観に見る多文化社会

齋藤智恵

1 はじめに

　日本においていわゆる多文化社会が意識されるようになったのは、バブル経済に沸く 1980 年代までさかのぼります。日本社会は、すでにアイヌ民族や在日朝鮮人・韓国人・中国人を内包していましたが、多文化社会という文脈のなかで、彼らの存在が大きく意識されることは少なかったように思います。多文化社会ということばの普及は、ニューカマーと呼ばれる 1980 年代以降に来日した外国人の増加によるところが大きいと言えます。しかしながら、日本人にとって多文化社会とは欧米諸国の社会を形容することばであり、ある意味他人事ととらえている人も多いと思います。日本が多文化社会なのかどうかの線引きは難しく、その判断は明確ではありませんが、日本社会において多民族化や多言語化が進んでいることを否定する人はいないでしょう。本章では、言語景観という生活空間に存在する書きことばのフィルターをとおして、日本社会を概観していきます。

　言語景観ということばが社会言語学の分野で広く知られるようになったのは、カナダの言語学者である Bourhis & Landry (1997) が言語景観の枠組みを明示してからです。彼らは公共または私的空間の可視化された言語表記を言語景観 (linguistic landscape) と称し、その後、世界中で言語景観研究が盛んに行われ、社会言語学の新しい分野として注目されるようになりました。この章の

前半では、言語景観の先行研究を概観し、後半では具体的に言語景観の事例を提示して、日本社会の経時的変化を考察していきます。言語景観はその社会で生活する人々の言語だけでなく、文化や経済状況、言語や観光、移民に関わる政策を反映し形成され変容を続けます。公用語が複数ある国や地域では、それぞれの言語のパワーバランスが言語景観に表れます。日本では、日本語が言語景観を形成する主要言語であることは過去から現在まで、そして今後もしばらくは変わらないでしょう。一見変化がないようでも、よく観察してみると、私たちを取り巻く言語景観は、20世紀後半からのさまざまな社会変動を映し出してきました。日本の言語景観研究をふり返り、どのような特徴があるのか、またどのように変化してきたのかをみていきましょう。

言語景観研究

日本の言語景観研究では、コリアンコミュニティーのある地域 (金、2007) や秋葉原 (田中他、2012) などの特定の地域、観光施設 (平野他、2007)、デパート (田中他、2007)、医療機関 (Saito, 2012) などの特定の施設、また、よりミクロな視点で女子トイレの言語表記を調査した研究 (Yoneoka & Saito, 2017) や、ネット上の特定の機関の言語表記を調査した研究 (田中他、2007、Takaki、2019) など、その調査地域や対象は多岐にわたります。ここでは東京都内の新宿駅周辺とJR山手線各駅の周辺を調査対象とした2つの先行研究を紹介します。

（1）言語景観から読み解く1960年代の新宿

日本における最初の言語景観研究は、前述の Bourhis & Landry（1997）による研究の約30年前、1969年までさかのぼることができます。この研究から、日本の言語景観の多様性は外国語を使用した多言語表記だけでなく、漢字、平仮名、片仮名、ローマ字の4種類の表記体系からも分析することが可能であることがわかります。地理学者である正井（1969）は、新宿にある建物の名称と看板の言語表記を言語別、文字別、そして業種別に分析しました。データ収集は1962年に新宿駅を中心とした地域で実施され、調査対象となったサンプル

数は 3,000 です。この研究の特徴として、日本語の表記体系（特に片仮名、ローマ字）を用いていたとしても、外国語由来の名称である場合は外国語に含めている点があります。本稿を執筆している 2022 年 1 月現在、英語だけでなく中国語や韓国語が当然の要素として言語景観に含まれる状況においては、この分類には違和感をおぼえますが、これは当時の日本人の言語感覚を反映しているとも言えるでしょう。

　調査結果を言語別にみると、2,449（81%）の表記が日本語、残りの 551（19%）の表記が外国語（外国語に由来する名称）でした。外国語表記を言語別に見ると、英語が 249 と最も多く、続くフランス語は 84 で大きな開きがあります。表記体系別にみると、使用頻度が高い順に、漢字が 77%、片仮名が 33%、ローマ字が 22%、平仮名が 20% でした。この研究におけるローマ字には、外国語としてのアルファベット表記と日本語の表記体系のなかで使用される transliteration、いわゆる音訳、文字変換されたローマ字表記の両方が含まれています。正井はローマ字の使用頻度の高さについて「ローマ字が未だ国民生活の中に確固たる地位を占めていないにも限らず、国民のあいだ、特に業者のあいだに、ローマ字指向性、つまり国際感覚指向性がきわめて強いことを意味しよう (正井、1969、176 頁)」と述べています。時代背景として、ローマ字の使用に新奇性があったことがうかがえます。

　正井は言語と表記形式の不一致（日本語の名称であってもローマ字を使用、ヨーロッパ系の名称であってもローマ字を使用しないケース）が多いことに触れ、「日本人、少なくとも新宿の日本人が文化的に完全に欧米化されたのではなくて、単に欧米文化を付属品として、あるいはアトラクションとして今のところ使用していることを意味する (正井、1969、176 頁)」と指摘しています。このことから、当時の新宿駅近辺の言語表記は送り手と受け手の双方が日本人であると想定されており、ローマ字の使用は、メッセージの伝達よりも装飾の意味合いが大きかったということがわかります。

　次項で紹介する Backhaus の研究では、ローマ字が日本語表記の一つとして取り扱われています。このことからもわかるように、現在では西洋の雰囲気を醸し出す装飾の目的でローマ字を使用することは、以前と比べると少なくなっ

ているように感じます。むしろ、日本語のオノマトペの表現や強調の際に使用するなど、ローマ字の役割は日本語表記の枠組みのなかで使用されることが増え、1960年代とはその役割が大きく変わったと言えます。

（2）東京は多言語社会なのか？ ―山手線沿線の言語景観大規模調査―

次に、この分野において世界的に知られている Backhaus（2007）の研究を紹介します。この研究が多くの言語景観研究に関する論文に引用され、研究者に広く認知されている理由は、山手線28駅（当時）の周辺地域から11,834ものサンプルを収集したというその調査規模の大きさや分析の精巧さだけではありません。収集地域や調査対象の選定が明確に定められており、客観的な調査手法によるデータへの信頼性の高さもあると思います。この研究では2003年にデータ収集を実施し、このすべての言語表記のなかから多言語表記に分類された2,444を分析し、日本社会の多言語環境について論じています。

分析は多言語表記に含まれている以下の9つの項目に着目して行われました。

---

① 言語の種類

② 言語の組み合わせ

③ 政府や自治体などの公的機関が作成した表記と、民間企業や個人商店が作成した表記のそれぞれの特性（「多言語表記の作成者・発信者」の視点から）

④ 地理的特性

⑤ 言語の趣向（各言語の表示の順番やフォントのサイズなど）

⑥ 言語による情報の違い（「多言語表記の受信者」の視点から、全て翻訳されているか、または一部のみの翻訳かなど）

⑦ 可視性（同枠内に多言語表記されていない場合どのように表記されているか、表裏、並列など）

⑧ 各言語の表記上の特性（「言語景観の今後の発展」の視点から語彙や文法、文字の問題点）

⑨ 言語表記の経時的変化（古い表記と新しい表記の比較）

先に紹介した正井の研究とは異なり、Backhaus の研究では、漢字、平仮名、片仮名、ローマ字の4種類の表記は日本語に分類しています。分析対象となっ

た多言語表記には、外国語のみの単言語表記や、日本語のみで表記されていたとしてもローマ字やふりがな、点字が含まれている場合は多言語表記に分類しています。この多言語表記には、日本語以外に14言語が使用されており、36パターンの言語の組み合わせが観察されました。最も高い頻度で使用された日本語以外の言語は英語で、多言語表示の93%で使用されていました。英語以外では、中国語が2.5%、韓国語が1.6%を占めており、それ以外の11言語はいずれも1%以下でした。言語の組み合わせでは、日英の2言語表示が57.3%、英語のみの表示が25.2%で、使用言語と言語の組み合わせの両面から、英語の存在感が顕著であることがわかります。

　その他の分析項目については、紙面の都合上割愛し、③の政府や自治体などの公的機関が作成した表記と、民間企業や個人商店が作成した表記のそれぞれの特性について触れます。公的機関が作成した表記をtop-down signs、民間による表示をbottom-up signsとして分類していますが、公共交通機関や当時の郵便局の表示もtop-down signsに含まれています。多言語表記の28.7%はtop-down signsで、点字を含んだ表記のほとんどは、この分類に含まれること、言語は日本語、中国語、韓国語、そしてラテン語が使用されていることが特徴として挙げられます。bottom-up signsは多言語表記の71.3%を占め、10言語もの多様な言語が使用されています。フランス語、ポルトガル語、スペイン語、タイ語、イタリア語、ペルシャ語、タガログ語、ドイツ語、アラビア語、ロシア語はbottom-up signsでのみ使用されている言語です。

　Backhausは⑧の各言語の表記上の特性で、各言語の間違い表記を含む語彙や文法、文字の特徴について言及しています。言語景観研究では特に英語の間違い表記に焦点を当てる傾向があり、それらは暗に日本人の言語能力と重ね合わせ、時にはその誤った表記が嘲笑の対象となることもあります。この研究ではそのようなネガティブな分析を避けるべく、「特有の表現法（idiosyncrasies）」ということばを用いて、英語、日本語、中国語、韓国語の表記上の特徴や特異性に着目しています。英語表記では、二重表示、外来語使用によるスペルや語彙選択への影響、日本語では点字の表示場所や表示内容の問題、中国語については、3種類の文字（日本語の漢字、繁体字、簡体字）の混合

使用などについて言及しています。

　ここでは英語の二重表示についての Backhaus の解説を詳しく見ていきます。「言問通り」の英語表記が 'Kototoi dōri Ave.'、「増上寺」は 'Zojyoji Temple' と表示されており、前者では「通り」、後者では「寺」を意味する表示がローマ字と英語で二重に表示されています。1991 年に東京都が発行しているガイドラインによると、固有名詞として分割することが難しい場合は、二重表示になるとしても英語の Ave. や Temple などが必要であるとしており、これらの二重表示は当時の言語政策に従った結果であるとも述べています。

　この研究では、言語景観を分析することによって、東京の多言語環境の観察を試みましたが、言語表記上の多様化は確認されたものの、英語を含む外国語が主要言語としての日本語の地位をゆるがすことは考えにくいため、東京が多言語社会とは言えないと述べています。研究手法や分析方法などがまったく異なるため、正井 (1969) の研究と Backhaus (2007) の研究を比較することはできません。しかしながら、言語表記に使用される主要言語は日本語であること、言語表記に使用される主要な外国語は英語であることを共通事項として述べておきたいと思います。

ごみ処理に関する多言語表記の経時的変化

　ここからは、筆者が収集したごみ処理に関する多言語表記の経時的変化と、日本社会の変化をあわせて概観していきます。なぜごみ処理に関する多言語表記なのか、と不思議に思われた方もいるでしょう。それは、日本で長期にわたり生活する外国人も、観光客として短期間のみ滞在する外国人も、ごみを出さずに日本を去る人はいないからです。加えて、日本の複雑なごみ処理の特徴もその理由として挙げられます。諸外国と比較して分類方法が細分化されており、処理に関するルール（ごみ収集所や回収日、指定袋の使用など）が多く、外国人にとっては厄介な作業です。当然のことですが、外国人も自国で独自のごみ処理の習慣やルールを持っています。ごみ処理に関する多言語表記は、日本語が読めない外国人に対する気遣いや在日外国人に対する多言語サービスであ

るとも考えられますが、ごみ処理のルールが守られないことによって迷惑を被りたくないというホスト国としての日本社会の意思の表れと取ることもできます。

（1）政策と多言語表記の関係
―入管法改正、留学生30万人計画、観光立国日本―

この章の冒頭にニューカマーということばを用いて、外国人流入について述べましたが、ここでは1990年と2019年の入管法改定について触れたいと思います。1990年の改定当時、日本社会はバブル経済の末期で労働者不足に直面していました。この改定では、「定住者」等の10種類の在留資格が新設され、東海地方と関東地方の一部で南米からの日系人労働者の受け入れと定住化が進みました。2019年の改定でも、新たに外国人労働者の受け入れの枠組みが増えました。それは、日本社会の少子高齢化にともない労働力不足が深刻化したためです。「技能実習」に加えて、「特定技能1号」「特定技能2号」という在留資格が新設され、技能実習の期間を終えたあとに、特定技能に移行し日本に留まることができるようになりました。特定技能2号では家族の帯同も認められました。

この改定は多くの人権的な問題をはらんでいると言われていますが、本稿では、日本で働き生活する外国人が増加するという側面にのみ着目します。2019年の改定時には、ベトナムからの労働者の増加が予想されており、出入国在留管理庁によると、2020年6月現在の在日ベトナム人の数は中国人、韓国人に続く3位でした。2020年は新型コロナウイルス感染症（COVID-19）の流行、いわゆるコロナ禍の影響により外国人の流入が減少しました。上位10位の在日外国人グループのなかで唯一前年度と比較して増加したのはベトナム人で、前年同月と比較し8,447人（2.1%）増加しました。

図－1はごみの不法投棄を防止するための表示です。日本語とポルトガル語で表記されており、静岡県浜松市のマスコットキャラクターが描かれています。この表記からわかることは、この地域にポルトガル語の話者が多く住んでいること、また不法投棄防止の呼びかけを2言語で表記しなければならない状況で

あることです。前述したとおり、1990年の入管法改定によって南米からの日系人労働者が東海地方への流入した結果、このような表記が現れました。現在、増加しているベトナム人労働者に向けた表記も今後出現するのではないかと思います。

■ 図ー1: 不法投棄防止用の啓発看板(静岡県浜松市)

2020年6月現在、日本に住む中国人は786,839人で、在日外国人の27.3%を占めています。2008年に当時の福田首相によって発表された「留学生30万人計画」では、2020年までに30万人の留学生を受け入れることが発表されましたが、その目標人数は1年前倒しで2019年に達成されました(二子石、2021)。2018年の専修学校における留学生で一番多いのがベトナム人で、二番目に多いのが中国人ですが、2019年の大学・大学院の私費留学生在籍者で一番多いのは中国人です。多くの中国人が留学生として日本で生活していることは、少なからず中国語を含む多言語表記に影響を与えていると思います。図ー2、3、4は東京都板橋区内にある日本語学校前のごみ集積所に表示されていたものです。

■ 図－2：自治体によるごみ
　　収集計画表

■ 図－3：不法投棄禁止の
　　表示(英語表記)

■ 図－4：不法投棄禁止の
　　表示(中国語表記)

　図－2は他のごみ集積所にもある自治体が制作した表示ですが、図－3と4
の表示はこのごみ置き場にのみ表示されています。自治体によって製作された
のか、近隣の住民によって表示されたのかは不明ですが、ごみ処理に関するす
べての情報が英語と日本語で提示されているのではなく、違法投棄をすると罰
金が科されることだけが表示されています。

　2020年以降、コロナ禍により日本だけでなく世界中の観光業界が大きな打
撃を受けていますが、時間をさかのぼり日本の観光政策について振り返ってみ
ましょう。観光庁の発表では、2003年に開始したビジット・ジャパン・キャン
ペーンは、東日本大震災の影響により訪日外国人1,000万人の達成は予定より
遅れたものの、2013年に達成されました。その後も外国人観光客が増え続けた
のは皆さんもご存知のとおりです。2020年の訪日外国人は412万人でしたが、
2019年は過去最高の3,188万人の外国人観光客が日本を訪れました。その内
訳は、中国からの観光客が959.4万人と最も多く、韓国の558.5万人、台湾の
489.1万人、香港の229.1万人、アメリカの172.4万人、タイの131.9万人と続
きます。近隣諸国からの観光客が多いのは一目瞭然ですが、中国語圏からの観
光客が日本を訪れる観光客の半数を占めていることがわかります。

　図－5は2010年ごろから観光地のトイレ内で見られるようになった表記で
す。筆者は2000年代に、とある観光地でゴミ箱からあふれ出すトイレットペー
パーを目にしたことがありますが、トイレットペーパーを水洗トイレに流す習

慣のない外国人観光客によるものではないかと推察しました。この表記は、現在では首都圏の公共施設のトイレでも見られるようになりました。英語や日本語のフォントサイズは小さく、目立たない場所に記されています。中国語の簡体字と繁体字が大きな字体で中央の目立つ場所に記載されており、ピクトグラムによる説明、そして禁止事項を強調するように黄色と黒が使用されています。この表記はトイレットペーパーをトイレに設置されているゴミ箱に捨てることを習慣としている中国語圏からの観光客に向けたものであることが明確です。

■ 図－5：トイレットペーパー処分に関するトイレ内の表記 (簡体字・繁体字・英語・日本語)

（2）ごみ袋の表示の経時的変化

　ここまでは、日本を訪れる外国人の数や目的について説明し、具体的にある特定のグループを受信者とした表示を見てきました。次に、ごみ袋の表示に着目し、日本社会の変化とともにどのように表記が変化したのかをみていきましょう。猪上 (1997) は、1993 年 12 月から 1995 年 12 月末にかけて収集した648 の自治体のごみ処理に関する情報をまとめています。ごみ処理に関する情報を日本語以外で発信していた自治体はあるものの、ここに掲載されているごみ袋の表示はすべてが日本語のみで記されていました。2013 年以降から 2019年にかけて筆者が収集したごみ袋の表記の過半数は茨城県常陸大宮市のごみ袋

ように日本語のみの表記ではあるものの (図−6参照)、群馬県佐波郡玉村町のごみ袋のように、ごみの種類に関しては多言語 (日本語、英語、ポルトガル語、中国語、スペイン語、ベトナム語) で表記する自治体が増えています (図−7参照)。また、少数派ではありますが、長野県上伊那郡のごみ袋のように、すべての情報を多言語で表記しているごみ袋も出現しています (図−8参照)。この多文化化の傾向は、さらに進むのではないかと思います。

■ 図−6：日本語表記　　　■ 図−7：ごみの種類に関しては多言語表記　　　■ 図−8：すべての情報を多言語表記

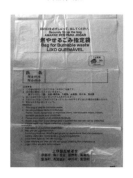

おわりに

本章では、先行研究と多言語表示の実例を概観することによって、言語景観が経時的にどのように変化してきたかを解説しました。さまざまな政策により、日本で生活する外国人は増え続け、都市部に限らず地方でも外国人と接することがめずらしくない社会へと変化しました。日本での生活に直結するごみ処理の情報に着目し、言語景観の具体例を提示しながら、多言語化する言語景観とその背景について考えました。東京 2020 オリンピック・パラリンピックがコロナ禍で開催されましたが、観光という側面では、かつての盛況が戻ってくるかどうかはわかりません。今後、日本の言語景観がどのように変化していくのか、皆さんも一緒に観察していきましょう。

問題

言語景観の経時的変化にはどのようなものがあるか、説明してください。

第14章

持続可能な開発目標（SDGs）と多文化環境

桜井愛子

1 はじめに

　持続可能な開発目標とは、2015年9月の国連サミットで加盟国の全会一致で採択され、「我々の世界を変革する：持続可能な開発のための2030アジェンダ」に記載された、2030年までに持続可能でよりよい世界を目指す国際目標です。英語ではSustainable Development Goals（持続可能な開発目標）の頭文字をとった略語SDGsが使われています。昨今、日本においても学校教育や企業コミュニケーション等で頻繁に用いられ、「エス・ディー・ジーズ」として子どもから大人まで知られつつあります。2030アジェンダの冒頭には「このアジェンダは、人間、地球及び繁栄のための行動計画である（外務省、1頁）」ことがうたわれ、現在および将来の世代の需要を支えることができるよう地球を破壊から守ること、貧困や飢餓に終止符を打ち、すべての人間が豊かで満たされた生活を享受できるようになること、平和的、公正かつ包摂的な社会を育むことに対する決意が示されています。あわせて、持続可能な開発目標として17の目標と169のターゲットが示され、先進国も開発途上国も等しく達成に向け取り組むこと、中央政府だけでなく企業や地方自治体、市民社会、消費者などすべての人々がユニバーサル（普遍的）に取り組むことを求めています。さらに、SDGsの理念として「誰一人取り残さない（Leave no one behind）」社会の実現が掲げられています。

　本章では、世界各国で翻訳され、地球上の政府、企業、市民社会等あまねく人々が未来への変革を求めて取り組む、いわば「世界の共通の指針」となったSDGsについて、グローバルに活躍する人材に向けて、その基礎的概念を解説していきます。また、自然災害と防災を具体例に、SDGsを構造的に理解し、グローバル課題である防災が日本や私たちの暮らすローカルな地域ではどのように位置づけられているのか、そのグローバルな意味に対する理解を深めていきます。さらに災害多発国である日本で、住民に対して発信される防災・災害情報を外国人住民にも理解してもらうためにどのような取り組みが進められているのか、外国人住民への防災情報発信の一つのあり方として「やさしい日本語」の活用を取り上げ、防災に多文化共生の視点を取り入れた持続可能で「誰一人取り残さない」社会の実現に向けた方向性を議論していきます。

SDGsの目指す持続可能な社会とは

　まずSDGsが目指す「持続可能な開発（Sustainable Development Goals）」とは何かについて考えていきましょう。最近は日本語でも「サステナブルな暮らし」などと言いますが、持続可能性（sustainability）ということばをよく聞くようになりました。「持続可能な開発」の考えは、環境と開発に関する世界委員会が1987年に公表した報告書 *Our Common Future*[1] にて示された概念で、「将来の世代がそのニーズを充足する能力を損なわずに、現世代のニーズを充足する開発[2]」と定義されています。つまり、現在の私たちの生活と同じくらい豊かな生活を将来の人々も営む権利があり、今日の経済・社会開発が将来世代の発展の可能性を脅かしてはならないということを意味します。

　持続可能な開発が改めて2015年に国際目標として掲げられた背景には、経済のグローバリゼーションが進展し、資本主義経済の下で効率を追求したことで富の拡大がもたらされた一方、グローバル化の波に乗ることができる国や人と、そうでない国や人とのあいだに大きな格差が生じたことがあります。また、1987年に50億人だった世界人口は2015年には73億人を超え、世界的な人口増加とグローバル経済の拡大は、地球環境に大きな負担を強いることになりま

した。なかでも石油をはじめとする化石燃料等の大量消費により、二酸化炭素を主とする温室効果ガスが大気中に放出され、地球温暖化が進行し、気候危機が叫ばれるようになりました。

国際連合（国連）では1992年6月にブラジルのリオデジャネイロで開催された、「環境と開発に関する国連会議（地球サミット）」において、「環境と開発に関するリオ宣言」とその具体的な行動計画である「アジェンダ21」等が採択され、持続可能な開発とは人類が安全に繁栄する未来への道であることが確認されました。2002年には、「持続可能な開発に関する世界首脳会議」、2012年には「国連持続可能な開発会議（リオ＋20）」が開催され、国際的な議論が進められてきました。

その一方、国連では2000年に国際的な開発目標「ミレニアム開発目標」を採択し、2015年までに極度の飢餓や貧困の削減、普遍的な初等教育の達成、幼児死亡率の引き下げ、ジェンダー平等、環境の持続可能性の確保など、8つの目標の実現に向けて取り組んできました。「ミレニアム開発目標」の下では、1日1.25ドル以下で生活する極度の貧困状況にいる開発途上国の人々の割合が1990年の47％から2015年には14％まで減少したとされ、貧困削減に大きな成果を上げたとしたものの、男女間の不平等、最貧困層と最富裕層、都市部と地方の格差は依然課題として残されており、気候変動と環境悪化、紛争が目標の達成を妨げる要因となっていることが示されました。

2015年に採択されたSDGsは、これら環境問題と国際開発の2つの国際的な議論を引き継ぎ統合したものです。今の私たちが次の世代の子どもたちにその先も続く持続可能な世界を手渡していくために、限りある地球資源の適切な管理を通じて、地球環境を保護しながら経済の成長を実現し、成長の果実を富裕層だけが享受するのではなく、広く人々に分配し、すべての人が潜在的に有する能力をフルに発現できる社会の実現を目指しています。またSDGsの理念として「誰一人取り残さない」を掲げており、貧困状況にある人々、移民や難民、障害を持つ人々などを排除することなく、すべての人々が参加する社会を実現することを目指しています。これを「社会的包摂」、ソーシャル・インクルージョンと呼びます。

SDG の 17 の目標を構造的に理解する

　SDGs は 17 の目標と 169 のターゲットで構成されています。SDGs の 17 の目標をそれぞれカラフルな色を使い、ドーナツの形で表した SDGs のロゴバッジを見かけたことのある人も多いのではないでしょうか。SDGs の 17 の目標の内容については、以下に詳しく記します (表-1 参照)。

■ 表-1：持続可能な 17 の開発目標

目標 1	あらゆる場所のあらゆる形態の貧困を終わらせる
目標 2	飢餓を終わらせ、食料安全保障及び栄養改善を実現し、持続可能な農業を促進する
目標 3	あらゆる年齢のすべての人々の健康的な生活を確保し、福祉を促進する
目標 4	すべての人々への包摂的かつ公正な質の高い教育を提供し、生涯学習の機会を促進する
目標 5	ジェンダー平等を達成し、すべての女性及び女児のエンパワーメントを行う
目標 6	すべての人々の水と衛生の利用可能性と持続可能な管理を確保する
目標 7	すべての人々の、安価かつ信頼できる持続可能な近代的エネルギーへのアクセスを確保する
目標 8	包摂的かつ持続可能な経済成長及びすべての人々の完全かつ生産的な雇用と働きがいのある人間らしい雇用（ディーセント・ワーク）を促進する
目標 9	強靱（レジリエント）なインフラ構築、包摂的かつ持続可能な産業化の促進及びイノベーションの推進を図る
目標 10	各国内及び各国間の不平等を是正する
目標 11	包摂的で安全かつ強靱（レジリエント）で持続可能な都市及び人間居住を実現する
目標 12	持続可能な生産消費形態を確保する
目標 13	気候変動及びその影響を軽減するための緊急対策を講じる ※国連気候変動枠組条約（UNFCCC）が、気候変動への世界的対応について交渉を行う基本的な国際的、政府間対話の場であると認識している
目標 14	持続可能な開発のために海洋・海洋資源を保全し、持続可能な形で利用する
目標 15	陸域生態系の保護、回復、持続可能な利用の推進、持続可能な森林の経営、砂漠化への対処、ならびに土地の劣化の阻止・回復及び生物多様性の損失を阻止する

目標16	持続可能な開発のための平和で包摂的な社会を促進し、すべての人々に司法へのアクセスを提供し、あらゆるレベルにおいて効果的で説明責任のある包摂的な制度を構築する
目標17	持続可能な開発のための実施手段を強化し、グローバル・パートナーシップを活性化する

（外務省『我々の世界を変革する』14頁）

　SDGsを考える際の最も重要な視点は、それぞれの目標を個別に独立したものとして扱うのではなく、先に述べた経済、社会、地球環境の3つを調和の観点から構造的にとらえていくことです。当時のストックホルム・レジリエンス・センター所長であるヨハン・ロックストローム氏は「ウェディングケーキ」にたとえて、SDGsの17の目標を生物圏（Biosphere）、社会（Society）、経済（Economy）の3つの層に分類して構造化した「SDGsウェディングケーキモデル」を示しました（図−1参照）。未来に続く持続可能な世界を実現するために、まずその土台には、目標6（安全な水）、目標13（気候変動）、目標14（海の資源）、そして目標15（陸の資源）といった地球の生物圏に関する目標が置かれます。その上に社会的な課題である貧困問題（目標1）、飢餓の解決（目標2）、健康と福祉（目標3）、教育（目標4）、ジェンダー平等（目標5）、エネルギー（目標7）、まちづくり（目標11）、平和と公正（目標16）が位置づけられます。さらにその上に経済に関する目標として、働きがいと経済成長（目標8）、産業と技術革新（目標9）、不平等の是正（目標10）、つくる責任・使う責任（目標12）が置かれています。ケーキの中央の層を構成するこれら社会に関わる目標は、地球環境と経済のあいだを取り持つ役割をしており、さらにその頂点には新郎新婦の代わりに目標17のパートナーシップが経済、社会、地球環境の3つの層を貫いています。

　SDGsに掲げられる17すべての目標の実現に、パートナーシップの推進は欠かせません。社会的包摂の実現に向けて最貧層と最弱者層のニーズを特に重視しながら、すべての国、ステークホルダー（利害関係者）、人々が参加し、持続可能な開発に取り組んでいくことが重要だと考えられています。また格差の広がる世界で、国際協力を通じて豊かな国から貧しい国への資金や技術の提供

を加速化させることを目指しています。

■ 図－1：SDGs のウェディングケーキモデル

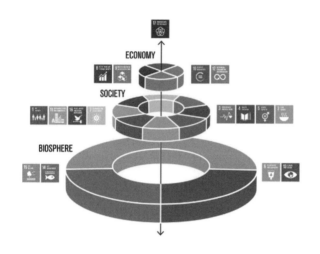

Azote for Stockholm Resilience Centre, Stockholm University (CC BY 4.0) ※3

SDGs から自然災害を構造的に考える

それでは具体的な事例から SDGs の目標のつながりを示していきましょう。

（1）世界の自然災害と SDGs との関係

身近な事例として、近年多発する自然災害について考えます。自然災害での被害軽減や防災については、SDGs に先立ち 2015 年 3 月に国連で採択された国際的な防災戦略である『市民のための仙台防災枠組 2015-2030』に詳しく示されています。また SDGs でも複数の目標で自然災害は言及されています。目標 11「包摂的で安全かつ強靭（レジリエント）で持続可能な都市および人間居住を実現する」のターゲット 11.5 において「2030 年までに、貧困層及び脆弱な立場にある人々の保護に焦点をあてながら、水関連災害などの災害による死者や被災者数を大幅に削減し、世界の国内総生産比で直接的経済損失を大幅に減らす (外務省、22頁)」と扱われています。また近年、気候変動の影響もあり、異常な

気象現象による自然災害が日本のみならず世界で多発していることを受け、気候変動と自然災害の関係についても述べられています。目標13「気候変動及びその影響を軽減するための緊急対策を講じる」のターゲット13.1において「すべての国々において、気候関連災害や自然災害に対する強靱性（レジリエンス）及び適応力を強化する (外務省、23頁)」ことが述べられています。また、「2030年までに、貧困層や脆弱な状況にある人々の強靱性（レジリエンス）を構築し、気候変動に関連する極端な気象現象やその他の経済、社会、環境的ショックや災害に暴露や脆弱性を軽減する (外務省、15頁)」こと（目標1ターゲット1.5）、「気候変動や極端な気象現象、干ばつ」などは世界の食料生産システムに影響を与え、飢餓が深刻化していることが指摘されています（目標2ターゲット2.4）。

2000年から2019年のあいだに世界では、7,348件の自然災害が報告され、約123万人の命が奪われています。この20年間に世界で40億人が被災し、干ばつや洪水等の自然災害によって住む家や土地を追われ、自国内での避難生活を余儀なくされている国内避難民が世界各地で増加しています。避難民の多くはキャンプや都市の貧困地区において不衛生で不安定な暮らしを強いられ、子どもたちは学校に行くことができず、教育を受ける権利を阻まれています。このように世界的な視点で考えると、自然災害と気候変動、そして貧困は深く関係していることがわかります。また、自然災害により貧困に陥った人々は、食糧、健康、教育、衛生などの人間が生きていくために必要な基本的ニーズを奪われた状態に直面しています。貧困層および脆弱な立場にある人々の保護に焦点を当てながら、自然災害によって被災する人々の命と暮らし、尊厳を守ることはSDGsの掲げるゴールです。

（2）日本の自然災害とSDGsとの関係

目を転じて、日本においては自然災害とSDGsの目標はどのように関係しているのでしょうか。日本は自然災害多発国であると同時に、世界的に見ると防災先進国であると言えます。建物の耐震化が進み、津波や高潮に備えて防波堤や防潮堤が建設され、河川には堤防が築かれ洪水を防いでいます。緊急地震速報や津波警報を通じて事前に地震や津波の到来を知ることができるなど、技術

を活用して災害への備えを強化しています。

　防災先進国の日本であっても、2011年3月11日に発生した東日本大震災で
は2万人近くの命が失われ、多くの物的・経済的被害が生じました。学校や病
院などの公共施設も大きな被害を受けました。東日本大震災は、地震と津波だ
けでなく福島第一原子力発電所事故を引き起こした「複合災害」と呼ばれます。
建物や公共インフラの被害だけでなく、サプライチェーンもダメージを受け、
経済的被害は16兆9,000億円に上りました。原発事故による放射性物質で汚
染された水や土壌の除染作業が進められました。また、科学技術への過信が指
摘され、エネルギー政策の見直しが図られました。大震災からの復興において
は、次の自然災害に備えた安全なまちづくりとともに、自然環境との調和によ
る持続可能なまちづくりを進めています。

　東日本大震災は、日本においても防災に対する考え方を改める契機となりま
した。大規模な自然災害での被害を完全に予防することはできないとの考えに
立ち、被害の発生を前提として、人間の努力によって時間をかけて「災害を乗
り越える力（回復力）」、すなわち「災害レジリエンス」を高めることの重要性
が提唱されるようになりました。これまでの構造物を中心とした対策だけでな
く、人々の意識や行動を変え、自然災害を自分ごととしてとらえていくための
教育や啓発活動などのソフトの対策や、効果的な災害リスクコミュニケーショ
ンを通じた個人や地域における災害対応力の向上が求められています。この
ように、日本においても自然災害による被害軽減と災害からの復興においては
地球環境、人間社会、経済との関係で把握することが重要とされ、こうした経
験や教訓は2015年に採択された『市民のための仙台防災枠組2015-2030』や
SDGsにも反映されています。

防災×多文化共生＝災害時に「誰一人取り残されない」社会の実現に向けて

（1）災害時に外国人が直面する「3つの壁」

　自然災害の発生に備えた事前の情報発信として、自治体では自然災害の種類別に各種ハザードマップを作成し各家庭に配布しています。台風や大雨などの注意報や警報などの気象情報は、気象庁を通じて適宜発表され、これらの情報とあわせて雨風が強くなる前に避難するよう、テレビ等でも頻繁に呼びかけられます。災害が発生する恐れがある場合には、各自治体では防災気象情報をかんがみ、災害発生の恐れが高い場合には避難指示を発令し、該当する地域に住む住民に対して避難を呼びかけます。同時に、あらかじめ指定された場所には避難所が開設されます。また災害発生に備えて、地域や職場・学校などでは定期的に防災訓練や防災教育が実施され、自然災害に関する知識や災害発生時の対応、日本各地で発生する自然災害からの復興等について子どものみならず大人も学んでいます。その背景には、先に述べたとおり「災害レジリエンス」を高めるためには建物の耐震補強工事などで命を守るだけでなく、地域で暮らす人々が災害に対する意識や行動を変え、事前の準備を進め、災害への対応力を向上させる必要があるからです。しかし、災害や防災に関する情報が広く住民に提供されている一方、日本に近年増加する外国人居住者にこうした災害情報が十分に届いているとは言える状況にありません。

　1995年1月17日に発生した阪神・淡路大震災の被災地である兵庫県では、当時の総人口が約550万人に対して、外国人登録者数は約100万人で、総人口に対する外国人比率は約1.81%でした。震災による外国人の死亡者は173人と犠牲者5,431人に対する外国人の比率は3.19%となり、総人口比の1.7倍以上との報告があります[※4]。2011年の東日本大震災や2016年の熊本地震でも、多くの外国人がテレビやニュースから流れる情報を理解できずに孤立するなど困難な状況に置かれました。公益財団法人横浜市国際交流協会によると、外国

人が自然災害を経験した場合、日本語を十分に理解できないという「ことばの壁」だけでなく、出身国で地震を経験したことがないような場合、地震の揺れに慣れておらず大きな不安を抱えて「心の壁」も感じています。さらに自宅が被災してしまった場合、どこに行けばよいのか、誰に支援を求めたらよいのかわからないという「制度の壁」にも直面します[※5]。

　自然災害が多発する時代において、SDGsの観点から災害時の被害を減らし、災害に対してレジリエントな社会を実現していくためには、災害時に脆弱な立場にある外国人住民への防災情報の発信をさらに推進する必要があります。防災に多文化共生の視点を加え、「誰一人取り残さない」社会の実現に向けた取り組みを進めていくことが不可欠です。

（2）外国人に対する防災情報の発信のポイント

　外国人を対象とした防災情報の伝達を考える場合、何を伝えればよいのか、どの言語で伝えればよいのか、といった点を考慮する必要があります。伝えるべき情報には、身の安全を守る情報、安否情報、災害や被害に関する情報、移動や帰国に関する情報などがあります。特に身の安全を守る情報は重要です。これら情報には、自治体の避難指示情報、気象情報、身の回りの危険性、危機回避の方法、ハザードマップなどが含まれます。

　それでは、防災情報はどの言語で伝えられることが適切なのでしょうか。防災に関する情報は、単にことばの意味や内容がわかるだけでは十分とは言えません。なぜなら、これらの情報は、災害に関する無関心な状態から人々の関心を呼び起こし、理解させて、適切な避難行動へとつなげていくことが求められるからです。そのためには、普段使い慣れている言語である母語で伝えられることが最も適しています。自治体は居住する外国人の出身地を考慮して、防災情報の多言語化を進めていくことが大切です。その際には、単に翻訳するのではなく、意味を翻訳化していくことが重要になります。

　各自治体では防災担当部署だけでなく、多文化共生政策の担当部署と協力しながら、外国人に対する防災のさまざまな取り組みが始められています。たとえば横浜市においては、市域において震度5強以上の大規模震災が発生し、市

に災害対策本部が設置された場合、市からの要請によって横浜市国際交流協会が横浜市外国人震災時情報センターを設置する取り決めになっています。横浜市国際交流協会では、災害時の語学ボランティア登録、災害時多言語表示シートの作成、災害時に言語ではなく図や絵を使って情報を示すことができる災害時用ピクトグラムの開発など、災害に備えて多言語情報の充実に努めています。

（3）外国人住民と日本人の共通言語として「やさしい日本語」

　災害発生直前や直後の緊急対応期や避難誘導の際には、多言語での情報発信が難しくなります。そのような状況で多言語への翻訳をしている時間的余裕はありません。英語に翻訳すればいいのではないか、と考える方も多いかもしれませんが、日本に居住する外国人の国籍で最も多いのは中国、またその他外国人の大半はアジア地域出身で英語を母語としない外国人が多いのが現状です。英語を第二言語や公用語として用いる国や地域の出身者、そして英語を国際語として使いこなす人々に対しては、英語あるいは Plain English を使用することにより、情報が伝わるかもしれません。一方、英語による情報伝達が困難な外国人住民のためには「やさしい日本語」の活用が進んでいます。

　「やさしい日本語」は、現在では外国人にニュースをわかりやすく伝える、行政文書を外国人用にやさしく伝える、観光客に向けた日本語案内、医療現場などさまざまな場面での活用が見られます※6。1995 年の阪神・淡路大震災において、日本語も英語もわからず困っている外国人に向けて考案されたことが始まりで、その後も新潟県中越地震や東日本大震災の被災地でも活用されました。その特徴は、日本に住んで 1 年くらいの外国人なら知っている程度の語彙、日本語能力試験 N4 レベル程度の「漢字」や「語彙」で単純な文章を作ることです。「やさしい日本語」であるため、外国人だけでなく日本人にも的確に情報を伝えることができるのが大きな利点です。表－2 に「やさしい日本語」の事例を示しています。たとえば、「大型の台風 9 号」は「大きな台風」へ、台風が「上陸する」は台風が「来ます」といったように、日本語のもつ意味をやさしい日本語へと変換していることがわかります。また、防災局や災害対策本部といった危機対策の部局情報については、やさしい日本語では省略されています。

■ 表－2：やさしい日本語の事例

日本語	変換	やさしい日本語
愛知県防災局よりお知らせします。本日19時、大型の台風18号の接近に伴い、災害対策本部を設置しました。台風18号は今夜未明にかけて愛知県東部に上陸することが予想されますので、十分にご注意下さい。	→	愛知県からの　お知らせです。大きな　台風が　近づいています。今日の　夜、愛知県の　東の方（豊橋市、田原市など）に台風が　来ます。気を　つけて下さい。

（愛知県地域振興部国際課多文化共生推進室、2013、15-16頁をもとに執筆者作成）

　「やさしい日本語」の開発者である佐藤和之は、防災情報を伝えるために母語や英語ではなく「やさしい日本語」を使う意義は外国人と日本人の両者にあるとしています。災害時に日本語でも大丈夫だから情報が欲しいと感じている外国人は多くいます。「やさしい日本語」で情報の受け手である外国人住民に情報を迅速に伝えることで、要支援者※7ではなく支援者として頼れる住民になり、被災地の力になってもらうことができるとしています。また日本人に対しては「やさしい日本語」は「すべての日本人にとって最も得意な外国語（佐藤、2020、49頁）」であり、より多くの日本人のあいだで活用することができる可能性を秘めています。日本人は平時には「おもてなし」として外国人に対して外国語を話そうとしますが、非常時になるとそのような対応ができずに、外国人支援が滞ってしまうと指摘されています。災害時の外国人支援を円滑に進めるためには「おもてなし」の発想から、緊急時のセーフティネットとしての情報提供ととらえ、そのためには情報を発信する日本人側が「外国人には外国語でという呪縛から解放され（佐藤、2014、16頁）」、「やさしい日本語」でいち早く伝えるべきだと佐藤は指摘しています。災害時に日本人と外国人との共通のことばとして「やさしい日本語」が用いられることにより、外国人は災害時に配慮を必要とする者から同じ社会に住む住民として迎え入れられ、被災者の支援や地域の復興に力を発揮する仲間になりうるということです。

　総務省では、多文化共生とは「国籍や民族などの異なる人々が、互いの文化的ちがいを認め合い、対等な関係を築こうとしながら、地域社会の構成員として共に生きていくこと（総務省、2006、5頁）」と定義されています。これは平時のみ

ならず災害時にも同様に当てはまります。自然災害が多発する日本で、外国人住民も含めた「誰一人取り残さない」防災を実現していくためには、防災に多文化共生の視点を加え、外国人住民が理解できる防災情報を積極的に発信し、コミュニティにおいて日頃から外国人と日本人との交流を通じた事前の備えに取り組むことが不可欠です。自然災害は、災害の発生する場所の自然条件、経済社会条件によって、その被害の程度や様相は大きく異なります。そのために、「やさしい日本語」を用いた防災情報の発信は、市や県などの自治体レベルの一般的な情報だけでなく、たとえばハザードマップに記載されている自宅周辺の災害リスクや避難先などのローカル情報が「やさしい日本語」化されることがより重要であると考えます。地域の防災情報が「やさしい日本語」で発信されることで、自分たちが暮らす地域の情報を災害が発生する前から理解することができるようになるだけでなく、地域の防災訓練等への参加の道も開け、災害発生前からの交流を通じた「顔の見える関係」づくりを促進できます。自分たちが暮らす地域に関する災害・防災情報の「やさしい日本語」での発信が進むことにより、災害時に外国人住民が取り残されないという消極的な意味だけでなく、災害時の要支援者から支援者となる機会も醸成され、地域社会の構成員としてともに生きていく社会の実現が期待できるのではないでしょうか。

おわりに

本章では、2030年までに持続可能でよりよい世界を目指す国際目標である持続可能な開発目標（SDGs）をテーマに、自然災害と防災を事例にSDGsを構造的に理解することを目指しました。また、外国人居住者に対する災害情報の発信について検討し、「やさしい日本語」を用いたコミュニケーションが外国人を地域の住民の一員として迎え入れることを促し、災害時に相互に協力し合い危機を乗り越えていける可能性があることを示しました。

筆者は、大学が所在する横浜市緑区と連携して地域防災情報の発信に取り組んでいます。学生とともに多文化共生社会における防災のあり方を考えていくことで、SDGsが掲げる理念である「誰一人取り残さない」包摂的な社会の実

現に向けた一助となることを目指しています。本章を通じて、読者の皆さんが
SDGs というユニバーサルな概念を理解したうえで、グローバルな課題をロー
カルな現実に適用させ、身近な地域で SDGs の推進に向けた取り組みを始める
きっかけとなることを期待しています。

問題

SDGs の 17 の目標について、外務省のホームページを通読し、防災と多文化共
生の推進に関わる SDGs の目標を 3 つ以上挙げてください。その際、それぞれ
の目標が SDGs のウェディングケーキモデルに示された 3 グループ（地球環境、
社会、経済）のうち、どこに当てはまるか考え、その理由も述べてください。

※1 環境と開発に関する世界委員会（World Commission on Environment and Development）が 1987 年に
公表した報告書の原題は *Report of the World Commission on Environment and Development: Our
Common Future*。

※2 環境と開発に関する世界委員会、1987、28 頁。

※3 Stockholm Resilience Centre. (n.d.). *The SDGs wedding cake*. Retrieved February 10, 2022, from
https://www.stockholmresilience.org/research/research-news/2016-06-14-how-food-connects-
all-the-sdgs.html

※4 一般財団法人ダイバーシティ研究所『兵庫における地震被害（外国人の状況を含む）（書籍「阪神淡路大震災と外国
人」より）』を参照。

※5 災害時にことばのわからない外国人が直面するものとして、これら 3 つの壁（原文のまま）が定義されている。

※6 消費者コミュニケーションの充実に関しては、「わかりやすい日本語」の活用が提唱されている（齋藤智恵「わかり
やすい日本語：消費者コミュニケーションの充実」本名信行・竹下裕子他（編）『企業・大学はグローバル人材をどう
育てるか：国際コミュニケーションマネジメントのすすめ』アスク出版、2012 年、103-113 頁）。「わかりやすい日本
語」は、日本人であろうと外国人であろうと情報の受信者に対して専門用語をどのようにしてわかりやすく伝えるかを
目的にしたものである。

※7 避難行動要支援者のこと。情報の入手が困難な視聴覚障害者や日本語のわからない外国人、移動に介助が必要な
身体が不自由な人、乳幼児など。

第15章

企業と
手話コミュニケーション
～言語対応の拡大をめざして～

加藤三保子

1 はじめに

国際連合が「完全参加と平等」をテーマに、1981 年を「国際障害者年」と宣言して以来、世界各国で障害者に焦点が当てられるようになりました。特に、諸外国では聴覚障害者が使用する手話をその国のもう一つの言語と認識するようになり、たとえば、スウェーデンではスウェーデン語に加えてスウェーデン手話を国語に定め、二言語主義をうたっています。また、アメリカ合衆国には、ろう者のための大学としてワシントン D.C. にギャローデット大学 (Gallaudet University) が設立され、手話を主言語として大学教育が行われています。

日本でも、国際障害者年を契機に、各地で手話サークルが誕生し、手話を学ぶ一般市民は急激に増加しました。現在はテレビで手話ニュースが毎日放映され、聴覚障害者の活動を紹介するレギュラー番組や初級者向けの手話のテレビ講座も視聴できるなど、ろう者と手話の存在は広く一般社会に知られるようになりました。また、福祉に関する制度も充実してきました。ここに至るまでには、ろう者自身と、彼らを支える多くの人々の懸命な努力がありました。

聴覚障害は外見上判別しにくい障害であるため、「見えない障害」とも言われます。ろう者は、公共の場や職場で「聞こえない」ことに気づかれないことも少なくありません。また、ろう者の多くは補聴器を装用していますが、補聴器をつけていれば普通に声が聞こえると誤解されるケースも意外に多いよう

す。「ろう」という障害は医学的な基準では重度難聴障害に分類されます。聴神経などに障害があるために、補聴器をとおして聞こえる音は雑音に近いものとなり、「ことば」として認識することがとても困難なのです。

したがって、ろう者が補聴器を装用しているのは、身の回りの音の存在を察知し、音源のほうに視線を向けることで状況に対応するためと言えるでしょう。補聴器をつけていても、ろう者は手話を必要とし、相手が発話する時の唇の動きを読み取ることによって、コミュニケーションをとっています。ですから、手話が未熟な人がろう者とコミュニケーションする際には、できるだけゆっくり大きく口を開けて話をするとよいでしょう。

現在は日本でも、もう一つの言語として「日本手話」の存在が認識され、手話を生活言語とするろう者の言語権を視野に入れた、さまざま取り組みが行われています。政府は企業に対して、意欲・能力のある身体障害者を積極的に雇用するように働きかけ、法の整備を進めています。

このような時代に、私たちは手話という言語をどのように認識し、ろう者の社会進出をどのように支援すべきなのでしょうか。この章では、手話とろう者の存在を意識しながら、多言語・多文化社会における企業・官庁・諸機関等の言語対応について考察します。

手話：もう一つのことば

ろう者が広く社会に参加するためには、法の整備も大切ですが、何よりもまず、彼らの生活言語である「手話」を正しく認識しなければなりません。かつて、手話はジェスチャーやパントマイムなどの身振りと同じであり、耳が聞こえない人々は簡単な身振りでしか意思疎通ができない、さらに、聴力を失った障害者はことばを獲得することがきわめて困難であると誤解されていました。しかし、ヒトは生物学的な特質として、言語を習得するに足る認知能力をもっていますから、通常の環境で生育する限り、ヒトは言語を獲得せざるを得ません。そして、聴力を失うこと（失聴）はこの「言語習得能力」とほとんど関係がありません。たしかに、聞こえの喪失は音声の聞き取りと発話を困難にします

が、その代わりに手話の獲得が促されます。

　最近では、言語脳科学の研究成果により、手話も音声言語と同様に左脳で理解していることが明らかになり(酒井、2005)、手話は意思疎通の単なる一手段ではなく、日本語や英語などと同様に高度な言語であることが証明されました。すなわち、人間の言語には音声言語と手話言語の2つが存在し、私たちは聴覚か視覚のいずれかを活用してことばを獲得します(図−1参照)。音声言語は概念を調音によって表現しますが、手話言語は概念を身体の操作によって空間に転写します。手が舌の代わりをしていると言えるかもしれません。

■ 図−1：人間の言語

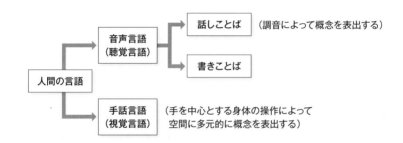

　手話は言語ですから、話しことばと同様に文化を反映します。したがって、日本のろう者は日本手話を使い、アメリカのろう者はアメリカ手話を使います。この2つの手話は大きく異なっており、個別に学習しなければ、それぞれの手話を理解することはできません(本名・加藤、2017)。

　手話の言語学的研究は、「手話は言語であり、一般のジェスチャーやパントマイムとは異なる」という点を示すことから始まりました。手話の語彙のなかには、聞こえる人が日常的に使うジェスチャーもある程度は含まれていますが、それらはごく少数にすぎません。しかも、それらのジェスチャーが手話として使われると、もっとずっと広い意味を作り出します。また、ほかの要素と組み合わさって、より複雑にことばを生成します。なお、手話の言語特性については本名・加藤(2017)で詳細に記述しています。

言語的・文化的少数者としての「ろう者」

　「ろう者」とは、音声言語の基本的概念を習得する以前に重度の聴覚障害をもち、補聴器を装用しても音がほとんど聞こえないか、あるいは音声としての識別が困難であるため、主に手話を使用して生活する聴覚障害者のことを指します。「ろうあ者」ではなく「ろう者」という言い方が好まれるのは、手話を必要とする人々はほとんど聞こえない（すなわち「聾」）ですが、トレーニングをすれば発話ができる（すなわち「唖」ではない）からです。

　聞こえない人は、ろう者同士の日常会話では、手話のみを使い、声を出さないことが多いです。しかし、ほとんどのろう者は、ろう学校で発話の訓練を受けているので、特に聞こえる人と話をする際には、手話と一緒に発話（あるいは口形）をつける場合が多いようです。

　アメリカでは 1990 年に「障害をもつアメリカ人法（Americans with Disabilities Act of 1990：ADA）」が制定され、ろう者たちから、自分たちを「障害（disabilities）」をもつ者と見るのではなく、「違った能力（different abilities）」を有する者と認識してほしいという要望が出されました。多民族・多言語・多文化社会の国ならではの考え方です。最近では日本でも、「ろう者とは、日本手話という、日本語とは異なる言語を使う言語的少数者である」という考えが支持されるようになってきました。

　さらに、アメリカでは、ろう者の手話が言語として認められていく過程で、デフ・コミュニティ（deaf community：ろう者社会）を言語的少数者・文化的集団としてとらえる視点が生まれました（木村・市田、1996）。デフ・コミュニティは、ろう者が手話と「ろう文化（deaf culture）」を共有することによって成り立つ社会であり、アメリカのろう者は自分たちの言語と文化に自信と誇りをもって生きています。彼らは、耳の聞こえない人を指す一般的なことばとして "deaf" を使い、デフ・コミュニティのメンバーを指すときには "d" を大文字にした "Deaf" を使用します（木村・市田、1996）。つまり、"deaf" は文化的要素を含まない言い方であるのに対して、"Deaf" は一種の「民族」を意識した言い方で、「ろう」として

の文化的要素を習得したろう者を指します。

コミュニケーション4能力の重要性

　さて、急速にグローバル化が進んでいる昨今、グローバル組織で最も大切なのは、コミュニケーション能力であると言われ、大学ではグローバル人材の育成に力を入れています。一方で、企業では、チームで仕事をする際に必要なコミュニケーション能力に加え、日本人社員が外国人の社員と、あるいは外国人の顧客と十分にコミュニケーションをとれるように、英語をはじめとして、いろいろな外国語を学ぶ機会を提供し、コミュニケーション力の強化に努めています。

　各企業がコミュニケーション能力をいかに重視しているかは、一般社団法人日本経済団体連合会（経団連）による調査で確認することができます。経団連では毎年、新卒採用に関する調査を実施していますが、2018年度調査結果（2019年入社対象、回答社数597社）によると、新卒採用の選考時に重視する要素の上位5項目は「コミュニケーション能力」、「主体性」、「チャレンジ精神」、「協調性」、「誠実性」です（図−2参照）。このうち、「コミュニケーション能力」（82.4%）は16年連続で第1位です。

　さらに、調査結果から20%以下の下位要素を見ると、「課題解決能力」、「リーダーシップ」、「柔軟性」、「潜在的可能性（ポテンシャル）」、「専門性」、「創造性」、「信頼性」、「一般常識」、「語学力」、「履修履歴・学業成績」、「留学経験」といった順に順位が下がっていきます（一般社団法人日本経済団体連合会、2018）。語学力（6.2%）が採用時に重視されず、最下位から3番目であるのは意外です。いわゆる英語力が高ければコミュニケーション力が高いというわけでないことを、企業は十分に認識しているのでしょう。

　では、企業では手話を生活言語とする社員や顧客とのコミュニケーションをどう考えているのでしょうか。次節以降で、手話の普及度や役割を念頭に置きながら、企業が手話言語をコミュニケーションにどのように活用しているのかをみていきます。

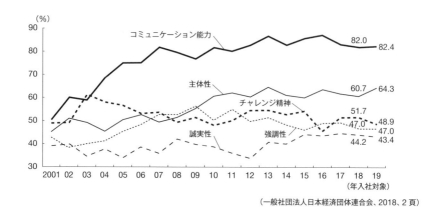

■ 図−2：企業が新卒採用の選考時に重視する要素の上位5項目の推移

（一般社団法人日本経済団体連合会、2018、2頁）

ろう者の言語権

（1）障害者権利条約における「手話」の定義

　手話という言語は国際的にどう認識されているのでしょうか。2006年に国連が採択した障害者の権利に関する条約（障害者権利条約※1）で、手話は音声言語と同等の言語であることが明言されています。この条約には日本も2014年に批准し、同年に発効しています。手話に関連するところを抜粋すると、第2条で「『言語』とは、音声言語及び手話その他の形態の非音声言語 (外務省、2014)」と定義され、第21条では、「公的な活動において、手話を用いることを受け入れる (外務省、2014)」こととし、「手話の使用を促進する」といったことが謳われています。確かに、聞こえないということは重度の障害ですが、「手話」という独自の言語をもち、その言語が音声言語と同等に位置づけられているという点で、ろう者はほかの障害者とは大きく異なる特徴をもっています。

　先に述べたように、人間には音声言語と手話言語が存在しますから、手話を使用することはろう者の人権の一部です。少なくともこの2つの言語は一般社会で対等に扱われなければなりません。しかし、ろう者を「身体障害者」とい

うくくりで考えたとき、まだまだ手話という言語への対応は十分ではありません。企業などでも英語・中国語・フランス語などの音声外国語への対応が優先されているのが現状です。

2017 年 12 月 19 日に国連総会は毎年 9 月 23 日を「手話言語の国際デー（International Day of Sign Languages：IDSL）」と決議しました。1951 年 9 月 23 日に世界ろう連盟（World Federation of the Deaf：WFD）が結成されたのを記念して 9 月 23 日と決まりました。2021 年の IDSL のテーマは「私たちが手話をするのは人権である※2」です。手話言語が音声言語と対等であることを認め、ろう者の人権が完全に保障されるよう社会全体で手話言語についての意識を高める動きは、世界的な潮流と言えるでしょう。

（2）手話の普及：手話検定試験

ろう者が豊かな社会生活を送るためには、有資格の手話通訳者や、各自治体のボランティア通訳者の存在は不可欠ですが、何よりも大切なのは、一人でも多くの一般の人々が手話でろう者とコミュニケーションできる社会を実現することです。このような時代のニーズに応えて、2006 年に社会福祉法人全国手話研修センターが「全国手話検定試験」を開始しました。

この試験は、日本手話の学習者であれば誰でも（中途失聴などの難聴者でも）受験できます。5 級、4 級、3 級、2 級、準 1 級、1 級の 6 つのレベルからなり、1 級が最上級レベルです。5 級から 3 級までは実技試験のみ、2 級以上には実技のほかに筆記試験※3 があります。手話によるコミュニケーション能力を評価・認定する試験ですから、すべての受験者に手話による個別面接試験が課されます。合格者が、それぞれのレベルでどのような社会活動ができるのか、手話でのコミュニケーション能力の活用例を示す「Can-do リスト」も作成されています（表－1 参照）。

■ 表－1：全国手話検定試験の詳細と Can-do

レベル	学習歴の めやす	受験に必要な 手話単語数	到達度のめやす	活用例
5級	6カ月	約300 〜400	ろう者との会話に興味をもち、自己紹介を話題に手話で会話ができる	挨拶、名前や番号での呼び出しなど（銀行、郵便局、病院、市役所、図書館などの窓口）
4級	1年	約800 〜900	ろう者と会話をしようとする態度をもち、1日、1週間、1カ月、1年間等の時間に関する表現を理解し、家族との身近な生活や日常生活の体験を話題に手話で会話ができる	職場の朝礼、職場での予定報告、学校行事のお知らせなど
3級	1年半	約1,200 〜1,400	ろう者と積極的に会話をしようとする態度をもち、日常の生活体験や身近な社会生活の体験を話題に手話で会話ができる	会社、銀行、郵便局、病院などの総合的な案内や説明、店内での商品の簡単な説明など
2級	2年	約2,100	ろう者と積極的に会話をしようとする態度をもち、社会生活全般を話題に手話で平易な会話ができる	職場のミーティングでの会話、行事等の参加申し込み、保育所や学校等でのできごと、保護者や近所とのつきあいができる
準1級	2年半	約2,600	ろう者と積極的に会話をしようとする態度をもち、社会活動の場面を話題に会話ができ、かつ一部専門的な場面での会話ができる	会社、銀行、郵便局、病院等での会議や、イベントなどの大会実行委員会、保護者会やPTAの会議など
1級	3年	約3,500	ろう者と積極的に会話をしようとする態度をもち、あらゆることを話題に、よどみなく会話ができる	研修や講習会などのろう講師との社会性の高い会話

（社会福祉法人全国手話研修センター編、2021、6・10・11頁をもとに執筆者作成）

　これまで、手話通訳士を目指す人々を対象とする手話の資格試験は実施されてきたものの、全国手話検定試験のように、手話を学習している人なら誰でも受験できる全国規模の試験の実施は、世界でも稀です。2021年には第15回試験が実施され、第1回から第15回までの受験者総数は合計11万人を超えまし

た（社会福祉法人全国手話研修センター編、2021、8-9 頁）。

　東京のある自動車学校では、教官を中心に手話研修を行い、その成果として全国手話検定試験を受験した結果、受験者全員が合格し、さらに上級レベルを目指そうと学習を継続しているそうです。顧客であるろう者へのサービス向上をねらいとした言語対応は、企業としての社会的責任を果たすだけでなく、その企業の評価につながるものと言えます。

手話と聴覚障害者等に関するさまざまなマーク

　2021 年に開催された東京 2020 オリンピックの開会式では、競技種目を表すピクトグラムのパフォーマンスが披露されて話題になりましたが、聴覚障害者に関係するマークもいろいろ考案されています（図－3 参照）。しかし、これらのマークは一般社会にまだ十分認知されていないようです。今後は、これらのマークとその意味が、社会で十分に認知されるような活動が必要です。

■ 図－3：手話と聴覚障害者等に関係するマーク

① 手話マーク：

ろう者側が窓口などで提示し、「手話で対応をお願いします」と伝えるものです。また、窓口側から提示すると、「手話でコミュニケーションできる人がいる」ことをろう者に伝えることができます。

② 筆談マーク：

2020 年 12 月から、日本の外務省と海外にあるすべての日本大使館で掲示するようになりました。これは、ろう者の当事者団体である「全日本ろうあ連盟」が、障害者が利用しやすくするために筆談マークと手話マークの掲示を要望したことを受けての措置です（日本聴力障害新聞、2021 年 2 月 1 日、3 頁）。筆談マークは、ろう者だけでなく音声言語障害者、知的障害者、そして外国人にも有効です。

③ 耳マーク：

聴覚障害者は、障害そのものが外見からはわかりにくいため、目が不自由な人の「白い杖」や「車椅子マーク」などと同様に、耳が不自由であるという自己表示が必要ということで考案されました。聞こえない・聞こえにくい人への配慮を表すマークであり、このマークが掲示された場合は、コミュニケーションの方法等への配慮についての協力を意味します。

④ 聴覚障害者標識 (蝶のマーク) :

聴覚に障害をもつ人が車を運転するときは、このマークを車に表示する義務があります。このマークをつけた車に幅寄せや割り込みを行うと、道路交通法の規定により罰せられます。

(一般財団法人全日本ろうあ連盟、2016、一般社団法人全日本難聴者・中途失聴者団体連合会、『耳マークについて』)

企業・組織における手話言語対応の事例

身体障害者の雇用に関して、日本では「障害者雇用促進法」が制定されており、この法律に基づいて障害者を雇用する企業が増加しています。これらの職場では、企業主催で手話研修を行うケースも少なくありません。最近では警察署でも、障害がある人に適切な対応ができるようにと、手話講習会を開催するところがあり、手話で対応可能な警察官を育成しています。手話ができる警察官が配置されている交番 (駐在所) では、警察官が左胸に「手話バッジ」をつけ、勤務中は入り口に「手話交番 (駐在所)」の看板を掲げます。

全日本空輸株式会社 (ANA) は、韓国語、中国語、広東語、タイ語、スペイン語、ドイツ語、フランス語、そして手話の8種類の言語バッジを作成しています。客室乗務員は自分が対応できる言語のバッジを上着の襟元につけて、乗客にどの言語に対応できるかを明示しています。「手話勉強中です」と書いたバッジを作っている航空会社もあるようです。

各自治体でも、独自に手話バッジを作成しています。たとえば、愛知県豊橋市はI love you を意味する手のデザインを入れた黄色い丸いバッジを作製し、手話ができる人に身につけてもらっています (図−4参照)。なお、最近ではインターネット通販などでも独自にデザインされた「手話できます」のバッジを購入可能です。

■図－4：豊橋市の手話バッジ

（東日新聞、2013年6月4日）

　外資系のコーヒーチェーン店「スターバックスコーヒージャパン」は、手話を共通言語とする店舗をオープンしました。この会社では、自社の社員を「パートナー」と呼び、障害が理由で何らかのサポートが必要なパートナーを支援する「チャレンジパートナーサポートプログラム」を導入しています。その一つが、聴覚に障害をもつパートナーへの支援です。

　聴覚に障害のあるパートナーによる活動として、彼らが自主的に企画・運営する「手話カフェ」や「手話によるコーヒーセミナー」を催しました。その後、「サイニングアクティビティ」という、聴覚に障害のあるパートナーが中心となって、実際に店舗経営を行うプログラムを実施し、サイニングストア（手話を共通言語とする店舗）のオープンに至りました。

　この店舗を訪れる顧客へもプラスの影響を与えているようです。顧客は、店内で日本語と日本手話が同等に使われているのを目の当たりにし、コミュニケーションの多様性を実感することでしょう。

　企業などでろう者を雇用した際には、社員研修や部署内会議等、さまざまな場面で支援が必要になります。具体的な支援策としては、手話通訳者の活用、社内での手話講習会の開催、同僚同士でのノートテイク（筆記通訳）やパソコンノートテイク、FM補聴器やマイクの使用、会議室内の座席配置などの配慮のほか、注意事項等はできるだけ文書伝達するなど、ろう者への情報保障を考える必要があります[4]。

おわりに

　手話は従来、聞こえない人々のみが使用する言語と位置づけられ、主に社会福祉の分野で扱われていました。そのため、聞こえる人々にとってはなじみの薄い存在でした。しかし、2006 年に採択された国連の障害者権利条約で手話が「言語」に含まれるという条項が入りました。以後、各国がさまざまな条約に批准し、世界的に手話という言語を見直し、法的にも手話を言語と位置づける国が増え続けています。

　手話に関する学術的研究もかなり進み、手話は高度な知的、情緒的活動を十分に表現しうる言語体系をもっていることが明らかになってきました。新しい時代の新しい言語生活のなかで、ろう者は今後この手話という視覚言語の仕組みを最大限に利用していくと思われます。私たちは、社会のすべての場面において、ろう者が母語として使用する手話を「もう一つの言語」として再認識すべきでしょう。

　企業や学校、行政機関など、あらゆる組織では経営（運営）戦略の一つとして、言語の問題を長期的に考えなければなりません。グローバル社会だからこそ、言語問題を危機管理の一環としてとらえ、手話も含めた多言語対応を急ぐ必要があるでしょう。そして各組織は、これらの対応について外部からの評価を受けることにより、言語管理能力をさらに強化し、組織としての社会的責任を果たすことが期待されます。

問題

企業、行政、教育機関などで、手話の果たす役割について説明してください。

※1　障害者権利条約 (Convention on the Rights of Persons with Disabilities) は、21 世紀初の国際人権法に
　　基づく人権条約。2006 年 12 月 13 日の第 61 回国連総会において採択され、2008 年 5 月 3 日に発効。手話は
　　言語であり、聴覚障害者が手話を使用して自らの思考を表現する権利や、情報授受の権利などが明記されている。
※2　原文は英語の "We Sign for Human Rights"。これを全日本ろうあ連盟が仮訳版として発表した内容に「私たち
　　が手話をするのは人権である」という表現が使われている。手話は言語であるため、「手話をする」のではなくて「手
　　話を使う」とするのが適切と考えるが、ここでは出典に忠実に提示させていただく。
※3　全国手話検定試験の筆記試験には、聴覚障害者とのコミュニケーション手段とその特徴、耳の仕組み、障害と社会
　　環境、聴覚障害者の暮らし、ろうあ者の歴史、聴覚障害者関連福祉制度、手話の基礎知識などから幅広く出題され
　　る。2 級は四肢択一方式、準 1 級は穴埋め方式 (多肢選択問題)、1 級は小論文方式 (600 字程度) である。
※4　具体的な方法については、聴覚障害学者をたくさん受け入れている高等教育機関 (たとえば、視覚や聴覚に障害が
　　あることを入学条件にしている国立大学法人筑波技術大学) で実施している支援策が大いに参考になる。

世界の諸英語とニホン英語

三宅ひろ子

1 はじめに

　英語は国内・国際言語として、世界中のさまざまな地域で使われています。アメリカ英語、イギリス英語といった、いわゆる「ネイティブ英語」だけではなく、シンガポール英語、フィリピン英語、韓国英語、フランス英語など、「ノンネイティブ英語」も発達してきました。多くの地域で使われているからこそ、それぞれの文化や社会を反映した、多様な英語変種が生まれたと言えます。

　日本についてはどうかと問われれば、英語は、観光、ビジネス、個人交流、エンターテインメントなど、さまざまなフィールドで使われています。そして、発音、文法、語彙、語法面において、日本人らしいクセのある英語も、間違いなく存在しています。インド人がインド英語を使うように、日本人がニホン英語を使うことは、言語と文化の関係を考えれば、ごく自然なことです (第2章参照)。

　本章では、まず、ニホン英語の定義を確認し、世界の諸英語の特徴を見ながらニホン英語の実態について考えていきます。あわせて、日本人の英語が外国人からどのように評価されているのかを見ていきます。続いて、昨今の日本企業の英語に対する取り組みをまとめます。最後に、日本人と英語の関わりについて考えていきます。

ニホン英語とは

　日本人の英語は、シンガポール英語やフィリピン英語のように、体系的に確立した英語としては発達していません。日本人がネイティブ英語と異なる発音をしたり、表現を使ったりすると、それらは日本人の「特徴ある英語」としてではなく、「間違っている英語」としてみなされる場合が多いように感じます。本来は、ニュートラルな意味であるはずの「日本人英語」ということばさえ、否定的なイメージを持たれ、非難の的になってしまっています。

　「日本人英語」は、和製英語、いわゆるカタカナ英語と混同されることもあります。日本に住むオーストラリア人が、お店で使われる「テイクアウト」ということばは、言いたいことはわかるけれども違和感がある（アメリカ英語では to go、イギリス英語やオーストラリア英語では take away だから）と言っていた、という内容があるウェブサイトで取り上げられていました。和製英語は通じない可能性があるので注意しましょう、という主旨でした。

　言語・文化人類学者であるアメリカ人のスタンロー（2010）は、和製英語は言語・文化接触のダイナミズムであると述べています。つまり、和製英語は日本語と英語という複数の言語が出会った結果、生まれたものであり（和製英語という名前が非常に誤解を生みやすいのですが）、英語でもなく、日本語の一部なのです。それにもかかわらず、日本人英語の代表として和製英語を列挙し、外国人に通じないと揶揄する人が多いことは残念です。

　それでは、日本人英語とは何でしょうか。日本人英語（Japanese English）は、世界諸英語（world Englishes）、つまり、世界のさまざまな英語変種の一つにすぎません。一般に、ネガティブな意味は含まれていません。Kachru（1985）やMcArthur（1987）は、英語が使われる地域や世界の英語を次のような円で示し、そのなかに日本人の英語を示しています（図−1、図−2参照）。

183

■ 図－1 : Three Concentric Circles of Englishes ※1

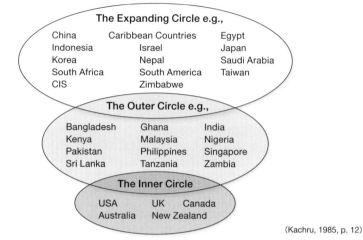

(Kachru, 1985, p. 12)

■ 図－2 : The Circle of World English ※2

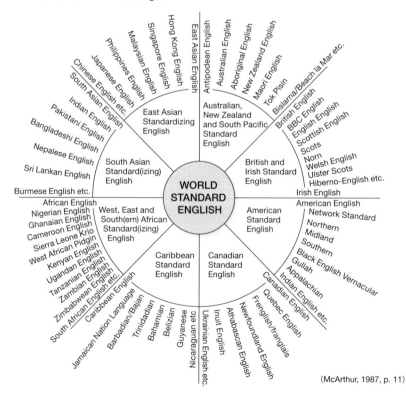

(McArthur, 1987, p. 11)

　このような流れを受けて、最近では、日本人らしい英語を「日本人英語」とは
呼ばず、他の英語変種と対等に並ぶ、「ニホン英語」という用語を用いることも
増えてきました。末延岑生は、ニホン英語を「日本語体系および、日本人の生
活体系が内在する、日本の文化とともに歩む英語（末延、1991、258頁）」、「すでに古
くから日本の歴史と文化の中で、先人たちが、あれこれと苦労しながらも、う
まく使えるように育んできた体系的な言語であり、日本人らしい発音と文法を
持った、無駄なくなじみやすい（末延、2010、96-97頁）」、「日本人の手で従来の英米英
語を日本文化・母語と照合させ、自由に取捨選択し変形しながら、現在ほぼす
べての日本人が、好むと好まざるに拘わらず使っている英語（末延、2016、25頁）」と
定義しています。

　本名信行は、ニホン英語について、「日本人はたいがい英語を学校で学習す
る。だから、ニホン英語とは、日本人が中学から始めて高校までの6年間、ある
いは大学の外国語課程2年間を加えて合計8年間の学習で獲得した英語の一般
的パターンと定義できるだろう（本名、1999、134頁）」、「それは日本市民が仕事、あ
るいはその他の営みで英語を使うときの基礎になり、各人はそれを基盤にして
自分の目的に合った語彙、表現、構文などを積み上げていくことができる（本名、
2013、144頁）」と述べています。ただし、ニホン英語の構造の詳細はまだ確定でき
ない「夜明け前」であり、今後たくさんの日本人が英語を使うようになれば、ニ
ホン英語が出現し、ニホン英語の本格的な特徴分析はそのときに始まる、と主
張しています。

　日本人が英語を使えるようになるには、どうすればよいのでしょうか。世界
諸英語（world Englishes）を提唱したラリー・E・スミスは、日本人の英語につ
いて次のように触れています。

English is one of the languages of Japan, Korea, Micronesia, and the
Philippines. It is one of the languages of the Republic of China, Thailand,
and the United States. No one needs to become more like Americans, the
British, the Australians, the Canadians or any other English speaker in
order to lay claim on the language.　　　　　　　　　　　(Smith, 1983, p. 2)

> 英語は日本、韓国、ミクロネシア、フィリピンのことばの一つです。それは中国、タイ、そして米国のことばの一つでもあります。英語を自分のことばと主張するために、アメリカ人、イギリス人、オーストラリア人、カナダ人、またはほかの英語を話す人と同じようになる必要はありません。
>
> (執筆者訳)

　英語をいつまでも「外国語」として闘いの対象ととらえるのではなく、「自分のことば」の一つであるという考え方のほうが、気持ちの面で楽になれるかもしれません。いわゆるネイティブ英語を目標にすることは、決して悪いことではありませんが、真似することに重きを置き、それができるようになるまで、英語を発しないというのは、もったいない話です。模倣の呪縛から解放されたとき、たくさんの日本人が英語を使うようになり、ニホン英語の構造が見えてくるのではないでしょうか。

世界の諸英語の特徴とニホン英語の特徴

　世界の諸英語は、音声、文法、語彙等の面でもさまざまな特徴がみられます。その特徴をいくつかみてみましょう (Galloway & Rose, 2015)。おそらく、ホッとする人がいるのではないでしょうか。異文化の人とのコミュニケーションでは、私たちは、ついつい違いのほうに目が向いてしまいますが、自分と似ている点も多いことに気づくでしょう。共通した特徴を探すことも、英語コミュニケーションの醍醐味かもしれません。

〈発音〉

- /e/ → /eɪ/　　　　　　　　　　　例）said
- /p/, /t/, /k/ → /b/, /d/, /g/　　例）pin → bin
- /ɪ/ と /iː/ が同じ　　　　　　　例）bit, beat
- /θ/, /ð/ → /t/, /f/, /d/, /v/　　例）think → tink, fink　they → dey
  　　　　　　　　　　　　　　　　　smooth → smoov
- /r/ と /l/ の区別がない　　　　例）fright, flight

〈文法〉

- 三単現の -s をつけない　　例) he go
- 不可算名詞に -s をつける　例) informations, staffs
- 冠詞をつけない　　　　　　例) He is good person.
- 付加疑問文が異なる　　　　例) He is coming, isn't it?
- 時制やアスペクトが異なる　例) I am knowing very well.

〈語彙〉

- 意味の転換　例) off → スイッチを切る (動詞)
- 意味の拡張　例) move → デートする、つきあう
- 混合　例) distripark (distribution park) → 物流倉庫・工場などが集まるエリア
- 造語　例) killer litter → 高層ビルから投げたゴミ (が結果的に死を引き起こすこと)

このほかにも、たとえば、フィリピン人はフィリピン語の影響から、she と he の区別をしないことがあり、When I first met my husband, <u>she</u> was a student.（夫に初めて出会ったとき、彼女は学生でした）などと言うことがあります。シンガポール人は、Can can!（できます！）のように、同じ単語を数回繰り返すことで、強調したり、動作の繰り返しを視覚的・音声的に訴えたりすることがあります。インド人は、礼儀を重んじることから、人の名前の後ろに敬称であるヒンディー語の ji を付けて、Gandhi ji（ガンジーさん）と言うことがあります。これらはネイティブ英語の規範にはないものですが、自由に英語を使った結果、生まれた英語になります。

ニホン英語の例も考えてみましょう。たとえば、待ち合わせ場所に来なかった友人に対し、あなたは何と声をかけるでしょうか。日本人であればおそらく、"I went there. Why didn't you come?" と尋ねるでしょう。しかし、ネイティブ・スピーカーであれば、"I was there. Where were you?" と言うのが一般的かもしれません (第2章参照)。

この例では、ネイティブ・スピーカーは、be 動詞を使って互いの居場所を説明しています。be 動詞は静的かつ非直示的表現で、話者自身がその場所に「いた」ことを、そして友人が「いない」ことを、外から眺めることが可能です。一

方、日本人は一般動詞を使って事態を説明しています。go や come は動的かつ直示的表現で、話者である自分が待ち合わせ場所に「向かった」こと、そして、友人が自分の元に「来なかった」ことを示します。そのときの状況に話者自身が身を投じることで成立する表現です。

この例のように、文法的には正しいけれども、認知的な理由やその他の理由からネイティブ・スピーカーは実際にはあまり使わないような表現を、日本人はたくさん使っています。しかし、そのような表現は、ニホン英語の特徴として確立しているとは言えません。繰り返しになりますが、今後、より多くの日本人がより多くの英語を発信すれば、ニホン英語が認知されるようになり、実態が見えやすくなる可能性も高くなります。

とはいえ、現状では日本人が自分たちの英語に対して自信を喪失していることも事実です。通じないニホン英語は使いたくない、と思っている人も多いことでしょう。しかし、実際には、考えられているほど、ニホン英語はコミュニケーションの際に支障をきたすものではないとの報告もあります (Smith & Rafiqzad, 1979、Suenobu et al., 1988, Munro & Derwing, 1995, Matsuura et al., 1999, 岡田・松岡、2001、Miyake, 2012、Miyake & Tsushima, 2012 他)。次の節では、これらの報告のうちのいくつかを取り上げ、ニホン英語に対する外国人の評価を見ていくことにします。

ニホン英語に対する評価

ニホン英語の「音声」に対する評価がわかる研究の代表的なものに、Smith & Rafiqzad (1979) があります。これは、香港、インド、日本、韓国、マレーシア、ネパール、フィリピン、スリランカ、アメリカの英語話者が調査対象となっています。調査の結果、ニホン英語の音声は intelligibility (聴き取りやすさ) も understanding (理解度) も 75% となり、話者のなかでも上位を占めました (表−1 参照)。この数値はアメリカ英語よりも 10% から 20% 上回っています。

■ 表－1：英語変種に対する「聴き取りやすさ」および「理解度」の平均

	intelligibility	understanding
スリランカ	79%	76%
インド	78%	76%
日本	75%	75%
マレーシア	73%	76%
ネパール	72%	67%
韓国	68%	61%
フィリピン	61%	69%
アメリカ	55%	64%
香港	44%	57%

(Smith & Rafiqzad, 1979 をもとに執筆者作成)

　また、別の調査 (Suenobu et al., 1988) では、録音された日本人大学生の英語のなか
から、時制、語彙、語順、省略といった面で特徴的なニホン英語の文を抽出し、
40 名のアメリカ人を対象に理解度を測定していますが、この調査でも、理解度
は 8 割近く（79.2%）になりました。

　ニホン英語の「比喩表現」（特に日本語の身体部位比喩を直訳したもの）に
対する、日本人以外の英語使用者の理解度を調査したものもあります (Miyake,
2012)。調査の結果、理解度は 86% にも及ぶことがわかりました。なかでも、「首
を切る (cut off someone's neck)」、「別腹 (have another stomach)」、「身を引
く (pull one's body back)」は文脈のなかでは 100% の理解度を得ています。最
も理解度の低かった「肩を持つ (hold someone's shoulder)」でも 58.3% の理解
度です。

　最後に、ニホン英語の「文法」の一例に対する、英語のネイティブ・スピー
カーの評価 (Miyake & Tsushima, 2012) を見ていきます。日本人は日本語の「ある」「い
る」を、英語の there 構文に置き換える傾向にありますが、そこにはネイティブ
英語ではあまり使わないような表現も生まれています。たとえば、日本人の産

出した there 構文で最も多い表現は There are many people who…ですが、ネイティブ・スピーカーは Many people を主語にします。しかし、これらを含む日本人の there 構文は、総合的には 8 割の理解度を得ているのです。

　以上の例からもわかるように、ニホン英語は比較的高い評価を得ています。したがって、ニホン英語は通じない、と恐れて英語を使わないよりも、まずは使ってみるほうがよいのではないでしょうか。前述のように、より多くの日本人がより多くの英語を発話すれば、ニホン英語に対するほかの英語話者からの認識も高まります。周りの認識と理解が高まれば、より一層ニホン英語を使うことが楽になるはずです。

日本企業・団体の取り組み

　日本の企業・団体は、その規模に関わらず、国際的市場で活躍することが求められています。現在は英語を使っていない職種でも、実は潜在的に英語のニーズがある、という場合もあります。このような流れを受け、社内の取り組みの一つとして、社員の英語力を上げることに重点を置いているところも多くあります。

　2010 年ごろには、英語を社内での公用語にする「英語社内公用語化」のブームがありました。楽天グループでは、2010 年 5 月に英語社内公用語化の方針を発表し、その後、取締役会ほか経営会議や全体朝会などでの使用言語、社員食堂のメニューなどを英語化し、2012 年 7 月より全部門での英語公用語化を実施しています。ユニクロ（ファーストリテイリング）では、2010 年 6 月に英語社内公用語化宣言を行い、楽天グループと同じく約 2 年の猶予期間を経て、2012 年 3 月より導入を開始しています。

　国際ビジネスコミュニケーション協会 (2019) の調査では、今後のビジネスパーソンにとって重要な知識やスキルについて、回答企業の 82.6% が「英語」を選択しています。英語が最多です。「社員や職員に不足している・今後強化する必要がある知識やスキル」についても、英語が挙げられており (67.0%)、こちらも最多となっています。

　社員の英語力向上のために費やす予算は大きく、今後の年間予算総額を増やすと答えた企業は3割を占めています。役職別の平均金額は、「一般社員・職員」は77万円、「課長」「部長・局長」「経営層」は37万円から44万円でした。語学学校や英会話スクールが企業向けに提供する英語研修を利用しているところもあれば、社内で独自の英語研修制度を設けているところもあります（表−2参照）。

■ 表−2：英語研修の内容［複数回答］

内容	2011年	2019年
研修機関からの講師派遣による社内研修	43.9%	51.9%
通信教育	37.8%	44.9%
社員を研修機関へ派遣※3	25.5%	35.0%
Eラーニング	15.1%	43.6%
自社講師による社内研修	7.2%	13.4%
その他	7.6%	

（財団法人国際ビジネスコミュニケーション協会、2011、2019 をもとに執筆者作成）

　このようなさまざまな取り組みの成果を測るものとして、7割（69.1%）の企業が国際コミュニケーション英語能力テスト（TOEIC®）の結果を利用しています。続いて、実用英語技能検定（英検®）を利用しているところが8.6%、TOEFL® が4.3%、GTEC® が2.5%になります。出口でこのような試験を課すことから、社内では試験のスコアを伸ばすための英語研修も多いようです。一方で、試験のスコアが高いからといって、即戦力のある人材とは限らないことにも、気づきはじめています。

　実際、企業の人事担当者に話を聞くと、「資格試験のスコアが高くなくても、即戦力になる人材がほしい」と口をそろえて言います。即戦力のある人材とは、「ネイティブ・スピーカーや帰国子女のようにペラペラと英語を話せる人材である必要はなく、日本人っぽい英語やカタコトでも構わないから、積極的に英語を使ってコミュニケーションをとろうとする人材」、「たとえ英語を流ちょうに話すことができなくても、ほしい情報を英語で読んで集めたり、メール対応

をしたりできる人材」とのことです。

　こうした即戦力となる人材を育成するために、独自の工夫をしている企業・団体もあります。たとえば、1969年に設立された全国旅館ホテル生活衛生同業組合連合会青年部（全旅連青年部）は、インバウンド対策を強化していますが、英語が苦手なスタッフの不安を取り除くために、外国人の接客に必要なことを集めた『旅館の、旅館による、旅館のためのインバウンドの教科書』(2016) を作成し、各宿泊施設に配布しています。流ちょうな英語での会話だけがおもてなしなのではなく、マニュアルを参照しながらでも案内の充実を図ることが重要、と認識しているようです。

　世界のビジネスパーソンも同じです。皆が皆、流ちょうな英語でビジネスをしているわけではありません。業務に必要な英語のレベルは人によって異なるので、一辺倒に英会話を学んだり、資格試験対策をしたりすることよりも、現実を適切に理解し、対応していくことが重要なのです。

6 おわりに

　ニホン英語の話をすると、「学校や企業研修でニホン英語を教えるのか」という話題になりますが、それは違います。ニホン英語とは、日本人英語学習者が中学校・高等学校、そして大学で獲得した英語の知識とその運用能力を基礎にして生み出す英語パターンのことです (本名、2013)。結局のところ、日本人が英語を使う場で産出するのはニホン英語なのです。つまり、何を学ぶかということももちろん大事ですが、何を学んでも生まれるニホン英語との上手なつきあい方を知れば、円滑かつ効果的に国際コミュニケーションを進められると言えるでしょう。

　塩澤正 (2020) は、英語学習について「"My current English" から "My best possible English" にたどり着くまでの、「自分の英語 ("My English")」の確立過程と捉えることができる (18頁)」と述べています。"My" という所有格が大きなポイントです。ネイティブ・スピーカーの英語と異なることを言語能力の「不足」や「欠如」と捉えるのでなく、自分のもつ英語力を駆使して、コミュニケー

ションを円滑に遂行できる能力を有することの重要性を強調しています。

　日本人は「自分の英語」に自信がなく、外国人に "Pardon?" や "Sorry?" と聞き返されると、自分が悪いのだと反省し、反射的にことばを飲み込む癖があります。しかし、たいていの場合「あなたの英語に問題があるので聞き取れません」と言っているわけではなく、単に聞き取れなかったにすぎません。そこでことばの発信をやめてしまうのではなく、あるがままの自分の英語で相手に伝えようとする気持ちのほうを大切にしましょう。

　先日、ある有名な日本人動画配信者が、外国人リスナー Y さんのコメントに対し、「テンキュー」(Thank you.) と日本人らしい英語で答えていました。まさに th (/θ/) の発音が t で代用された例です。Y さんはこの発音が大変気に入り、「テンキュー」を求めて何度もコメントをしていました。もしこのとき、ほかの日本人リスナーが発音を非難したり、馬鹿にしたりすることがあれば、配信者と Y さんのコミュニケーションはストップしていたことでしょう。

　ニホン英語は日本人のものです。母語である日本語と同様に、ニホン英語を自由に使うことができます。世界の英語の多様性と共存していくというのは、相手の英語に合わせたり、相手の英語を一方的に学んだりすることではありません。互いに、自分の英語と相手の英語を尊重することなのです。

問題

Q. 1 pp. 186-187 にある世界の諸英語の特徴を参考に、ニホン英語の特徴を考えましょう。

Q. 2 ニホン英語について、あなたの考えを自由に論じてください。

---

*1　日本は、The Expanding Circle（英語を国際言語として使う地域）に位置付けられている。

*2　Japanese English は左上、Philippines English と Chinese English のあいだに挟まれる位置に記されている。

*3　2011 年の「社員を研修機関へ派遣」という項目は、2019 年時点では「海外への研修派遣」に変更されている。

第 **4** 部

方法論から実践へ

第17章

国際コミュニケーションにおけるプレゼンテーション能力

藤尾美佐

はじめに

　プレゼンテーション能力によって、われわれは実力以上にも実力以下にも評価されます。どんなに深い知識があっても、伝える力が低ければ、「知識のない人」「できない人」と判断されてしまうのです。プレゼンテーション（以下、プレゼンと略す）は、ビジネスに必要な英語のスキルとして、アンケート結果でも必ず上位に挙がります (小池他、2010)。この傾向は、日本のように聞き手中心のコミュニケーションではなく、話し手のスキルや役割が重視される英語圏の文化では、特に顕著と言えるでしょう。

　この章では、国際コミュニケーションを念頭に、①国際言語としての英語によるプレゼンの基本的スキル、②プロフェッショナルに必要なプレゼンの要素、③英語プレゼンに日本的要素をどう取り入れていくか、④オンラインによって変わりゆくプレゼン能力について各節で説明します。

プレゼンの基本的なスキル

（1）時間軸の奥深さ

　大学の授業で、「プレゼンに不可欠な要素を一つだけ選ぶとすると、それは

何でしょうか」と質問すると、さまざまな回答が出てきます。プレゼンの構成、英語表現 (語彙選択)、流ちょう性、ジェスチャー、笑顔や目線などです。私はこれらをあえて 2 つのコラムに仕分けします。プレゼンの構成、英語表現 (語彙選択) は左側のコラムに、流ちょう性、ジェスチャー、笑顔や目線は右側のコラムに分けます。これらを時間軸にあてはめると、左側がプレゼン前の準備段階、右側がプレゼン中に気を配る要素になっているとわかります。プレゼンというと、その最中のことだけを考えがちですが、実は準備段階、つまりプレゼンのずっと前から、すでに勝負は始まっているのです。以下は、それぞれの段階で特に留意すべき要素をまとめたものです (表− 1 参照)。

■ 表− 1：プレゼンに必要な要素

プレゼン前の準備	プレゼン中の要素
聴衆分析	聴衆とのインタラクション
データ・情報収集	声の大きさと強弱
プレゼンの構成・英語表現	発音の明確さ
資料作成	適切なスピード・流暢性
配布資料の準備	適切なジェスチャー
プレゼン会場の確認	笑顔・目線
プレゼンの練習	立ち姿と服装

(藤尾、2016 を一部改変)

　また、プレゼンの後にも重要な要素が残っています。それはプレゼン後の質疑応答と、自分自身のプレゼンの良かった点と改善点をレビューすること、そして次回以降のプレゼンに活かすことです。このようにプレゼンは、われわれが通常考えるより、はるかに奥深い時間軸をもっているのです。

（2）聴衆分析と共有基盤の重要性

　表− 1 のなかでどれが 1 番重要かと問われたら、私は間違いなく聴衆分析と答えます。プレゼンにおける聴衆分析は、航海に例えると羅針盤のようなもの

で、聴衆分析を読み間違えると、プレゼンのすべてがずれてきます。聴衆の興味はもちろんですが、背景知識（話者と聴衆との共有知識）を正確に把握すること、特に相手の専門知識のレベルには、注意を払いましょう。それにより説明のベースラインや、語彙選択が変わってくるからです。初対面の相手にプレゼンする際は、まったく共有知識がないことを想定して資料を作り、聴衆の反応によって、既知の情報に関しては説明を削除していくのがよいでしょう。

　プレゼンというと、言語メッセージにだけ注意を向けがちですが、プレゼンが行われている文脈、たとえば物理的な状況（場所や時間、出席者など）や前後に話される内容などもきわめて重要です。文脈を理解しない限り、メッセージを 100% 理解することはできないので、話す内容（content）と文脈（context）は、両方そろって景色を織り成す光と影の関係とも言えます。

　実は文化によって、文脈への依存度が異なることが、文化人類学者のホールによって報告されています (Hall, 1976)。ドイツ系スイス人をはじめとする欧州や英語圏では、文脈に依存する度合いが低く、すべてを言語化する低コンテキスト文化の傾向があり、その表現は明示的で直接的だと言われます。一方、日本に代表されるアジア圏は、文脈への依存度が高く、暗示的かつ間接的な表現を使う、高コンテキスト文化の傾向が強いとされています (第1章参照)。アメリカと日本のコミュニケーション・スタイルを比較した Yamada (1997) は、前者の低コンテキストのスタイルを Speaker-Talk、後者の高コンテキストを Listener-Talk と呼び、前者は話し手が、後者は聞き手が、コミュニケーションの中心的役割を果たすと説明しています。日本のコミュニケーションにおける「察し」は、まさしくこの例です。

　これらの違いは論旨構成にも表れます。英語圏では「序論」でトピックを出し、「本論」でそれを展開させ、「結論」で再度その主張を繰り返す直線的な構成です。結論先行型とも言えます。それに対して、高コンテキストの日本は説明先行型で、本題に行きつくまでに時間がかかる螺旋型のコミュニケーション・スタイルと言われます (Ishii, 1985)。これらをまとめたのが表－2です。

■ 表－2：低コンテキストと高コンテキストの比較

	低コンテキスト	高コンテキスト
表現方法	明示的 (explicit)	暗示的 (implicit)
	直接的 (direct)	間接的 (indirect)
論旨構成	直線的 (linear)	螺旋的 (gyre)

　なぜこうした違いが生まれたのでしょうか。それは、話し手と聞き手のあいだの共有知識・共有基盤によると言えます。欧州では古くから、それぞれ異なった習慣や規則をもつ多くの民族が共存するため、極力メッセージを言語化してコミュニケーションする必要がありました。一方、アジア圏では農業が盛んで共同作業が多く、民族の違いがあったとしても、おのずと背景知識が共有され、文脈によってわかり合える部分が多かったと言われています。もちろん、一つの国でも状況によって両方のスタイルが存在するのですが、背景知識が多様な話者のあいだで行われる国際コミュニケーションにおいては、低コンテキストのスタイルを心がける必要があるでしょう。

（3）流ちょう性とは何か

　以前、あるイギリス人が、"The best presenters are always non-native speakers." と話していました。私も賛成です。というのは、英語母語話者の場合、早口になったり、非母語話者にはあまり使われないスラングを入れ込んだりする傾向があるなど、聴衆の理解度に関して、必ずしも敏感ではないからです。この点においては、自分自身が英語習得に苦労してきた非母語話者にアドバンテージがあり、少なくともプレゼンに関しては、母語話者以上のスピーカーになれる可能性が十二分にあります。

　そもそもプレゼンでは、内容を確実に理解してもらうため、会話に比べゆっくり話すことが前提とされます。会話の発話速度が 210 wpm (words per minute：1分間の発語数) であるのに対して、講演は 140 wpm と言われています (Tauroza & Allison, 1990)。プレゼンでも、まずゆっくりと、よくとおる音量で話す

ことが重要なのです。とはいえ、あまりにことばに詰まってしまっては、それ
も聞き取りにくい英語となります。

　一体、英語の聞き取りやすさ、すなわち流ちょう性 (fluency) とは何なので
しょうか。これには、大きく3つの基本的な要素があると言えます。①発話速
度、②ポーズ（短い間）の頻度と長さ、③一息で話せる語数あるいは音節の数
(mean length of run) です (Lennon, 1990)。ポーズに関しては、基本的に1秒を超
えると、聞き手が沈黙（間）として認識すると言われています。そのため、1秒
を超える沈黙は、意図的なものを除きできるだけ避けたほうがよいのですが、
それにもまたコツがあります。それは、変なところでポーズを置かないという
ことです。

　以下の例を考えてみましょう。どこでポーズを入れればよいと思いますか。

Commuter trains to the center of Tokyo are extremely crowded and some
people cannot get on the train unless the station staff push them in[1].

文の切れ目としては、以下の / が一番自然です。しかし、ここまで一息で話せ
ない場合、また、説得力を上げるため短く切る場合は、(/) の箇所で切ることも
可能です。

Commuter trains (/) to the center of Tokyo (/) are extremely crowded /
and (/) some people cannot (/) get on the train / unless the station staff
(/) push them in.

しかし、もし get と on のあいだで区切ってしまったり、push them / in のよ
うに発話したりすると、聞き手が意味を取りづらくなります。なぜなら、本来
ひとまとまりであるはずのフレーズを区切っているからです。一息で話せる語
数が短い場合にも、どこで区切るかを戦略的に考え、わかりやすい伝達を心が
けましょう。

（4）非言語の役割

　プレゼンにおいては、非言語コミュニケーションも非常に重要です。特に対面のプレゼンにおいては、「非言語を制するものはコミュニケーションを制す」と言ってもいいと思います。

　非言語は幾種類かに分類可能ですが (Knapp, 1980)、プレゼンに大きく関連するものでは、声質や音の高低などの準言語 (paralanguage)、ジェスチャーや表情、目線などの身体動作 (kinesics)、空間や対面 (proxemics)、髪型やメイク、洋服などの装飾品 (artifacts) が挙げられるでしょう (第10章参照)。特に、洋服の色はイメージを大きく変えます。日本人は、藍染の文化も一因として、青色の好きな民族と言われていますが、たとえばアメリカでは、ビジネスシーンでも、青いシャツに黄色いネクタイを見かけます。青は知性や落ち着きなどを表す色、そして黄色は元気さやエネルギーを表す色でもあるので、ポイントに何色を持ってくるかによって、異なるメッセージ性を出すことができます。

　もう1点、あまり注目されませんが、とても重要なのが立ち姿です。立ち姿はプレゼンの印象を根底から変えることもあります。特にグループのプレゼンでは、話者以外のメンバーの立ち姿も意外と目立ちます。プレゼンターがどんなに頑張っていても、ほかのメンバーの立ち姿によって、やる気のなさが伝わってしまうこともあるのです。

プロフェッショナルに必要なプレゼン能力

　前節では、プレゼンに必要な汎用的な能力について考えましたが、本節ではビジネスパーソンをはじめとするプロフェッショナルに必要なプレゼン能力を考えましょう。プロフェッショナルによるプレゼンでは、一般的なプレゼンに比べ、①異文化適応能力、②パフォーマンス能力、③エビデンスの提示が重視される傾向にあると言えるでしょう。①の異文化適応能力は、Cultural Intelligence (CI) や Cultural Quotient (CQ) と呼ばれ、知能指数 (Intelligence Quotient：IQ) や感情指数（心の知能指数、Emotional Intelligence Quotient：

EQ）と同様、異文化間ビジネスに不可欠なものです。異文化を理解するだけでなく、異文化との接触によって引き起こされるストレスを管理する能力も含まれます (Earley, Ang, & Tan, 2006)。藤尾 (2016) では、異なる研究分野における異文化間コミュニケーション能力の定義をまとめており、どの研究分野でも、基本的に、知識（認知面）、スキル（行動面）、態度（情意面）を主軸としている一方、国際ビジネスおよび国際経営の分野では、それらに加えて、「戦略的な気づき」「新しい環境での適応力」「異文化への繊細な理解」「国際チームで働く能力」など、異文化能力が非常に重要なことや、さらに「国際マーケティングの理解」「国際ファイナンスの理解」など (Barham & Devine, 1991)、専門的な知識が勝敗を分けることを指摘しています。

　パフォーマンス面の重要性については、藤尾 (2015) が報告しています。この研究では、学生による英語ビジネス・プレゼンテーション・コンテストを行った際の、ビジネスパーソンと大学（英語）教員との評価基準の違いを報告しています。このコンテストは、木を素材に使った新製品を考えプレゼンするというもので、事前に決められた審査員に加え、参加者からの採点も集計し優勝が決められました。

　自由記述コメントの分析の結果、それらは、①プレゼンの内容、②構成や資料などの事前準備、③英語面、④パフォーマンス面、⑤その他についての５項目に大別され、さらに、大学（英語）教員とビジネスパーソンのコメントにはかなり大きな差があることがわかりました。大学教員は、②事前準備や③英語面について、たとえば文法面や英語の強弱 (voice inflection)、スペルミスないしは前節で触れた mean length of run などの指摘が多かったのに対し、ビジネスパーソンは、①プレゼンの内容面（コスト面での採算や流通経路など）と④パフォーマンス面（プレゼンターの熱意、トラブルに対する対処法、チームワークとしての対応など）についてのコメントが多かったことです。特にこのコンテストでは、一つのチームでテクニカルな問題が発生しましたが、ビジネスサイドからは、「トラブル自体が問題だったわけじゃない。トラブルがあってもプレゼンをやめないことが大切」、「チームである限り、ほかの人がもっとフォローできた」などの実践的なコメントが多く見られました。学生のコメントも

ビジネスパーソンのコメントと同様、内容面とパフォーマンス面に関するものが多く、実際のプレゼンにおいては、英語以外の要素が大きな役割を占めていることがわかります。

中谷 (2017) は、英語でビジネスプレゼンを行う際に、ビジネスパーソンが使用するストラテジー（意図的に使用される方略）について、インタビュー調査、質問紙調査を実施し、収集したデータの因子分析によって、以下の7つのストラテジーを検証しました。

① 聴衆交渉：	聴衆を巻き込み自分の主張の正当性について交渉を行うストラテジー	
② 用意周到：	スピーチの出来不出来で商取引が成立したり失敗することもあるため、準備を万全にするストラテジー	
③ 情意調整：	（緊張などの）情緒的な要因をうまく制御し準備した内容を適切に伝えるストラテジー	
④ 流暢さ重視：	イントネーションやリズム、発音に気をつけ、またあせらず、ゆっくり話したり、相手にわかるように、大きな声ではっきりと話すストラテジー	
⑤ 簡素化：	聴衆にとって簡単な英語や単純でわかりやすい表現を使うストラテジー	
⑥ 非言語：	ジェスチャーや表情を工夫して話したり、日本語のスピーチより大げさに感情を表現するストラテジー	
⑦ 論理証拠：	明確な数字や証拠に基づく議論を行うストラテジー	

(中谷、2017、6-7頁)

いずれも、プレゼンすべてに共通するストラテジーですが、ビジネスプレゼンにおいては、①の聴衆交渉および②の用意周到の切迫感の違いと、⑦論理証拠の重要性は特に留意する必要があるストラテジーと言えるでしょう。

日本的要素をどうプレゼンに取り入れていくか

ここまで紹介したプレゼン・スキルを考えると、英語非母語話者には難しいと思えるかもしれませんが、日本的コミュニケーションの強みについても考えたいと思います。それは、Less is more. ということです。流ちょう性のセクションでも触れたように、プレゼンは早く話せばいいというものではありませ

ん。むしろ言語量を統制し、言いたいことを絞り込むことによって、より洗練されたメッセージ（語彙）の選択ができるのです。

また、人間味を出すこともきわめて重要です。その人の顔が見えるプレゼンテーション、リーダーの顔が見える会社、そして印象的なプレゼンは、ビジネスの勝敗を決めると言っても過言ではありません。

ここに面白いエピソードがあります。キャノンマーケティングジャパンの元会長の村瀬治男氏が、アメリカでモノクロデジタル複合機 GP55 の売り込みをしましたが、当初は反応が芳しくありませんでした。しかし、次のようなプレゼンをしたあと、急に潮目が変わったと言います[2]。

> 「これは GP55 と言って、皆さんが知りたがっている私の年齢と同じ番号が付いている。だからぜひ買って欲しい」

これは、英語プレゼンのロジックにかなっていないように思えますが、実はこのプレゼン前に、日本人の年齢はアメリカ人にとってわかりにくく、村瀬氏の年齢が話題になっていたそうなのです。つまりこれは、上記で説明した共有基盤をうまく利用した例だと言えます。さらに商品名の GP55 と自分の年齢の55 という、一見何の因果関係もない要素を結びつけることによって、独特の面白さを醸し出した例とも言えるでしょう。

もう一つ、「日本人の英語プレゼン 5 選」にも選ばれている IT 起業家の井口尊仁氏のプレゼンを紹介します[3]。これは、自社の商品・サービスを売り出すコンペティションでのプレゼンなのですが、ピンクのマフラー、ピンクの衣装という意表をついたいでたちで、シンプルなメッセージを、迫力のあるジェスチャーで何度もたたみかけています。以下が一例です。

> There are so many great people here!
> Great idea! Great technology!
> We can change the world!

実はこのプレゼンのため、何度も原稿を書き直し、200 回以上トレーニングし

たとも言われています。シンプルな英語にするのは、実は非常に難しいのです。

　プレゼンに関する基本的なノウハウがあったとしても、それを味付けするのはあくまでも個人です。個性を打ち出し、さらに世界に打って出るためには、自分自身と相手（聴衆）の強みと弱みを徹底的に分析し、そして時には奇策にも打って出る、まさに戦国武将のような智略が必要なのかもしれません。

変わりゆく⑤プレゼン能力

　COVID-19 の感染拡大以降、オンラインでのプレゼンが飛躍的に増えたことにより、必要とされるプレゼン・スキルも変わってきました。対面のプレゼンでは、3 つの要素（言語、非言語、ビジュアル）のバランスが大切と言われていましたが、オンラインのプレゼンではジェスチャーや立ち姿などの非言語コミュニケーションが減ったことで、ビジュアル（スライド）の重要性が高まりました。これまで以上に、スライドの作り込みが肝要になっています。非言語に関しても、顔の表情や準言語は特に重要性が高まり、照明の使い方やカメラワークなど、新たに工夫しなければいけない要素も増えました。

　また対面と比べて、使える感覚や情報が制限されたという特徴があります。話者の外見やジェスチャーなどの非言語要素が見えづらくなったことで、話者の視覚上の情報が制限され、話者とメッセージを結びつけるのが難しくなり、メッセージが記憶に残りにくくなったと感じる人がいます。また話者のほうでも聴衆の反応が見えづらくなりました。これらはどうやって克服することができるのでしょうか。

　一つは、共有知識・基盤の確認をこれまで以上に行うことです。たとえば聴衆への質問は、聞き手の知識レベルを測るだけでなく、聞き手の背景知識を活性化させ、理解を促進させることができます。対面のように物理的状況を共有できないオンラインでは、特に重要なテクニックとなります。

　また聴衆からの質問に関しては、従来の口頭による質問だけでなく、チャットによる文字ベースでの質問も可能になりました。このマルチモーダル（複数のチャンネル）による質問は、視覚によって確認できるという点では便利です

が、音声とチャットの両方をチェックしなければならなくなったという点では、より複雑化したとも言えます。

もう一つは、プレゼンのはじめに、プレゼンの内容や構成をこれまで以上にわかりやすく提示することです。紙媒体の配布資料と異なり、オンラインでは、1枚ずつスライドを提示するため、部分的、段階的な情報提示となり、全体を把握しにくいという難点があります。このため、プレゼンの開始前に、全体像をいかにうまく聴衆に示せるかが、オンラインのプレゼンの成否を分けると言えるかもしれません。

おわりに

この章では、国際コミュニケーションを念頭にプレゼンの基本的スキル、ビジネスプレゼンで心がける要素、日本的コミュニケーション・スタイルを英語でのプレゼンにどう活かすか、そしてオンラインによって変わりゆくプレゼン・スキルについて論じてきました。今後、いかにプレゼンのツールが変わったとしても、聴衆との共有知識をどれだけ正確に見極めるか、そこにすべてのプレゼンのベースがあることは変わらないでしょう。あとは、その共有知識（聴衆にとって既存の情報）に、いかにうまく新規情報を載せていくか、それがプレゼンのテクニックです。

> **問題**
>
> **Q. 1** 低コンテキスト、高コンテキストとは何か、簡単に説明してください。
>
> **Q. 2** 流ちょう性とは何か、簡単に説明してください。
>
> **Q. 3** 自分の名前や出身地の漢字を使って英語で自己紹介をしてみましょう。

---

*1 英語で夢をかなえる『東京を英語で説明：日本の首都東京を6つの例文で紹介』を一部改変。

*2 勝見明『トップの証言：キヤノンMJ 村瀬治男社長』を参照。

*3 chai02's blog『日本人の英語プレゼン5選』を参照。

第18章

国際コミュニケーションとディベート

茂木秀昭

はじめに

国際コミュニケーションにおける共通語が英語だとすると、共通のツールはロジックです。国際コミュニケーションで必要なロジカルシンキングとは、単に「論理的に考えること」ではなく、「合理的な問題解決や意思決定をするための論理的な思考」です。そうした論理的な思考力やコミュニケーション能力を最も効果的に身につける手法の一つがディベートです。

日本の教育や社会においてディベートが普及しつつある一方で、ディベートに対する根強い偏見や誤解もあり、そのことが国際コミュニケーション能力養成を妨げてきた面もあります。本章では、ディベートの意義、その教育方法および効果に関して、これまで筆者が携わってきたディベート研修を例に解説し、ディベート教育を通じたグローバル人材育成と、国際コミュニケーションにおける効果的なロジカルシンキング能力養成の方法について考察します。

グローバル化の時代に求められる人材とは

国際団体 ATC21s（Assessment and Teaching of 21st Century Skills：21 世紀型スキル効果測定プロジェクト）により 21 世紀に求められる能力として、以下のように 4 カテゴリー 10 項目の能力が挙げられています（表−1 参照）。

■ 表－1：21世紀型スキルとは

思考の方法	①創造力とイノベーション
	②批判的思考・問題解決・意思決定
	③学び方の学習・メタ認知
働く方法	④コミュニケーション
	⑤コラボレーション（チームワーク）
働くためのツール	⑥情報リテラシー
	⑦ ICT リテラシー
世界の中で生きる	⑧地域とグローバルのよい市民であること
	⑨人生とキャリア発達
	⑩個人の責任と社会的責任（異文化理解と異文化適応能力を含む）

(P. グリフィン他編、2014、22-23頁)

　これら10項目の能力のうち、ディベート教育により主に養成できるのは、②批判的思考・問題解決・意思決定、③学び方の学習、④コミュニケーション、⑤コラボレーション（チームワーク）、⑥情報リテラシー、⑦ ICT リテラシーで、10項目中6項目に該当します。それらを養成する教育を21世紀型教育と呼ぶとすれば、ディベート教育もその一つの柱となるでしょう。

　個人的な体験になりますが、グローバル人材育成を目指して、数年前に新しい学科（国際教育学科）の設立を筆者が任されたとき、他大学の「国際」と名の付く学科との差別化を図るため、具体的な柱を何本か立てました。その一つがディベート教育で、そのほかにも国際バカロレア（International Baccalaureate：IB）教育の教員養成プログラムの導入、英語やバイリンガルでの授業、学生全員を対象とした半年間の北欧の大学との交換留学などがあります。4年間にわたる英語、ディベート、IB教育等の国際的な教育を受け、北欧に留学した卒業生をすでに各界に送り出しています。国際バカロレア教育というのは、主に小・中・高の各教育機関において実施されているような、従来の知識注入型の暗記教育や受験教育とは異なり、「探究」と「協働」を特色とする

教育です。探究型の学びを協働して行うことやクリティカルシンキング（批判的思考）を養成することなど、ディベート教育との共通点も多くあります。

21世紀型の教育が先進諸国で求められる背景として、わからないことは個人のスマートフォンで調べられる時代であるにもかかわらず、一方通行で知識を教え込んで、あらかじめある答えにいかに早く正確にたどりつくか、という従来と同じ試験のための教育をしていたのでは、グローバル社会に対応できないという危機感があると思われます。情報過多で、変化が激しく、正解がない現代社会においては、さまざまな課題に対して、合理的な最適解を導き出す方法やスキルを身につけることが要請されており、その教育手法がディベートなのです。

ディベート研修の目的

これまで筆者は、企業、中央省庁、地方自治体等の組織や、小・中・高・大の教員、看護師等の社会人を対象に、ディベート研修を過去20年以上行ってきました。研修の目的は、対象となる組織や参加者により異なりますが、共通の目標としては、論理的なコミュニケーション能力や思考方法を身につけることが挙げられます。それらはどの組織においても有用となる、汎用性の高いスキルと言えます。

ディベートは、単に賛成、反対に分かれて議論を戦わせるものではなく、360°の視点で問題全体を俯瞰し、相反する両面から問題の本質を探り、最も合理的な解決策を導き出す手法です。双方が自分の主観的な意見に関係なく、肯定・否定の両面から徹底的に情報収集をして問題を分析し、政策を練り、客観的なデータをもとに主張を組み立て、立論や反駁等を通じて、中立の第三者である審判を説得します。そして、最終的に審判が証拠に裏付けされた、より効果的な政策を選択していくという合理的な問題解決や意思決定の方法なのです。そうしたプロセスを通じて、論理的思考以外に、疑問をもって課題を探究する批判的思考、肯定・否定の両面から考える複眼思考、相手の議論の先の先を読んで対応を考える戦略思考、何がどこまで証明できるか問題意識をもって情報を

効率的に集める情報収集能力、近未来の問題を解決するための政策立案能力や企画提案能力、相手の立場に立った合理的な説得・交渉力などさまざまな能力が養成できます。

　ディベートを始めるにあたり、研修の対象となる参加者や組織のニーズに応じて何を議論するか、テーマ（以下、「論題」と呼ぶ）をまず決めます。企業であれば、現在直面している問題もしくは今後直面する課題（例：当社は東南アジアへ支社を出すべきである）、中央省庁であれば国政問題（例：日本はベーシックインカムを導入すべし）、地方自治体であれば地方行政に関わる問題（例：当市はＡ市と合併すべきである）、教員研修であれば教育問題（例：ホームスクーリングを合法化すべきか）等々、争点になる論題を事前に設定し、参加者にはあらかじめ伝えて、情報収集をしてもらいます。

　政策ディベートは、改革案と現状の政策の優劣を競う政策選択のシミュレーションであり、議論に勝ち負けをつけるのは、より合理的な政策はどちらかを選ばなくてはならないからです。議論も最初から妥協的にならないように、単なる対話ではなく、徹底的な情報収集をして、議論構築、反論等の準備をし、問題の両面から建設的な議論を尽くしたうえで、最終的な判断を第三者にゆだねるという形を取ります。たとえば、「原発を廃止すべし」という論題では、肯定側（改革側）は原子力に代わる代替エネルギー源のほうが優位であるという視点から立証を試み、否定側（現状の政策側）は代替エネルギーに対する原発の優位性を議論構築し反証をしていきます。最終的に、どちらのエネルギー政策が優れているかを、ディベートで出された証拠（データ）に基づいて、議論の合理性や有効性を判断して審判が判定を出します。

ディベート研修の内容

　研修日程に関しては、半日の場合もあれば、１日や２日間のケース、１カ月ほどあけて２回（計２日）などさまざまです。ここでは、社会人を対象とした２日間の研修日程の例を挙げます（表−２参照）。

■ 表－2：1日目の研修スケジュール例

1	導入講義
2	ミニディベート準備（4人1組、各自で準備）
3	第1試合（1対1、2人審判）
4	第2試合（1対1、2人審判）
5	実習ディベート準備（5人1組、グループ別準備）

(1) 講義からミニディベートへ

　1日目は、導入講義として、ディベートの基本的な議論の構築や反駁の方法等概略を説明し、試合の映像を見せたり、簡単な演習を行ったりします。ほとんどの参加者がディベート未体験という場合が多いため、まずディベートの基本を伝え、特に誤解しやすい点（「なぜ自分の意見と反対の側で議論しなくてはいけないのか」「なぜ議論に勝ち負けをつけるのか」など）やディベートの意義も説明するようにしています。また、論題の背景や争点、立論の組み立て方の例なども解説して、問題自体の理解も深めていきます。

　ミニディベートは、やや軽い論題で行うケースや、負担軽減のため2日目の実習ディベートと同じ論題で行うケースもあります。各チームが肯定・否定・審判それぞれの立場になり、3試合実施することもありますが、準備時間の短さや負担も考慮して、肯定か否定のどちらかの立場で1試合と、審判として1試合体験できるようにしています。試合形式は、スピーチの時間を通常より短く設定し、各スピーチ後に1分間の準備時間を取り、合計30分程としています す (表－3参照)。

■ 表－3：ミニディベートの試合形式

肯定側立論	3分
否定側反対尋問	3分
否定側立論	3分
肯定側反対尋問	3分
否定側第一反駁	2分
肯定側第一反駁	2分
否定側第二反駁	2分
肯定側第二反駁	2分
判定検討時間	1分
判定結果発表（講評）	2分

(2) 実習ディベート

2日目の実習ディベートは5人1組のグループで準備をし、肯定・否定・審判の3つの役割をローテーションします (表－4参照)。3試合終了後、勝率 (同率の場合、得票率) の高い2チームで決勝戦を実施することもあり、試合に参加している人以外は審査に回ることにより全員参加で行います。

■ 表－4：2日目の研修スケジュール例

1	実習ディベート（5人制、5対5）グループ別準備
2	第1試合（グループA対グループB）審判グループC
3	第2試合（グループC対グループA）審判グループB
4	第3試合（グループB対グループC）審判グループA
5	ディスカッション、発表
6	まとめ講義

　実習ディベートの試合では、スピーチの時間もやや長めに取り、5 人がそれ
ぞれ役割を担当できるよう結論のスピーチを加え（1 人は尋問担当）、各スピー
チ、尋問後には 1 分ずつ作戦タイムを取り、1 試合 1 時間弱になります（表－5 参
照）。

　肯定・否定・審判の 3 つの役割を担うことで、多角的な視点から問題を眺め
ることになり、主観的な見方では思いもよらなかった点に気づいたり、問題自
体の理解も深まったりします。

■ 表－5：実習ディベートの試合形式

肯定側立論	5 分
否定側反対尋問	4 分
否定側立論	5 分
肯定側反対尋問	4 分
否定側第一反駁	3 分
肯定側第一反駁	3 分
否定側第二反駁	3 分
肯定側第二反駁	3 分
否定側結論	3 分
肯定側結論	3 分
判定検討時間	2 分
判定結果発表（講評）	5 分

(3) 試合後の振り返り

　ディベート研修における試合の目的は、勝ち負けを決めることではなく、問
題を多角的に深く考え、より良い政策を見出したり、議論を通じて論理的な思
考やロジカルなコミュニケーションスキルなどを身につけたりすることで、最
終的にはそれらを日々の業務等に活かしていくことです。試合を振り返り、自
分の思考・表現上のパターンで気づいたことや、学んだ点、難しかった点など

を挙げてもらうことも、自分自身の課題を認識し、今後のスキルアップにもつながります。

　また全試合終了後に、グループディスカッションで論題に関する意見を改めて出し合うことは、論題を両面から見たうえで最終的な自分の意見や学びを確認する作業ともなります。これらを各グループから発表し、全員で意見共有をし、講師から適宜コメントをしてフィードバックを行います。

研修の効果および評価 5

　研修の最後にアンケートを取り、参加者の学びや反応をより具体的に記述してもらいます。自由記述の形式で、以下について記入してもらいます。

> ① ディベートの準備や試合の感想
> ② 研修の前後でのディベートへの印象の変化（ディベートに関して誤解していた点、学んだ点、疑問点等含む）
> ③ ディベートで気づいた自分の思考パターンやコミュニケーションに関する特徴的なこと
> ④ 研修の進め方や内容に関して良かった点や悪かった点（今後の改善点、提案等含む）
> ⑤ ディベートの手法・発想・能力を日常の業務等でどう活用できるか

　研修自体に関しては、進め方や内容などは概ね肯定的な反応が多いですが、論題によっては準備が大変で時間が足りないという意見が出されています。その点は参加者の負担も考慮して、次回以降で工夫が必要となります。また、「思った以上に、気力・体力を使う」など、情報収集、特に試合で使えるデータを集めることの大変さや大切さを指摘する意見も多くみられます。

　実際に体験することで、ディベートへの偏見や誤解はほぼ解消され、より良いイメージに改善される傾向がうかがえます。ここでは、ある研修でのアンケートの回答（14名）を例として載せます (表-6参照)。研修前のイメージにはディベートに対する誤解や偏見がいまだに根強くあることがわかります。そしてディベートを避けてきたことが、これまで日本人が論理的な思考を身につけることを阻害し、国際的なコミュニケーションにも支障が生じる一因になっ

てきたのかもしれません。ただし、ディベートも教え方によってはマイナスの結果になるケース（人間関係が悪くなる等）も見聞きしますので、講師自身のディベート経験や教育方法も問われてきます。

■ 表−6：研修前後のディベートに対するイメージの変化(n=14)

	研修前	研修後
1	主観的なもの。	客観的な立場から問題の検証を行う。
2	議論のテクニック。	事前の調査が重要。
3	専門家同士の討論。	自分でもできる身近なもの。
4	相手を丸め込むコツやテクニック的なことに主眼を置いたもの。	しっかり調査・準備をして、論点を整理・検討する、非常に実践的なもの。
5	「討論会」という感覚、出たとこ勝負。	非常に戦略的な準備が大事な「競技」。
6	いかにうまく言いくるめるか。	本質は話を聞いて理解することと、相手の立場で考えることとを学ぶもの。
7	競技として、良い印象が持てない。	常に両面から客観的に考える習慣を持つことが重要だということを痛感。
8	話が上手い人が強い。	事前準備が重要でいかに説得力のあるデータを提示できるかが勝敗を分ける。
9	両側に立つことで、かえって自分で判断ができなくなってしまう方法。	もっと広い視野を持つことができる。自分を高める方法としても非常に有効。
10	相手を言いくるめるための詭弁の技術。	論理と論理の真正面からのぶつかり合い。
11	ことばの限り相手を屁理屈で言い負かす、自分の意見と違うことを無理やり言うことに意味があるのか。	多角的に、かつ客観的に考えることとそれを効果的に伝えることの重要性を学んだ。
12	議論の格闘。	知的なゲーム。
13	いかに相手を言い負かすか、言いくるめるかが苦手だからいやだ。	大変で、非常に疲れたが、得たものも非常に多くとても有用。
14	あまり良い印象は持っていない。	物事を多角的、客観的に見るうえで大変有用なスキル。議論、交渉事での瞬時の判断を鍛えるのに役立ちそう。

　参加者自身の思考パターンやコミュニケーションの仕方の特徴は、日本人に多い傾向として「他人の意見に流されやすい」「臨機応変に（または、とっさに）

反論（や意見）を言うのが苦手である」などがよく見られます。これらは、国際コミュニケーションにおいても日本人が陥りがちな負の傾向でもあるので、ディベートを体験したからといってすぐに改善できないにしても、自己認識することで、コミュニケーション能力向上へのきっかけになることが期待されます。

　日常業務への活用ですが、新規提案やロジックとデータを用いて仮説を立てて説得すること、相手の立場に立った交渉に役に立つという意見も多くみられます。同項目に関するある研修でのアンケートの自由記述をテキストマイニングで分析し回答文の頻出語を文字の大きさで表したものが以下です（図−1参照）。

■ 図−1：「日常業務でディベートの手法や発想をどう活かせるか」の回答のテキスト分析

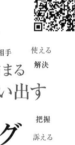

行う
非常　こなす　議論　　納得　　説明
うまい　できる　新規　　　　　役立てる　　　プラン
立てる　開発　　心がける　　　　　　　　物事　相手　使える
上司　項目　テーマ　　提案　説得　　　　　　　解決
しやすい　長ける　立案　　　　　　　煮詰まる
有効　業務　　　ディベート　洗い出す
難しい　練る　　活かす　把握
思考　実践　活用　ロジカルシンキング　訴える
メリット
いける　論理　クリティカルシンキング
手法　かみ合う　役に立つ　重要　取り組む　いろいろ
考え方　技術　聞く
感じる　考える　いく　会議　深い　高い

（User Local AI テキストマイニングによる分析）

　「ロジカルシンキング」「クリティカルシンキング」「立案」「提案」「説得」などのことばが多く用いられていますが、特にディベートで養成できるロジカルシンキングやその効果に関する回答を、以下に自由記述の文章のまま挙げます。

- ● ロジカルシンキングについて本で読んでも、実際に活用するところまではいかなかったが、ディベートをとおしてミーティング等で物事を説明する際に役立てそうだ。
- ● いかに有用な情報を集め、納得性の高い仮説を立てて、人を説得するか、一連の作業を効率的かつ効果的におこなうという面で今後の業務に活かしたい。

- 現在取り組んでいる課題研究や業務でも、他人を納得させるための論理構成やデータが十分でないことが感じられた。なぜその項目や因子でなければいけないのかの論理を説明できないことが意外と多いので、ディベートやロジカルシンキングの観点を活用したい。
- ロジカルシンキングやクリティカルシンキングは日常の業務全般で活用できると思う。課題の発見・対応時にこれら多角的・批判的な視点は全体を把握しやすくなり、また煮詰まった時には解決の突破口となる可能性がある。
- 今回のディベートで、一番強く感じたのは、ディベートにおける論理的な思考の流れが、新規テーマ立案の際に考える流れと全く同じであることです（問題点を洗い出し、その問題がどれくらい重要かを証明し、その問題を解決するための新規技術を提案し、それによってどれほどのメリットが生まれるかを訴える）。このディベートで学んだ論理的な思考をテーマ立案の場に活用していけるよう心がけていきたい。
- ディベートは発表能力向上に格段の効果がある。

　ディベートをわずか2日間でも体験することにより、体系的な論理の組み立て方や活用の仕方が学べるので、業務がより効率的・効果的に行える論理的思考や、国際的なコミュニケーションにおいても必要不可欠で実践的な論理力が養成できます。

国際コミュニケーションとディベート

　これまで日本では「討論」といえば「ディスカッション」を指し、プレゼン、交渉もそれぞれの体験に基づく主観的な方法で行われてきた傾向があるのは否めません。ディスカッションでは主観的な論理展開能力が求められるのに対して、ディベートは客観的な論理展開能力が求められます。より合理的な合意形成や問題解決のためには両方の能力が求められますが、とりわけ客観的な論理展開能力を身につけることで、交渉などにおけるコミュニケーション能力も高められることでしょう。なぜなら客観的なデータや根拠に基づく議論で説得力が増し、相手の出方や自分たちの主張をも客観的・批判的に見ることで、相手の立場に立った交渉のシミュレーションができ、相手の主張や反論を乗り越えるための交渉戦略も組み立てられるからです。

　また、ビジネス上の英語コミュニケーションで用いられるようなロジックの

展開方法は、ほぼすべてディベートのなかに含まれていると言っても過言ではなく、日本語であってもディベートを体験的に学ぶことにより、ロジカルなコミュニケーション能力やプレゼンテーション能力を身につけることができます。また、プレゼン後の質疑なども、相手の立場に立って客観的に自分の主張や提案を見ることが習慣化できれば、事前に主な質問が予想でき、それに対する答えの準備もできるので、臨機応変な対応を求められる場面でも、想定内として余裕を持って答えられるようになります。

　国際交渉においては、話し合えばわかり合えて Win-Win になるとは限りません。かつての日米の貿易摩擦問題や商業捕鯨問題のように、Win-Lose 交渉（ゼロサムゲーム）を仕掛けられた場合は、まさにディベートです。

　アメリカでは交渉能力養成のためにディベートの訓練を行っています。アメリカ人の交渉コンサルタントが「ディベートをやらないと、ものの見方が一面的になり、自分の意見に固執しがちになる」と言っていましたが、それゆえに反論されると感情的になり交渉も不調に終わる、という結果にもつながってしまいます。

　日本人が相手の顔色をうかがって、初めから要求を低くするような交渉をしたり、人間関係や国家間の関係を優先するあまり、過度に融和的、妥協的な交渉をしたりしては、いたずらに国益を損なうことにもなりかねません。日本人にとって「沈黙は金」「言わぬが花」であっても、国際社会では「沈黙は同意」であり「言わぬは反論無し」と見なされてしまいます。これらはディベートのルールでもありますが、「言わなくてもわかってくれるだろう」「ここまで言えばあとはわかってくれるだろう」という思い込みは相手への甘えになり、「そこまではっきり言わなかったではないか」「反論しないということは認めたということだ」などと解釈される可能性もあります。

　ディベートでは大事な議論に対して即座に反論すること（クイック・レスポンス）が求められます。「黙っていれば、そのうち批判は収まるだろう」「理不尽な主張にいちいち反論するのは大人げない」などと、ことばと論理で明確に即応しないと、誤解され、国益を毀損することにもなってしまいます。

　日本的な発想を英語に置き換えて話すだけでは、相手に通じるロジックにな

るとは限らず、コミュニケーションの阻害要因にもなります。つまり、国際コミュニケーションにおいては、英語をどのように使うかが問われるのであり、4技能の英語力を高めるだけでは不十分で、ことばとロジックを駆使した議論や説得、交渉ができるスキルが必要不可欠なのです。ディベートはそれらの効果的な教育手法でもあります。

ディベートの訓練によって、相手の出方を幾通りか想定し、対応する選択肢を用意しながら、相手のメリットや、共通のゴールを実現するための議論を準備したり、不利な局面から有利に持っていくための戦略的な交渉能力を養成できたりします。ディベートの技術は、ICM プロフェッショナル（International Communication Management Professional）を養成するうえで必要不可欠なのです。

おわりに

国際コミュニケーションにおいては、いかに言語とロジックを駆使して提案や説得・交渉を行い、成果を上げるかが肝要であり、ディベートはロジカルシンキング、特に客観的な論理展開能力を養成するうえで効果的な手法です。ディベートを体験すれば、ほとんどの人がそのことを実感できるにもかかわらず、表面的・形式的な面で誤解され続けてきたために、論理力養成が阻害されているのは大きな損失です。異なる意見は聞きいれずに自分の意見を一方的に主張したり、上意下達や我意を押し通したりするコミュニケーションではなく、建設的な議論を通じてより良い結論を導けるような議論風土を作ったり、議論を通じた教育を実現し、グローバルに活躍できる人材育成をしたりするためにも、ディベート教育の意義はあります。

日本的なコミュニケーションの良さを活かしながらも、必要な時にはロジカルなコミュニケーションでもきちんと対応できるような、二刀流コミュニケーションを身につければ日本人の強みとなり、国際コミュニケーション能力が高まるとともに、効果的なマネジメントにもつながることでしょう。

ディスカッションとディベートで求められる論理展開能力の違いを端的に述べ、ディベートで養成できる主な思考方法を4つ挙げて説明してください。

第19章

国際コミュニケーション マネジメントを 確かなものとするために

～言語監査という発想～

猿橋順子

はじめに

本章では、国際コミュニケーションマネジメントをより充実させるために、言語監査 (linguistic audit) というアイディアについて紹介します。1996 年に言語監査という概念を、はじめて 1 冊の本にまとめたリーヴスとライトは、言語監査について、次のように述べています。

The primary objective of a language or 'linguistic' audit is to help the management of a firm identify the strengths and weaknesses of their organisation in terms of communication in foreign languages. It will map the current capability of departments, functions and people against the identified need. It will establish that need at the strategic level, at the process (or operational/departmental) level and at that of the individual postholders. It should also indicate what it will cost in time, human resources, training and finance to improve the system, so that the resource implications can be fed back into strategic and financial planning.

(Reeves & Wright, 1996, p. 5)

言語監査の第一のねらいは、企業の外国語によるコミュニケーションに関する強みと弱みを見定め、経営に役立てることにあります。それは、識別されたニーズに対する部局、職能、社員の現有能力を把握することでもあります。また、それは企業戦略レベル、過程（あるいは運用、部局）レベルのニーズと、それぞれの任務にあたる社員レベルのそれ（ニーズ）とを確立させるこ

とにもなります。それは、その（企業の外国語コミュニケーション）システムをよりよいものとするうえで、時間、人材、研修、費用の面でどのような負担が必要かを見積もらせ、そうすることによって企業の戦略や財政面の計画に盛り込まれることが可能になります。

(執筆者試訳)

　上記の foreign languages は外国語に限らず、手話や地域内の諸言語を含んだ multiple languages（複数の言語）と言い換えられるでしょう。言語監査の目的は、企業において複数の言語によって行われているコミュニケーションの強みと弱みを把握し、その知見を企業経営に役立てることにあるとしています。すなわち、企業が多言語コミュニケーション上で必要なことに対し、部門別、職能別、個人別の現有能力を明らかにしていきます。これは、戦略レベル、運用レベル、個人レベルといった諸レベルの必要性や課題を描き出していくことにもつながります。各レベルの目標が明確になるとも言えるでしょう。目標に対して改善策を講じていくことは、そのために見込まれる時間、必要な人材、研修、費用を明らかにすることになり、それらは結果的に、より高次の経営戦略や財務戦略にも組み込まれていきます。

　実際には、言語コミュニケーションはきわめて日常的なものなので、個人レベルと組織レベルを切り分けることも、職能別に分けて考えることも難しいものです。ですから、言語を監査するというと、堅苦しい、もしくは難しいという印象を抱くかもしれません。また、日本企業はかつての「阿吽の呼吸」が理想とされる企業風土が手伝ってか、言語監査のような言語を客観的に分析する発想がなかなか根付きにくいようです。そのため事例研究の蓄積もほとんどないのが現状です。

　そこで本章では、言語監査をより身近に考えることを目的に、複数の言語話者が共に働く企業内で起きた多言語によるコミュニケーション上の問題と、それが解決されていくまでの過程を実例から紹介します。その事例を起点に、言語監査の意義、手順、方法を紹介していきます。

言語監査を考える事例2

　1980年代に設立された生活雑貨の企画、製造、販売を手がけるある企業（A社）は、その商品コンセプトが世界的にも評価され、従業員規模が約2万人を超す大企業に成長しています。これまで、ターゲット市場のグローバル展開に応じて、さまざまな言語背景をもつ多国籍人材を雇用してきました。日本語、英語、韓国語、中国語、ベトナム語、フランス語など、業務における言語の需要に応じて採用がなされ、社内公用語は定めていないものの、東京本社では主に日本語か英語が社員同士をつなぐ言語となっていました。

　2020年以降、新型コロナウイルス感染症の世界的な流行は、私たちの働き方に大きな影響を与えました。A社でもリモートワークが導入され、出勤する場合でもソーシャルディスタンスを保つ行動様式が浸透していきました。社員同士の接触が抑制されるのと反比例するかのように、文書の数と量は増えていきました。これは、社員全員が毎日出勤しているわけではないため、従来であれば部課長が口頭で伝えていたような案内も、すべて文書にするようになったことが関係しています。感染症対策に関連する、重要な情報が日々更新されるということに加え、それらの情報すべてを文書化しようとするため、1文書あたりの文字量も増える傾向にありました。

　A社では、従来からマニュアルや規約、契約書など、多くの社員が長期的に使用する文書や重要書類などは日英の2言語で作成されていましたが、急ぎで回覧するような案内文書は日本語のみでした。リモートワークの導入、ソーシャルディスタンスを保つ行動により、時限的な文書についても英語でほしいとの声が上がりました。

　当初は、それぞれの部署で、両言語の読み書きを得意とする社員が進んで翻訳作業にあたっていました。しかし、文書量は増える一方で、こうした急場しのぎの奉仕的な対応は、一部の社員への過度な業務負担を招きました。同じ文書が複数の部署で翻訳されるといった非効率や、同じ用語が部署によって異なる語に訳される整合性の欠如も問題として指摘されるようになりました。本

来、翻訳が専門ではない社員が、担当している仕事の合間を縫って翻訳作業にあたるのですから、翻訳の質にばらつきが生まれるのは当然です。それなのに訳語の適切性について問い合わせを受けたり、調整や修正を含む迅速な対応を求められたりするようになりました。そして、ついに不満が噴出しました。

　自ら進んで翻訳作業にあたっていた社員たちが声を上げたことで問題が顕在化し、翻訳作業は一つの部署に集約されることになりました。文書の翻訳作業に専従するチームが発足したのです。一見、問題は解決したかに見えましたが、実はそこには新たな問題があったのです。

　新しいソフトウェアが導入され、その研修会が開催されることになりました。研修会の案内は日本語から英語に「正確に」翻訳されました。案内を見た英語話者のＮさんが参加すると、実際の研修はすべてが日本語で行われ、英語の情報は一切ありませんでした。Ｎさんは入社して２年目のシンガポール人ですが、研修会が日本語だったことを不満には思わず、納得しました。Ａ社は日本企業なのだから、研修会が日本語のみで行われるのは当然のことだと考えたのです。

　それ以来、Ｎさんは任意参加の研修会や社内イベントに参加することをやめてしまいました。厳密に言うと、参加しようと思わなくなってしまったのです。文書が回ってきても、それが英語で書かれていても、それらは「自分にはあまり関係のないもの」として、目を通すことすらしなくなっていました。実際には英語で行われる研修会やイベントがあったにもかかわらず、です。

　またＮさんは、リモートワークという環境の問題もあり、業務中に起きるさまざまなスキル上の問題を、自分の力だけで解決するようになっていました。そのことに気づかせてくれたのは、勤続30年以上のキャリアをもつアメリカ人のＥさんでした。あるとき、Ｎさんが感じていた、オンラインツールの使い方についてのちょっとした疑問をＥさんに漏らしたことがありました。Ｅさんも解決策はわからなかったのですが、「○○という部署に行けば支援してもらえるよ」とアドバイスしました。Ｎさんは「支援といっても日本語でしょう？」と諦め口調で言いました。その部署は、まさにＮさんが研修を受けに行ったところだったからです。Ｅさんは「あそこの部署のスタッフは英語を使わない人

が多いけれど、Tさんは英語で的確に教えてくれる。Yさんも。窓口で、英語で教えてほしいと伝えれば、TさんかYさんにつないでくれるはずだけど、あらかじめメールでアポを取ってから行けば確実だね」とNさんに教えました。

　この出来事をきっかけに、Nさんは自分がたった一度の経験だけで、A社では日本語以外の言語で具体的な支援やサービスが受けられないと思い込んでいたことに気づきました。部署の業務も、社内イベントも表面的には日本語が主で進んでいるため、Nさんがそう感じてしまったのも致し方ないことなのです。

　しかし、実際には、A社では日本語、英語、韓国語、中国語などを話す社員たちが自然発生的に言語コミュニティを形成し、複数の言語を話す人々が、その習熟度や得意なスキルに応じて緩やかにコミュニケーションを助け合っていました。誰が何語のどのようなスキルに長けているか、誰が言語面でつまずいている人に気づきやすく、誰が他者の言語上の問題に積極的に介入していくかは、人々が経験的に知り、口伝てに共有されていたのです。だからこそ、感染症対策によって働き方が変わったとき、一時的とはいえ文書翻訳を一部の社員が率先して担って急場しのぎをすることができたわけです。

　言語別の緩やかな言語コミュニティは、ランチタイムのカフェテリアや休憩スペース、ちょっとした催物があるときに形成される人々の群れで視覚的にもとらえられていました。言語別のコミュニティは固定的、閉鎖的な集団ではなく、日本語や英語を主要な媒介語としながら、複数の言語の表現を織り交ぜてコミュニケーションを成立させる、流動的かつオープンな人々の群れとなっていました。人々は何気ない会話をしているようで、「○○部△△課のSさんは、タイ語でメールが書ける」、「Tさんは最近ベトナム語の勉強を始めた」などの情報を得ていたのです。これらは人々が戦略的かつ明示的に整理している知識ではなく、日常のなかで経験的に共有される情報だったのです。

言語監査の意義

　A社の場合、国際コミュニケーションマネジメントは積極的に実施されてい

たと言えるでしょう。企業の市場展開に応じた言語話者の採用や配置は、計画的かつ戦略的に行われていました。一方で、環境の変化に応じた対処は後手に回る面があったと言わざるを得ません。

　言語監査の必要性を、環境変化の予測不可能性、言語問題への気づきにくさ、多言語コミュニケーションの複雑性という3つの観点から、さらに掘り下げていきましょう。

　まず、環境変化の予測不可能性です。A社がグローバルビジネス環境の変化に対応してきたことは明らかです。ただし、これまでの対応はある程度、安定したグローバル秩序のなかで、A社が展望する将来設計にのっとったものでした。ところが、感染症の流行による企業活動の制約や行政機関からの度重なる行動様式の変更要請は、予測不可能な環境変化への適応力の低さを露呈させることになりました。

　そのなかで、A社はある程度柔軟に対応したと言えるでしょう。日常的に、異なる言語のあいだを取り持つ役割を担う人々がおり、緊急の場面では、彼／彼女らが急場をしのぎました。しかし、想定外の環境変化は、これまで機能していた言語支援の有様、相互協力のネットワークにも制限や、改変を迫るものになります。ですから、こうした事態に的確に対応するためには、社員の経験知や誠意のみに頼るのではなく、客観的な現有能力の把握と組織的な対処が不可欠となるのです。日頃から言語監査という観点を持って、企業の多言語コミュニケーションを客観視する習慣を根付かせる必要があります。

　次に、言語の問題は気づきにくい、ということを確認しましょう。特に、言語的弱者は不都合を問題としてとらえていないことがあります。Nさんは、自分が英語による支援を受けられなかったことを、実はさほど深刻に考えていたわけではありませんでした。支援がないことを当然だと受けとめ、納得していたのです。それがNさん自身の思い込みだと気づけたのは、Eさんとの何気ない雑談がきっかけでした。Eさんの助言に従って行動した結果、Nさんは必要な支援を希望する言語で受けることができました。

　さらに付け加えると、A社内に言語別のコミュニティがあることと、コミュニティ間を緩やかにつなぐ多言語話者が存在すること、多言語によるコミュニ

ケーションを円滑にするための自発的な行動や相互協力がさかんなことは、相談を受けたＥさんが、コロナ禍前はどうだったのかを振り返って気づいたことだったのです。言い換えれば、コロナ禍前は、そのような助け合いがあったことを皆が客観的に把握していたわけではありませんでした。それはＡ社の社員にとって当たり前の日常だったのです。

また、個人が抱える言語の問題を、周りの人にすぐに伝えるべきだと考えるか、あるいは自分なりに解決していくべきだと考えるかは、育ってきた家庭や社会の言語文化的な環境にもよります。特に言語的少数派、情報弱者が積極的に声を上げられるか、助けや支援を求められるか、権利として要求すべき事柄であると考えるかには個人差、文化差が大きいのです。どのような言語支援が用意されているかは、支援が必要な人や情報通の人だけが知っていればよいことではなく、一般に広く開示されていることが求められます。

最後に、多言語コミュニケーションの複雑性を確認しましょう。Ａ社の事例では、状況を単純化させるために、対人コミュニケーションと人の手による翻訳作業のみに限定して紹介しました。しかし、実際には機械翻訳なども関係していますし、社内だけではなく、社外のさまざまな関係者との多言語コミュニケーションも視野に入れていかなくてはなりません。

国際経営学者のピエッカリら（2015）は、一時期は英語化に収斂されていくものと見込まれていた多国籍企業の言語使用は、機械翻訳の発展も手伝って、むしろ重層的な多言語化が進んでいると指摘します。Ａ社の事例が示すように、グローバル企業は、表層的には限られた主流派の言語で覆われているように見えます。しかし、その深層部には複雑な多言語ネットワークが形成されており、そうした深部で起きている言語問題にいかにアクセスできるかが、社員の潜在能力や創造性、相乗効果を生み出すことにつながるというのです。

多言語によるコミュニケーションは、話しことばか書きことばか（モード）、対面か電子媒体を経由したコミュニケーションか（メディア）、さらには機械翻訳を組み込んだコミュニケーションか（テクノロジー）、といった複雑性を視野に入れておかなくてはなりません。複雑さが増すほど、客観的な点検の意義、すなわち言語監査の必要性も増すのです。

言語監査の手順

　言語監査には決まった手順や方法があるというわけではありませんが、ここでは一般的な手順を示します。言語監査を確実に実行するためには予算が確保されていることが重要ですが、ここでは予算措置はある前提で話を進めます。

（１）監査チームの発足

　監査チームの構成は、社員で内部監査チームを編成する場合と、社外の専門家に依頼する場合、両者の混成とする場合など、いくつかのパターンが考えられます。専門家としての言語監査人が育成されているわけではない日本においては、社員で内部監査チームを編成するのがより現実的と言えるでしょう。

（２）監査計画

　どのような規模、範囲の言語監査を実施するか、監査計画を立てます。必ずしも大規模調査が望ましいというわけではありません。部署内の言語問題を明らかにするための小規模な言語監査もあり得るでしょう。規模の大小にかかわらず大事なことは、実施予定の言語監査が包括的な企業の国際コミュニケーション戦略のどこに関連するものとなるのか、その位置取りを確認することです。言語監査の目的と位置取りを明確にすることは、具体的な監査計画の規模、対象範囲、方法 (次節参照) を適切に選ぶために不可欠です。

（３）監査実施

　監査はあらかじめ立てた計画に沿って実施します。対象者の協力が必要な場合、対象者だけでなく、その周囲の人々（たとえば上司など）が監査の意義や目的を理解していることが重要です。あくまでも言語に関する現状や、埋没している言語問題を明らかにすることが言語監査の目的です。個人の言語・コミュニケーション能力を評価するためのものではありません。言語監査の本来の目的が共有されていないと、問題が覆い隠されたり、矮小化されたりしかね

ません。監査を通常業務のなかに無理なく定期的に組み込んでいくことで、社内の言語環境や言語問題について、より正確な情報が得られるようになるでしょう。

（４）監査報告

　監査の報告は、明らかになった事実のみをまとめる場合と、将来的に見込まれる課題、対応策の提案などを含める場合があるでしょう。いずれにせよ、監査で明らかになった事柄（現状）と、それ以外（考察や展望）を分けて示すことが大切です。言語監査の出発点である目的や問題意識に対して解が導かれているか、さらには全社的な国際コミュニケーション戦略に照らして、どのような知見、課題が明らかになったかを確認します。

　言語監査の手順について、発足・立案・実施・報告の４段階に分けて示しました。報告にまとめることで、また新たな言語監査の必要性も確認されるでしょう。言語やコミュニケーションに関する調査をしていると、付随して別の課題が浮き彫りになることもあります。そうした発見も言語監査の意義を改めて認識する機会となります。

言語監査の方法

　言語監査の方法には定式があるわけではありません。以下に主だったものを紹介しますが、いずれも企業内の言語コミュニケーションをよりよいものとするために、従来から取り組まれてきた手法です。違いは、これまでは問題が生じたところで実施してきた調査について、定期的に計画し、全社的な国際コミュニケーションとも関連付けて実施するのが言語監査ということになります。

（１）コーパス調査

　特定のコミュニティー内に流通している言語の集積をコーパスといいます。コーパス調査では、どのような専門用語が用いられているか、社内独自の表現

はあるか、類義語の存在とその使い分けなどを明らかにすることができます。社内独自の表現には、それを使う技術や製品に関連した自社の個性や強みが凝集されている可能性があります。また、一部の専門家にとっては使い慣れた用語や言い回しが、ほかの人にとってはわかりにくいということもあるでしょう。これらを精査することで顧客とのコミュニケーションを見直す機会にもなります。最近では、機械翻訳をよりよいものとするためのコーパス調査が、企業単位、業界単位で取り組まれる事例も多くなってきました。

（2）言語景観調査

コーパス調査は主に文字情報で占められる文書を対象としますが、さまざまな媒体に載せられて流通したり設置されたりする言語については、言語景観調査（第13章参照）が有効です。社内や店舗内の物理的な掲示物は、人々への情報伝達だけでなく、行動変容を促します。たとえば工場のなかで、どの位置に、どの大きさで、どのような色彩で、どの言語で、どのような表現で注意書きを設置するかということに、人々の認識や行動は左右されます。そこには文字情報だけではなく、ピクトグラムやイラストなどの非言語情報も含まれるでしょう。デジタル領域も言語景観調査の対象となります。企業の公式ウェブサイトなどは、コーパスと言語景観の両方の観点から調査する余地があります。

（3）質問紙調査

これまでどのような言語圏で暮らし、学び、働いてきたかといった言語生活歴をまとめる言語バイオグラフィー、言語学習歴、TOEIC® や日本語能力試験など言語テストのスコア、どの言語でどのような仕事をした経験があるかといったスキルをまとめる言語ポートフォリオは、社員の言語面の現有能力を知るために有効な手段です。これらを集約するためには質問紙調査が適しているでしょう。特に、手話や少数言語の能力については、スキルを用いる機会があまりなかったり、報告するまでもないと考えていたりすることもあるため、掘り起こすような工夫が必要です。言語活動は日常化しているものなので、就業中に何語でどの業務にあたっているか、言語日記を付けてみるという方法も社

内の多言語使用の実態を明らかにするうえで有効です。

（4）インタビュー調査

　本人も自覚していないような言語使用の状況を掘り起こしたり、言語問題が起きた場面を再現してみたり、省察を促したりするためには、対人インタビューがよいでしょう。座談会形式で行うグループインタビューは似たような問題意識を持っている人たちが解決策を導き出すのに有効とされています。A社のような事例では、各部署でちょっとした言語問題に対処する仲介者のような存在がいたようです。そうした人々を集めて意見交換することで、より現実的で効率的な言語対応の形が見えてくるでしょう。

（5）参与観察

　実際の社内コミュニケーション場面を調査者が客観的に観察する方法です。接客場面など、対象者には知らされずに行われることもあります。会議やプレゼンテーションなど構成員があらかじめわかっているような場合には、調査者の存在は顕在化します。より日常的な言語コミュニケーションにアプローチするので、現状把握をするうえでは有効です。他方で、なぜそのような行動を取ったのか、それによって相手はどのような印象を抱き、評価をしたのかなど、コミュニケーション参加者の内面まではわかりません。そのほかの手法と組み合わせることで、多言語コミュニケーションの実態をより深く明らかにすることができます。

　コーパス調査と言語景観調査は、やり方によっては対象者の関与なく実施可能です。質問紙調査は、広範囲の情報を集めることができ、匿名性を担保することも可能ですが、日常化されたやりとりや言語問題の内実は、明らかにしにくいという側面があります。人と人とのつながりや、特定場面での言語問題と、それが発生する要因などを掘り下げていくにはインタビュー法や参与観察のような手法が向いているでしょう。言語監査の目的に応じて、適切な手法の組み合わせをデザインすることが大切で、こうした面からも言語監査の専門家や

チームを育成していく必要があるのです。

おわりに

　言語監査は、企業の多言語コミュニケーションに関連した、企業経営の理念
レベルと現場レベルの接続や相互参照の仕組みを創り出す営為と言えるでしょ
う。個々の言語監査は、全社的な国際コミュニケーション戦略のどこに位置づ
けられるのか、その関連性を確認する必要がありますが、言語監査そのものが
全社的な取り組みである必要はありません。小規模でも、まずはセルフチェッ
クだけでも、言語監査という発想をもって企業内の多言語によるコミュニケー
ション活動を見直すことから始めてみましょう。

> **問題**
>
> 昨今、言語監査がより求められる根拠を３点挙げ、それぞれについて簡潔に説明
> してください。

　各章をさらに深く理解したい方に向けて、おすすめの学習コンテンツをご紹介いたします。

第1章

▸ 本名信行、竹下裕子編著『世界の英語・私の英語 多文化共生をめざして』桐原書店、2018年

英語の非母語話者数が母語話者数をはるかに上回っている現代社会において、当然のことながら、非母語話者同士の英語によるコミュニケーションの機会が多くあります。本書は、異なる母語や文化を背負った多様な英語の話者が、特色ある英語を用いる様を解説しており、国際社会における日本人による英語使用の意義を考えるきっかけとなります。

第2章

▸ 竹下裕子編著『[改訂新版] 広がり続ける英語の世界』アスク出版、2018年

母語話者の英語、非母語話者の英語、そしてそれを用いたコミュニケーションと文化理解など、現代の英語使用に関するテーマを広く論じています。日本人が英語を使ってコミュニケーションを実践するときに役立つ多様な視点が盛り込まれています。

第3章

▸ 本名信行、竹下裕子、三宅ひろ子、間瀬幸夫編著『企業・大学はグローバル人材をどう育てるか 国際コミュニケーションマネジメントのすすめ』アスク出版、2012年

本書の前身ですが、「企業の言語対応」と「異文化間コミュニケーションと多文化マネジメント」のセクションでは、本書では扱わなかったテーマを論じ、「国際コミュニケーションの実践に向けて」のセクションでは、国際コミュニケーションマネジメントの一環である、研修の企画、モニタリング、そして評価に関する詳しい説明も行われています。

第4章

▶ 西村信勝『外資系投資銀行の現場 [改訂版]』日経 BP 社、2005 年

日本には存在していない投資銀行（Investment Bank）をとおして、組織、投資銀行で働くための条件、リスクとリターン、M&A、デリバティブなど幅広い分野について、英文を読みながら理解していくことができます。

▶ 西村信勝、清水和明、ジェラルド・ポール・マクリン『基礎からわかる金融英語の意味と読み方』日興企画、2005 年

金融の基本、金融の担い手、金融市場、金融商品、金融市場の将来など、金融の基本的なことについて理解することができます。金融について理解できるだけでなく、英文記事などの読解を通じて、英語の金融用語を習得できるというメリットもあります。

第5章

▶ 経済産業省製造産業局編『"知" で競う産業プラント・エンジニアリングの未来：モノとサービスの融合をめざして：プラント・エンジニアリング産業懇談会中間報告』同友館、2003 年

プラントエンジニアリング産業政策の基本的方向について、官学民共同の懇談会の報告書です。産業の意義、外部環境、内部事情、あるべき姿、方向性等について多くの図表、資料を使い分析が提示されています。プラントエンジニアリング産業が国全体の総合力を反映させたシステムを売る分野であるとの認識のもとに、今後の政策として業界構造の再構成、トップセールスや公的金融等による支援、産業・社会基盤のメンテナンスへの取り組み、規制緩和等による環境整備が必要であることなどの指摘もされています。プラントエンジニアリング産業に直接関わる本が少ないなかで、発刊後年月が経過していますが十分参考になる本です。

第6章

▶ 安藤宏基『日本企業 CEO の覚悟』中央公論新社、2016 年

日清食品ホールディングスの CEO がカップヌードルの世界戦略やグローバル人材の育成について語った一書です。失敗例も含めて具体的事例が満載です。

▶ ピーター・ブラベックーレッツマット著、小川敏子訳『食品産業の未来 ネスレの挑戦』日経 BP 日本経済新聞出版本部、2021 年

世界的食品メーカーである Nestlé の名誉会長（当時）が著した食品業界の俯瞰図です。加工食品に関するグローバル・メガトレンドなどが詳述されています。

第8章

▶ 渋沢研究会編『はじめての渋沢栄一 探究の道しるべ』ミネルヴァ書房、2020 年

渋沢栄一という多彩な活動をした人物をグローバルな視点を含め多角的にとらえるためのガイドブックです。どこから手をつけたらいいかよくわからない大きな人物を自分の興味関心に引きつけて紐解ける一冊です。

第9章

▶ 末田清子『コミュニケーション・スタディーズ アイデンティティとフェイスからみた景色』新曜社、2021 年

コミュニケーションとは何か、さらに深く追究したい読者にお勧めします。特に、コミュニケーションとは切り離すことができないアイデンティティとフェイス（面子）に焦点を当てて、私たちの日常的な人間関係や対人コミュニケーションを考察しています。

第10章

▶ 八代京子他『[改訂版] 異文化トレーニング ボーダーレス社会を生きる』三修社、2009 年

第4章において「ノンバーバル・コミュニケーションの文化差」について概観できます。身体動作、空間の使い方、接触行動、準言語、人工物、時間のとらえ方など広範囲のトピックについて扱っています。

▶ 八代京子他『異文化コミュニケーション・ワークブック』三修社、2001 年

上述の書籍に準拠するワークブックです。「セルフチェック」と「ステップアップ・エクササイズ」等をとおして、第4章「ノンバーバル・コミュニケーションの文化差」に対する意識を高めることができます。

第 11 章

▶ 荒川洋平『もしも … あなたが外国人と「日本語で話す」としたら とりあえず日本語で』スリーエーネットワーク（電子書籍）、2010 年

日本人が対外日本語コミュニケーションで失敗するパターンについて、本書では触れなかった「直情直解型」も含めて、物語形式で読みやすく掘り下げています。また日本人の外国観、英語観の変遷や、それらが生まれるに至った経緯についても述べられています。

▶ 加藤好崇編著『「やさしい日本語」で観光客を迎えよう インバウンドの新しい風』大修館書店、2019 年

観光における接触場面の研究では随一の研究者である加藤が、観光における「やさしい日本語」の可能性と実践についてまとめ上げた一冊です。特に第 4 章では、観光現場での「やさしい日本語」について、言語調整だけではなく「文化調整」も必要であると論じ、多くの調査経験に裏打ちされた説得力のある論旨が展開されています。

第 12 章

▶ 西日本新聞社編『新移民時代 外国人労働者と共に生きる社会へ』明石書店、2017 年

日本で暮らす外国人の実像や、外国人労働者なしには成り立たない日本社会の現実「問題」が多元的に報告されています。留学生を含めた外国人労働者の受け入れ法整備が喫緊の課題であることが確認できます。

▶ ダグラス・マレー著、町田敦夫訳『西洋の自死 移民・アイデンティティ・イスラム』東洋経済新報社、2018 年

現代のヨーロッパ各国がなぜ外国人労働者や難民、移民を大量に受け入れてきたのかが見えてきます。また、持続的な移民依存が西洋的な価値観を失っていくことへの痛烈な批判も展開されています。日本の外国人労働力（移民）受け入れ議論と重なる部分もあり、中野剛志の解説も含めて読み応えのある一冊です。

第13章

▶ 庄司博史、Ｐ・バックハウス、Ｆ・クルマ編『日本の言語景観』三元社、2009年

多言語だけでなく、多文化、多民族という側面から日本の言語景観を概観しています。また言語政策が言語景観に与える影響についても言及しています。

▶ Jiro Nishigoori. *Linguistic Landscape Tokyo.*
  From https://www.youtube.com/watch?v=NHV338g_NBo

東京都立大学名誉教授・西郡仁朗がYouTubeで公開している動画です。2014年9月現在の東京の言語景観をわかりやすく説明しています。言語景観に興味をお持ちになった方は、最初に動画をご覧いただき、東京の言語景観の特性を理解していきましょう。その次に上述の『日本の言語景観』をお読みいただくことで、日本の言語景観についての見識を深めることができます。

第14章

▶ 総務省『多文化共生の推進に関する研究会報告書：地域における多文化共生の推進に向けて』2006年3月〈https://www.soumu.go.jp/kokusai/pdf/sonota_b5.pdf〉

総務省が地域における多文化共生施策の推進について、総合的・体系的に検討し、地域において必要とされる具体的な取り組みについて行われた提言をまとめた報告書です。

▶ 一般財団法人消防防災科学センター「特集 外国人と防災」『消防防災の科学』2017年秋号（130）、1-64頁

多文化共生時代の災害時対応のあり方として、外国人への防災情報発信、避難誘導、避難所における外国人支援、自治体による外国人向け防災対策を報告し、外国人と防災を包括的に概観しています。

▶ 一般財団法人消防防災科学センター『地域防災データ総覧 外国人を対象とした防災対策に関する実践資料集編』〈https://www.isad.or.jp/information_provision/information_provision/h29/〉

自治体による外国人を対象とした防災対策に関する実践事例を集めた資料集です。防災知識の普及、災害時の情報伝達、避難誘導支援、生活支援の4つの側面から

全国の自治体における優良事例や、自治体を対象とした取り組み状況把握のための
アンケート結果を掲載しています。

▶ 外務省『我々の世界を変革する：持続可能な開発のための 2030 アジェンダ（仮
訳）』〈https://www.mofa.go.jp/mofaj/files/000101402.pdf〉

外務省ホームページより閲覧が可能です。「前文」「宣言」「持続可能な開発目標とター
ゲット」「実施手段とグローバル・パートナーシップ」「フォローアップとレビュー」の 5 部
で構成されており、SDGs が目指す 2030 年の世界像を理解するためには必読です。

▶ 公益財団法人横浜市国際交流協会『やさしい日本語ホームページ』〈https://
www.yokeweb.com/yasashiinihongo/〉

やさしい日本語に関する資料、「やさしい日本語」書き換え支援ツール、「やさしい日
本語」で読むニュース、動画で知る「やさしい日本語」など豊富な情報が掲載されて
います。

▶ 桜井愛子、平体由美『社会科学からみる SDGs』小鳥遊出版、2022 年

社会科学の専門家による SDGs の初心者向け入門書です。政治学、社会学、経済
学、国際政治等の観点から、持続可能な開発目標と地球規模の課題を複合的に理
解する視点を示しています。（本書と時期を同じくして刊行しており、著者の一人が同
じであるため、内容が一部重複する部分があります）

▶ 佐藤和之「『 』の付いた『やさしい日本語』の目的と使い方：外国人も日本人も
理解する外国語であるということ」『国際文化研修』2020 夏（108）、46-49 頁

「やさしい日本語」の開発者による目的と使い方の解説です。外国人のみならず、日本
人にとっての有用性を強調しています。

▶ 佐藤和之「『やさしい日本語』の活用理由を再考する」『国際文化研修』2014 秋
（85）、2014 年、12-16 頁

大規模災害下の外国人に情報を的確に伝えられる「やさしい日本語」とその効果を概
略しています。「やさしい日本語」を活用することで、情報を発信する側は外国人には
外国語でという呪縛から解放されること、「やさしい日本語」でいち早く情報を伝える
ことで、外国人は要支援者ではなく支援者として頼れる住民になりうることを示唆して
います。

第15章

▶ 石川准、長瀬修編著『障害学への招待』明石書店、1999年

障害者にとって重要なのは、社会が障害者に対して設けている「障壁」を取り除くこと、さらにこれまで否定的に受けとめられることが多かった「障害の経験」の肯定的側面に目を向けることです。本書は、従来の医療、リハビリテーション、社会福祉、特殊教育といった枠にとらわれずに、障害、障害者を社会・文化の二面から考え直し、障害者が持つ独自の価値・文化を探る視点を確立しています。

第17章

▶ 愛場吉子『一流ビジネスパーソンが無意識にやっている 英語でプレゼン・スピーチ15の法則』三修社、2017年

▶ チャールズ・ルポー『英語プレゼン 最強の教科書』コスモピア、2020年

スライド作成のコツやメッセージの伝え方など、英語プレゼンテーションを基礎から解説していて、一冊で概要をつかめる本です。成功するプレゼンの仕方について効率よく学ぶことができます。最近ではTed Talksなど、多くのプレゼンをインターネット上で見ることができるので、それらの活用もお勧めします。特に日本的な要素を英語のプレゼンに活かすという点においては、Garr Reynoldsによる*Presentation Zen*がお勧めです。Less is more.の概念を詳細に、かつわかりやすく説明しています。

第18章

▶ 茂木秀昭『ザ・ディベート 自己責任時代の思考・表現技術』筑摩書房、2001年

ディベートといえば、「ああ言えばこう言う」という詭弁術のように、言葉で相手をとっちめる技術と思われがちで、和を乱す「非日本的」なものとして排除されてきたのも事実です。しかし、実は多くの人が既に、会議や交渉というビジネスの場で、「テーマを設定し、データを集め、問題枠を作り、複数の議論パターンを考え、自説を主張し、相手に反駁する」という経験をしています。これをより方法的に相互の信頼のなかで実現していく技術こそがディベートなのです。よいコミュニケーターはよいディベーター。ディベートは自分の頭で考え、自分の言葉で述べ、相手の言葉を聞くための方法です。

▶ 茂木秀昭『ビジネス・ディベート』日本経済新聞社、2011 年

「テーマを設定し、データを集め、問題枠を作り、複数の議論パターンを考え、自説を主張し、相手に反駁する」というディベートの枠組みを、問題解決や意思決定、交渉、論理思考などビジネスに活かすノウハウとともに解説しています。

第19章

▶ Reeves, N., & Wright, C. (1996). *Linguistic auditing: A guide to identifying foreign language communication needs in corporations.* Multilingual Matters, Clevedon.

前半は、言語監査の考え方、監査計画の立案、ニーズ分析、データ分析、評価、報告までの一連をプロセスに沿って紹介しています。後半は付録で、情報整理のためのワークシートや質問紙サンプル、チェックリストが豊富に記載されています。各企業の規模や業種に応じて作り替えて用いるとよいでしょう。

引用文献・参考文献

第 1 章 ──────────────────────────────────
■引用文献
Hall, E. T. (1977). *Beyond culture*. Anchor Press / Doubleday.
Why Germans are rude. (n.d.). Retrieved February 4, 2022, from https://www.expatica.com/de/moving/about/germans-are-rude-100958/
■参考文献
竹下裕子「「察し」の文化を越えて：グローバル英語コミュニケーションのかなめ」本名信行、竹下裕子（編）『世界の英語・私の英語：多文化共生社会をめざして』桐原書店、2018 年、187-199 頁。
Honna, N., Kirkpatrick, A., & Gilbert, S. (2000). *English across cultures*. Sanshusha.
Honna, N., Takeshita, Y., & D'Angelo, J. (2012). *Understanding English across cultures*. Kinseido.
Honna, N., Kirkpatrick, A., & Takeshita, Y. (2018). *Across cultures: For better English communication and understanding*. Sanshusha.

第 2 章 ──────────────────────────────────
■引用文献
Kachru, B. B. (1982). *The other tongue: English across cultures*. University of Illinois Press.
■参考文献
本名信行『世界の英語を歩く』集英社新書、2003 年。
本名信行、竹下裕子（編）『世界の英語・私の英語：多文化共生社会をめざして』桐原書店、2018 年。

第 3 章 ──────────────────────────────────
■引用文献
McLuhan, M. (1987). *Understanding media: The extensions of man*. Ark Paperback.
■参考文献
産学人材育成パートナーシップグローバル人材育成委員会『報告書：産学官でグローバル人材の育成を』2010 年 4 月〈https://warp.da.ndl.go.jp/info:ndljp/pid/8422823/www.meti.go.jp/press/20100423007/20100423007-3.pdf〉入手 2022 年 2 月 5 日。
鈴木孝夫『新・武器としてのことば：日本の「言語戦略」を考える』アートデイズ、2008 年。
本名信行、竹下裕子、三宅ひろ子、間瀬幸夫（編）『企業・大学はグローバル人材をどう育てるか：国際コミュニケーションマネジメントのすすめ』アスク出版、2012 年。
吉原英樹、岡部曜子、澤木聖子『英語で経営する時代：日本企業の挑戦』有斐閣、2001 年。

第 4 章 ──────────────────────────────────
■引用文献
外務省『海外進出日系企業拠点数調査』2021 年 7 月〈https://www.mofa.go.jp/mofaj/ecm/ec/page22_003410.html〉入手 2021 年 9 月。
外務省領事局政策課『海外在留邦人数調査統計　平成 21 年速報版』2008 年 10 月〈https://warp.ndl.go.jp/info:ndljp/pid/11552799/www.mofa.go.jp/mofaj/toko/tokei/hojin/09/pdfs/1.pdf〉入手 2021 年 9 月。
グローバル人材育成推進会議『グローバル人材育成推進会議中間まとめ』2011 年 6 月〈https://www.mext.go.jp/b_menu/shingi/chousa/koutou/46/siryo/__icsFiles/afieldfile/2011/08/09/1309212_07_1.pdf〉入手 2021 年 10 月。
財務省『本邦対外資産負債残高の推移（時系列データ）』〈https://www.mof.go.jp/policy/international_policy/reference/iip/data/index.htm〉入手 2021 年 9 月。
産学官人材育成パートナーシップグローバル人事育成委員会『報告書：産学官でグローバル人材の育成を』2010 年 4 月〈https://warp.da.ndl.go.jp/info:ndljp/pid/8422823/www.meti.go.jp/press/20100423007/20100423007-3.pdf〉入手 2021 年 10 月。
デジタル大辞泉『ジャーゴン』〈https://kotobank.jp/word/ ジャーゴン -524388〉入手 2021 年 10 月。
内閣府『平成 16 年度年次経済財政報告：改革なくして変革なし IV』2004 年 7 月〈https://www5.cao.go.jp/j-j/wp/wp-je04/04-00000.html〉入手 2021 年 9 月。
西村信勝「ビジネス専門英語と世界諸英語」本名信行、竹下裕子（編）『世界の英語・私の英語：多文化共生社会をめざして』桐原書店、2018 年、172-184 頁。

日本経済新聞『三井住友、米証券ジェフリーズと資本提携　400億円出資』2021年7月14日〈https://www.nikkei. com/article/DGXZQOUB088YA0Y1A700C2000000/〉入手2021年9月。

みずほファイナンシャルグループ『2021統合報告書（ディスクロージャー誌）』2021年7月〈https://www.mizuho-fg. co.jp/investors/financial/disclosure/data21d/pdf/main_all.pdf〉入手2021年10月。

みずほファイナンシャルグループ『グローバルコーポレートカンパニー』〈https://www.mizuho-fg.co.jp/company/ strategy/business/g_corporate/index.html〉入手2021年10月。

みずほフィナンシャルグループ『〈みずほ〉の進化』〈https://www.mizuho-fg.co.jp/saiyou/company/history/ayumi/ index.html〉入手2021年10月。

みずほフィナンシャルグループ『〈みずほ〉のネットワーク』〈https://www.mizuho-fg.co.jp/tenpo_atm.html〉入手2021 年9月。

みずほフィナンシャルグループ『2023年度募集コース・募集要項』〈https://www.mizuho-fg.co.jp/saiyou/recruit/ course/index.html〉入手2021年10月。

三井住友フィナンシャルグループ『NEWS RELEASE：SMBCコンシューマーファイナンス株式会社によるベトナム・FE Credit出資について』2021年4月28日〈https://www.smfg.co.jp/news/pdf/j20210428_01.pdf〉入手2021年9月。

三井住友フィナンシャルグループ『NEWS RELEASE：株式会社三井住友フィナンシャルグループによるインド・Fullerton India出資について』2021年7月6日〈https://www.smfg.co.jp/news/pdf/j20210707_01.pdf〉入手2021年9月。

三井住友フィナンシャルグループ『NEWS RELEASE：米国総合証券会社Jefferiesとの戦略的資本・業務提携について』 2021年7月14日〈https://www.smfg.co.jp/news/pdf/j20210714_02.pdf〉入手2021年9月。

三井住友フィナンシャルグループ『SMBC GROUP REPORT 2019：特集：アジア・セントリックの実現に向け、申請 BTPNが始動』〈https://www.smfg.co.jp/gr2019/feature/02.html〉入手2021年10月。

三井住友フィナンシャルグループ『SMBC GROUP REPORT 2020：グループ体制』〈https://www.smfg.co.jp/ gr2020/division/〉入手2021年10月。

三井住友フィナンシャルグループ『海外ビジネス』〈https://www.smfg.co.jp/investor/individualinvestors/overseas. html〉入手2021年9月。

三井住友フィナンシャルグループ『人事メッセージ』〈https://www.smbc-careers.com/message/index.html〉入手 2021年10月。

三菱UFJフィナンシャル・グループ『ディスクロージャー誌2006本編』2006年7月〈https://www.mufg.jp/dam/ir/ report/disclosure/pdf/2006-all.pdf〉入手2021年9月。

三菱UFJフィナンシャル・グループ『MUFGの経営戦略』2020年3月5日〈https://www.mufg.jp/dam/ir/investors/ seminar/pdf/slides200305_ja.pdf〉入手2020年9月。

三菱UFJフィナンシャル・グループ『三菱UFJフィナンシャル・グループの経営戦略』2021年3月8日〈https://webcast. net-ir.ne.jp/83062103/uPG0PCvZ1s/slide.pdf〉入手2021年9月。

三菱UFJ銀行『人材育成』〈https://www.saiyo.bk.mufg.jp/education/〉入手2021年10月。

三菱UFJフィナンシャル・グループ『MUFGレポート2018：CEOメッセージ』〈https://www.mufg.jp/ja/ir2018/ message/ceo〉入手2021年10月。

三菱UFJフィナンシャル・グループ『MUFG Report 2021（統合報告書）』〈https://www.mufg.jp/dam/ir/report/ disclosure/pdf/ir2021_all_ja.pdf〉入手2021年10月。

文部科学省『産学人材育成パートナーシップ　グローバル人材育成委員会報告書』2010年4月〈https://warp.da.ndl. go.jp/info:ndljp/pid/8422823/www.meti.go.jp/press/20100423007/20100423007-3.pdf〉入手2021年10月

文部科学省『第2期教育振興基本計画　初等中等教育分科会関連箇所抜粋』2016年3月。〈https://www.mext.go.jp/ b_menu/shingi/chukyo/chukyo3/siryo/attach/1368617.htm〉入手2021年10月。

Liz Hoffman『三菱UFJとMスタンレー提携、大型案件で実結ぶ』『The Wall Street Journal（日本語版）』2019年1月 6日〈https://jp.wsj.com/articles/SB10800426954341803413304585042613120202810〉入手2021年9月。

SMBC日興証券『初めてでもわかりやすい用語集』〈https://www.smbcnikko.co.jp/terms/japan/ri/J0604.html〉入 手2021年10月。

jargon. (n.d.). Retrieved October, 2021, from https://dictionary.cambridge.org/ja/dictionary/english/jargon

Kirby, J., & Coutu, D. L. (2001). *The beauty of buzzwords*. Retrieved October, 2021, from https://hbr. org/2001/05/the-beauty-of-buzzwords

Kolb, M. (2021). *What is globalization?: And how has the global economy shaped the United States?*. Retrieved February 21, 2022, from https://www.piie.com/microsites/globalization/what-is-globalization

■参考文献

野村証券『証券用語解説集』〈https://www.nomura.co.jp/terms/japan/ri/r_banking.html〉入手2021年9月。

みずほフィナンシャルグループ『リサーチ＆コンサルティングビジネス』〈https://www.mizuho-fg.co.jp/company/group/ rc/index.html〉入手2021年10月。

三菱UFJフィナンシャル・グループ（他）『MUFG Union Bank株式の譲渡契約締結およびU.S. Bancorp株式の取得に

ついて』2021 年 9 月 21 日〈https://www.mufg.jp/dam/pressrelease/2021/pdf/news-20210921-001_ja.pdf〉
入手 2021 年 9 月。

三菱 UFJ フィナンシャル・グループ『事業内容』〈https://www.mufg.jp/profile/biz_and_network/index.html〉入手
2021 年 10 月。

第 5 章

■引用文献

コトバンク『ブリタニカ国際大百科事典　小項目事典「エンジニアリング産業」』〈https://kotobank.jp/word/ エンジニアリ
ング産業 -38152〉入手日 2022 年 2 月 5 日。

経済産業省製造産業局（編）『" 知 " で競う産業 プラント・エンジニアリングの未来：モノとサービスの融合をめざして：プラント・
エンジニアリング産業懇談会中間報告』同友館、2003 年。

■参考文献

エンジニアリング振興協会『プロジェクトマネジメントの基礎知識体系：Pmbok guide 和訳版：A guide to the project
management body of knowledge』エンジニアリング振興協会、1997 年。

経済産業省製造産業局（編）『" 知 " で競う産業 プラント・エンジニアリングの未来：モノとサービスの融合をめざして：プラント・
エンジニアリング産業懇談会中間報告』同友館、2003 年。

総務省『日本標準産業分類（平成 25 年 10 月改訂）（平成 26 年 4 月 1 日施行）：分類項目名』〈https://www.soumu.
go.jp/toukei_toukatsu/index/seido/sangyo/02toukatsu01_03000044.html#l〉入手 2022 年 2 月 5 日。

丸田敬『プラント業界、グローバル化への半世紀：日揮・千代田化工建設・東洋エンジニアリングに見る国際展開』2014 年
9 月〈https://www.jacic.or.jp/movie/jseminar/pdf/movie20140925_maruta.pdf〉入手 2021 年 9 月 21 日。

第 6 章

■引用文献

国連世界食糧計画『国連 WFP 協会評議員リスト（2021 年 11 月末現在）』2021 年 11 月〈http://docs.jawfp2.org/
corporate/council/council_list_2111.pdf〉入手 2 月 13 日。

国連世界食糧計画『レッドカップキャンペーン公式ホームページ』〈https://www.jawfp.org/redcup/〉入手 2022 年 2 月
12 日。

世界ラーメン協会『総需要一覧』2021 年 5 月 11 日〈https://instantnoodles.org/noodles/demand/table/〉入手
2022 年 2 月 12 日。

世界ラーメン協会『インスタントラーメン・トリビア：週に一度はインスタントラーメン！年間消費量 TOP3（※ 2022 年）』
〈https://instantnoodles.org/noodles/demand/trivia/〉入手 2022 年 2 月 13 日。

世界ラーメン協会『心と体を温める Instant Hot Meal　WINA の災害支援活動』〈https://instantnoodles.org/
sustainability/seven_principle/〉入手 2022 年 2 月 13 日。

世界ラーメン協会『第 9 回世界ラーメンサミット 2018』〈https://instantnoodles.org/outline/summit/event01.html〉
入手 2022 年 2 月 13 日。

世界ラーメン協会『WINA 食品安全会議 2014』〈https://instantnoodles.org/outline/summit/event03.html〉入手
2022 年 2 月 13 日。

世界ラーメン協会『WINA とは？』〈https://instantnoodles.org/outline/about/〉入手 2022 年 2 月 13 日。

ディールラボ『食品飲料業界の市場シェア・売上高ランキング・市場規模の分析』2021 年 12 月 26 日〈https://deallab.
info/food-beverage/〉入手 2022 年 2 月 13 日。

日清食品株式会社社史編纂プロジェクト（編）『日清食品 50 年史：1958 － 2008』日清食品、2008 年。

日清食品グループ CSR レポート『職を通じて世界を支える活動：世界ラーメン協会（WINA）との連携』〈https://www.
nissin.com/jp/sustainability/report/pdf/CSR_report2016_p32-35.pdf〉p32 入手 2022 年 2 月 13 日。

日清食品ホールディングス『IR 資料一括ダウンロード』〈https://www.nissin.com/jp/ir/library/download/〉入手 2021
年 10 月 19 日。

農林水産省『令和 2 年度食料自給率・食料自給力指標について』2020 年 8 月 25 日〈https://www.maff.go.jp/j/press/
kanbo/anpo/210825.html〉入手 2022 年 2 月 13 日。

ピーター・ブラベックーレッツマット（著）、小川敏子（訳）『食品産業の未来：ネスレの挑戦』日経 BP 日本経済新聞出版本部、
2021 年。

ラピタ「頑張れニッポン・テクノロジー：決定！ made in JAPAN 大賞」『ラピタ：大人の少年誌』小学館、2000 年 6 月号。

MEMORVA『世界人口ランキング・国別順位（2021 年版）』2021 年 6 月 8 日〈https://memorva.jp/ranking/unfpa/
who_whs_population.php〉入手 2022 年 2 月 12 日。

Ullet『食品業』〈https://www.ullet.com/search/group/4.html#group/4〉入手 2022 年 2 月 13 日。

Ullet『輸送用機器』〈https://www.ullet.com/search/group/4.html#group/17〉入手 2022 年 2 月 13 日。

Wiese, A., & Toporowski, W. (2013). CSR failures in food supply chains: An agency perspective. *British
Food Journal*, 115(1), 92-107.

■参考文献

安藤宏基『日本企業：CEO の覚悟』中央公論新社、2016 年。

公益社団法人発明協会　戦後日本のイノベーション 100 戦事務局『戦後日本のイノベーション 100 選』〈http://www.koueki.jiii.or.jp/innovation100/innovation_list.php?age=topten〉入手 2021 年 10 月 19 日。

創立 50 周年記念誌編纂委員会（編）『競争と協調の 50 年：創立 50 周年記念誌』日本即席食品工業協会、2015 年。

財団法人日本セルフ・サービス協会『新・即席めん入門』日本即席食品工業協会（監修）、日本食糧新聞社、1998 年。

ロッシェル・カップ『英語の交渉：直前 7 時間の技術』アルク、2015 年。

Meloni, M. J., & Brown, M. E. (2006). Corporate social responsibility in the supply chain: An application in the food industry. *Journal of Business Ethics*, 68(1), 35-52.

World Instant Noodles Association. *Noodle as a Planet*. Retrieved February 13, 2022, from https://instantnoodles.org/en/

第 7 章

■引用文献

飯田奈美子「在住外国人および医療観光目的の訪日外国人に対する医療通訳の現状と課題」『立命館人間科学研究』23、2011 年、47-57 頁。

伊藤暁子「医療の国際化：外国人患者の受入れをめぐって」『技術と文化による日本の再生：インフラ、コンテンツ等の海外展開　総合調査報告書』9、2012 年、101-117 頁。

大谷則子「わが国における外国人看護師の看護実践の現状と課題に関する文献検討」『和洋女子大学紀要』59、2018 年、69-79 頁。

株式会社日本政策投資銀行産業調査部『ヘルスケア産業の新潮流⑧：進む医療の国際化：医療ツーリズムの動向』147(1)、2010 年。

川内規会「日本における医療通訳の現状と課題：外国人診療に関する調査から」『Kyushu Communication Studies』9、2011 年、25-35 頁。

カレイラ松崎順子、杉山明枝「日本の医療通訳システムの現状と今後の展望」『東京未来大学研究紀要』5、2012 年、21-29 頁。

北原茂実「特集　日本を救う医療の産業化・国際化」『技術と経済』538、2011 年、2-16 頁。

経済産業省『通商白書 2016』〈https://www.meti.go.jp/report/tsuhaku2016/index.html〉入手日 2021 年 10 月 10 日。

公益財団法人国際人材協力機構『外国人技能実習制度とは』〈https://www.jitco.or.jp/ja/regulation〉入手 2021 年 10 月 10 日。

厚生労働省『2025 年に向けた介護人材にかかる需給推計（確定値）について』2015 年 6 月 25 日〈http://www.mhlw.go.jp/stf/houdou/0000088998.html〉入手 2021 年 10 月 10 日。

厚生労働省『第 30 回介護福祉士国家試験における EPA 介護福祉士候補者の試験結果：経済連携協定（EPA）に基づく外国人介護福祉士候補者 213 名が合格』2018 年 3 月 28 日〈http://www.mhlw.go.jp/stf/houdou/0000199604.html〉入手 2021 年 10 月 10 日。

厚生労働省『インドネシア、フィリピン及びベトナムからの外国人看護師・介護福祉士候補者の受入れについて』〈http://www.mhlw.go.jp/stf/seisakunitsuite/bunya/koyou_roudou/koyou/gaikokujin/other22/index.html〉入手 2021 年 10 月 10 日。

国土交通省『観光立国推進基本計画』2017 年 3 月 28 日〈https://www.mlit.go.jp/kankocho/kankorikkoku/kihonkeikaku.html〉入手 2022 年 2 月 14 日。

重松伸司「アジアにおけるメディカル・ツーリズム：「国際移動」の新動態、医療観光の現状と課題」『オーストラリア研究紀要』37、2011 年、29-43 頁。

社団法人全日本病院協会『平成 21 年度サービス産業生産性向上支援調査事業（国際メディカルツーリズム調査事業）国際医療サービス推進コンソーシアム②事業報告書』2010 年 3 月〈https://www.ajha.or.jp/voice/pdf/medtourism/100702_report_sum.pdf〉入手 2022 年 2 月 13 日。

社団法人日本医師会『各都道府県における医療ツーリズムの動向：定例記者会見』2011 年 1 月 26 日〈https://www.med.or.jp/dl-med/teireikaiken/20110126_2.pdf〉入手 2022 年 2 月 13 日。

田中郁子、柳沢理子「外国人医療通訳者の体験した困難とその対処」『Journal of International Health』28(4)、2013 年、305-316 頁。

Franzblau, L. E., & Chung, K. C. (2013). Impact of medical tourism on cosmetic surgery in the United States. *Plastic and Reconstructive Surgery: Global Open*, 1(7), 1-7.

Lunt, N., & Mannion, R. (2014). Patient mobility in the global marketplace: A multidisciplinary Perspective, *International Journal of Health Policy Management*, 2(4), 155-157.

■参考文献

石丸淑子「ヘルスツーリズムに関する研究（第二報）医療旅行の視点から」『京都光華女子大学短期大学部研究紀要』49、2011 年、91-100 頁。

井上事務機事務用品株式会社『医療機関における外国人旅行者及び在留外国人受入れ体制等の実態調査：結果報告書』〈https://www.mhlw.go.jp/file/06-Seisakujouhou-10800000-Iseikyoku/0000173227.pdf〉入手 2021 年 10 月 10 日。

大野博「米国における病院外部評価の変化とわが国の病院外部評価への示唆」『日本医療・病院管理学会誌』48(4)、2011 年、15-24 頁。

岸脇誠「日本における医療観光：外国人患者受け入れの現状と課題」『神戸国際大学経済経営論集』32(2)、2012 年、21-52 頁。

厚生労働統計協会「地域の医療介護入門シリーズ　地域の医療と介護を知るために：わかりやすい医療と介護の制度・政策（第 1 回）日本の医療制度とその特徴」『厚生の指標』63(7)、2016 年、42-45 頁。

厚生労働統計協会「地域の医療介護入門シリーズ　地域の医療と介護を知るために：わかりやすい医療と介護の制度・政策（第 2 回）日本の医療制度はイギリスやアメリカと違う?」『厚生の指標』63(8)、2016 年、41-44 頁。

国土交通省『平成 19 年版観光白書（観光の状況に関する年次報告）』2007 年 7 月 3 日〈https://www.mlit.go.jp/npcc/hakusyo/npcc/2007/index.html〉入手 2022 年 2 月 14 日。

社団法人日本観光協会『ヘルスツーリズムの手引き：平成 21 年度ヘルスツーリズム推進事業』、社団法人日本観光協会 2010 年。

中国電力株式会社エネルギア総合研究所「解説　ヘルスツーリズムについて」『エネルギア地域経済レポート』474、2014 年、1-6 頁。

みずほリサーチ＆テクノロジーズ株式会社『令和 2 年度老人保健事業推進費等補助金　老人保健健康増進等事業：介護職種に係る技能実習生の受入れの実態に関する調査研究報告書』2021 年 4 月〈https://www.mizuho-ir.co.jp/case/research/pdf/r02mhlw_kaigo2020_06.pdf〉2022 年 2 月 14 日。

三谷郁生「医療ツーリズムの現況と問題点〜その I」『札医通信』525、2011 年、26-30 頁。

三好麻以、坂本圭、植田麻祐子「医療評価の現状と課題：日米の比較を通して」『川崎医療福祉学会誌』20(1)、2010 年、281-296 頁。

米村恵子「ヘルスツーリズム（Health Tourism）についての考察」『情報と社会 =Communication & society』20、2010 年、281-289 頁。

Bumrungrad International Hospital. *Vision / mission and values*. Retrieved February 22, 2022, from https://www.bumrungrad.com/en/about-us/bumrungrad-mission

Bustamante, A. V. (2014). Globalization and medical tourism: The North American experience; Comment on "Patient mobility in the global marketplace: A multidisciplinary perspective". *International Journal of Health Policy Management*, 3(1), 47-49.

Cohen, D. J. (2009). Transplant tourism: A growing phenomenon. *Nature Clinical Practice Nephrology*, 5, 128-129.

Eysenbach, G., Powell, J., Kuss, O., & Sa, Eun-Ryoung. (2002). Empirical studies assessing the quality of health information for consumers on the world wide web: A systematic review. *The Journal of the American Medical Association*, 287(20), 2691-2700.

Gray, H. H., & Poland, S. C. (2008). Medical tourism: Crossing borders to access health care. *Kennedy Institute of Ethics Journal*, 18(2), 193-201.

Kovacs, E., Szocska, G., & Knai, C. (2014). International patients on operation vacation: Perspectives of patients travelling to Hungary for orthopaedic treatments. *International Journal Health Policy Management*, 3(6), 333-340.

Kronfol, N. (2014). Medical tourism: A fad or an opportunity; Comment on "Patient mobility in the global marketplace: A multidisciplinary perspective", *International Journal of Health Policy Management*, 3(1), 45-46.

Lunt, N., Smith, R., Exworthy, M., Green, S. T., Horsfall, D., & Mannion, R. (2014). *Medical tourism: Treatments, markets and health system implications: A scoping review*. Directorate for Employment, Labour and Social Affairs, OECD.

Milstein, A., & Smith, M. (2006). America's new refugees: Seeking affordable surgery offshore. *The New England Journal of Medicine*, 355(16), 1637-1640.

OECD. (2001). *Health at a glance 2011: OECD indicators*. OECD Publishing.

Ramírez de Arellano, A. B. (2007). Patients without borders: The emergence of medical tourism. *International Journal of Health Services*, 37(1), 193-198.

Reed, C. M. (2008). Medical tourism. *The Medical Clinics of North America*, 92(6), 1433-1446.

Smith, R. D., Lee, K., & Drager, N. (2009). Trade and health: An agenda for action. *The Lancet*, 373, 768-773.

World Hospital Search. *Hospital search*. Retrieved October 4, 2021, from https://www.worldhospitalsearch.org/hospital-search/?F_Country=Japan&F_All=Y

第 8 章

■引用文献

阿部武司、中村尚史（編）『産業革命と企業経営：1882 〜 1914』ミネルヴァ書房、2010 年。

石黒太郎、倉沢一茂（編）「日本企業におけるグローバル経営人材育成の現状と今後の取り組み：調査結果を踏まえた人材不足状況を打破するための方策と具体的な育成方法」『労政時報』第 3963 号、2018 年 12 月 14 日、57-74 頁。

片桐庸夫『民間交流のパイオニア・渋沢栄一の国民外交』藤原書店、2013 年。

木村昌人『渋沢栄一：民間経済外交の創始者』中公公論社、1991 年。

木山実『近代日本と三井物産：総合商社の起源』ミネルヴァ書房、2009 年

沢井実、谷本雅之（編）『日本経済史＝ The Economic History of Japan：近世から現代まで』有斐閣、2016 年。

島田昌和『渋沢栄一の企業者活動の研究：戦前期企業システムの創出と出資者経営者の役割』日本経済評論社、2007 年。

島田昌和『渋沢栄一：社会企業家の先駆者』岩波書店、2011 年。

橘川武郎、パトリック・フリーデンソン（編）『グローバル資本主義の中の渋沢栄一：豪本キャピタリズムとモラル』東洋経済新報社、2014 年。

■参考文献

見城悌治、飯森明子、井上潤（責任編集）『国際交流に託した渋沢栄一の望み：「民」による平和と共存の模索』ミネルヴァ書房、2019 年。

大森一宏、大島久幸、木山実（編）『総合商社の歴史』関西学院大学出版会、2011 年。

木村昌人『渋沢栄一：日本のインフラを創った民間経済の巨人』筑摩書房、2020 年。

Masakazu, S. (2017). *The entrepreneur who built modern Japan: Shibusawa Eiichi* (P. Narum, Trans.). Japan Publishing Industry Foundation for Culture.

Fridenson, P., & Kikkawa, T. (2017). *Ethical capitalism: Shibusawa Eiichi and business leadership in global perspective.* University of Toronto Press.

第 9 章

■引用文献

weblio 辞書『文化』〈https://www.weblio.jp/content/ 文化〉入手 2022 年 2 月 5 日。

Merriam-Webster. *culture.* (n.d.). Retrieved February 24, 2022, from https://www.merriam-webster.com/dictionary/culture

Watzlawick, P., Bavelas, J. B., & Jackson, D. D. (1967). *Pragmatics of human communication: A study of interactional patterns, pathologies, and paradoxes.* W. W. Norton & Company, Inc.

■参考文献

コンドン・ジョン（著）、近藤千恵（訳）『異文化間コミュニケーション：カルチャー・ギャップの理解』サイマル出版会、1995 年。

竹下裕子、石川卓（編）『多文化と自文化：国際コミュニケーションの時代』森話社、2005 年。

本名信行、ベイツ・ホッファ、秋山高二、竹下裕子（編）『異文化理解とコミュニケーション 1』第 2 版、三修社、2005 年。

本名信行、竹下裕子、三宅ひろ子、間瀬幸夫（編）『企業・大学はグローバル人材をどう育てるか：国際コミュニケーションマネジメントのすすめ』アスク出版、2012 年。

ベイツ・ホッファ、本名信行、竹下裕子（編）『共生社会の異文化間コミュニケーション：新しい理解を求めて』三修社、2009 年。

NHK World-Japan『Rain』2021 年 3 月 28 日〈https://www3.nhk.or.jp/nhkworld/en/ondemand/video/2092001/〉入手 2021 年 10 月。

Beamer, L., & Varner, I. (2008). *Intercultural communication: In the global workplace.* McGraw-Hill / Irwin.

第 10 章

■引用文献

ダーウィン（著）、浜中浜太郎（訳）『人及び動物の表情について』岩波書店、1991 年。(Darwin, C. (1872). *The expression of the emotions in man and animals.* John Murray.)

フォンス・トロンペナールス、チャールズ・ハムデン＝ターナー（著）、須貝栄（訳）『異文化の波 グローバル社会：多様性の理解』白桃書房、2001 年。

八代京子、世良時子『日本語教師のための異文化理解とコミュニケーションスキル』三修社、2010 年。

Axtell, R. E. (1991). *Gestures: The do's and taboos of body language around the world.* John Wiley & Sons, Inc.

Burgoon, J. K., Guerrero, L. K., & Floyd, K. (2010). *Nonverbal communication.* Routledge.

Friesen, W. V. (1972). *Cultural differences in facial expressions in a social situation: An experimental test of the concept of display rules.* Unpublished Doctoral Dissertation, University of California.

Givens, D. B., & White, J. (2021). *The Routledge dictionary of nonverbal communication.* Routledge.

Hall, E.T. (1990/1966). *The hidden dimension.* Anchor Press.

Johnson, H. G., Ekman, P., & Friesen, W. V. (1975). Communicative body movements: American emblems. *Semiotica*, 15(4), 335-353.

Matsumoto, D. (2006). Culture and nonverbal behavior. In V. Manusov & M. L. Patterson (Eds.), *The SAGE handbook of nonverbal communication* (pp. 219-235). Sage.

Matthews, P. H. (1997). *The concise Oxford dictionary of linguistics*. Oxford University Press.

Reber, A. S. (1985). *The Penguin dictionary of psychology*. Penguin Books.

Storti, C. (1999). *Figuring foreigners out: A practical guide*. Intercultural Press.

第 11 章

■引用文献

荒川洋平『とりあえず日本語で：もしも…あなたが外国人と「日本語で話す」としたら』スリーエーネットワーク、2010 年。

庵功雄『やさしい日本語：多文化共生社会へ』岩波書店、2016 年。

イリー・ヴァツラフ・ネウストプニー『新しい日本語教育のために』大修館書店、1995 年。

岩田一成「言語サービスにおける英語志向：『生活のための日本語：全国調査』結果と広島の事例から」『社会言語科学』13(1)、2010 年、81-94 頁。

オストハイダ・テーヤ「聞いたのはこちらなのに…：外国人と身体障害者に対する『第三者返答』をめぐって」『社会言語科学』7(2)、2005 年、39-49 頁。

オストハイダ・テーヤ「日本における対外国人言語行動」真田信治、庄司博史編『事典　日本の多言語社会』岩波書店、2010 年、243-245 頁。

サウクエン・ファン「非母語話者同士の日本語会話における言語問題」『社会言語科学』2(1)、1999 年、39-49 頁。

佐藤和之「災害時でなく平時から有効な『やさしい日本語』という考え方」『広報』(633) 社団法人日本広報協会、2005 年、13-17 頁。

Woo, Wai Sheng『日本における外国人に対する言語政策の諸問題並びにその改善案について』大阪大学大学院言語文化研究科博士学位論文、2012 年。

Ferguson, C. A. (1971). Absence of copula and the notion of simplicity: A study of normal speech, baby talk, foreigner talk, and pidgins. In D. Hymes (Ed.), *Pidginization and creolization in language* (pp. 141-150). Cambridge University Press.

Giles, H. & Smith, P. (1979). Accommodation theory: Optimal levels of convergence. In H. Giles & R. N. St. Clair (Eds.), *Language and social psychology*. Baltimore: Basil Blackwell.

Thakerar, J. N., Giles, H., & Cheshire, J. (1982). Psychological and linguistic parameters of speech accommodation theory. In C. Fraser & K. R. Scherer (Eds.), *Advances in the social psychology of language* (pp. 205-255). Elsevier.

■参考文献

荒川洋平『日本語という外国語』講談社、2009 年。

栁田直美『接触場面における母語話者のコミュニケーション方略：情報やりとり方略の学習に着目して』ココ出版、2015 年。

Gordon Jr, Raymond G. (Ed.). (2005). *Ethnologue: Languages of the world* (15th ed.). SIL International.

第 12 章

■引用文献

外国人との共生社会の実現のための有識者会議『意見書：共生社会の在り方及び中長期的な課題について』2021 年 11 月〈https://www.moj.go.jp/isa/content/001359625.pdf〉入手 2022 年 1 月。

出入国在留管理庁『特定技能在留外国人数の公表：各四半期末の特定技能在留外国人数：令和 2 年 12 月末　第 4 表』〈https://www.moj.go.jp/isa/policies/ssw/nyuukokukanri07_00215.html〉入手 2022 年 1 月。

総務省 多文化共生の推進に関する研究会『多文化共生の推進に関する研究会報告書：地域における多文化共生の更なる推進に向けて』2020 年 8 月〈https://www.soumu.go.jp/main_content/000706219.pdf〉入手 2021 年 10 月。

総務省統計局『令和 2 年国勢調査』〈https://www.stat.go.jp/data/kokusei/2020/index.html〉入手 2021 年 11 月。

文化審議会国語分科会「日本語教育の参照枠報告」2021 年 10 月 12 日〈https://www.bunka.go.jp/seisaku/bunkashingikai/kokugo/hokoku/pdf/93476801_01.pdf〉入手 2022 年 2 月 12 日。

United Nations. (n.d.). International migrant stock 2020. Retrieved November, 2021, from https://www.un.org/development/desa/pd/content/international-migrant-stock

Council of Europe. (2018). *Common European framework of reference for languages: Learning, teaching, assessment; Companion volume with new descriptors*. Retrieved November, 2021, from https://rm.coe.int/cefr-companion-volume-with-new-descriptors-2018/1680787989

Council of Europe. (2020). *Common European framework of reference for languages: Learning, teaching, assessment: Companion volume*. Retrieved November, 2021, from https://rm.coe.int/common-european-gramework-of-reference-for-languages-learning-teaching/16809ea0d4

BBC. (2010). *Merkel says German multicultural society has failed*. Retrieved November, 2021, from https://www.bbc.com/news/world-europe-11559451

BBC. (2011). *State multiculturalism has failed, says David Cameron*. Retrieved November, 2021, from https://www.bbc.com/news/uk-politics-12371994

United Nations Department of Economic and Social Affairs. (2020). *International Migration 2020 Highlights*. Retrieved November, 2021, from https://www.un.org/development/desa/pd/sites/www.un.org.development.desa.pd/files/undesa_pd_2020_international_migration_highlights.pdf

■参考文献

厚生労働省『就労場面で必要な日本語能力の目標設定ツール：円滑なコミュニケーションのために 使い方の手引き』〈https://www.mhlw.go.jp/content/11800000/000773360.pdf〉入手2022年2月12日。

国際交流基金『JF日本語教育スタンダード』
〈https://jfstandard.jp/summary/ja/render.do〉入手2021年10月。

首相官邸 外国人材の受入れ・共生に関する関係閣僚会議『外国人材の受入れ・共生のための総合的対応策（令和3年度改訂）』2021年6月15日〈https://www.moj.go.jp/isa/content/001349619.pdf〉入手2022年1月。

西山教行、大木充（編）『CEFRの理念と現実：理念編：言語政策からの考察』くろしお出版、2021年。

西山教行、大木充（編）『CEFRの理念と現実：現実編：教育現場へのインパクト』くろしお出版、2021年。

労働政策研究・研修機構（編）『諸外国における外国人材受入制度：非高度人材の位置づけ：イギリス、ドイツ、フランス、アメリカ、韓国、台湾、シンガポール（JILPT資料シリーズ：no. 207）』労働政策研究・研修機構、2018年。

吉島茂、大橋理恵枝（訳）『外国語教育〈2〉外国語の学習、教授、評価のためのヨーロッパ共通参照枠追補版』朝日出版社、2014年。

第13章

■引用文献

猪上泰義（編）『ごみ行政データベース　全国648自治体のごみ袋と分別収集』日報、1997年。

観光庁『訪日外国人旅行者数・出国日本人数』2021年3月4日〈https://www.mlit.go.jp/kankocho/siryou/toukei/in_out.html〉入手2021年10月15日。

金美善「新宿の多言語景観：コリアンニューカマーの経済活動を中心に」『社会言語科学会第19回大会発表論文集』社会言語科学会事務局、2007年、272-275頁。

田中ゆかり、秋山智美、上倉牧子「ネット上の"言語景観"：東京圏のデパート・自治体・観光サイトから」『言語』36(7)、2007年、74-83頁。

田中ゆかり、上倉牧子、秋山智美、須藤央「東京圏の言語的多様性：東京圏デパート言語景観調査から」『社会言語科学』10(1)、2007年、5-17頁。

田中ゆかり、早川洋平、冨田悠、林直樹「街のなりたちと言語景観：東京・秋葉原を事例として」『言語研究』142、2012年、155-170頁。

正井泰夫「言語別・文字別にみた新宿における諸設営物の名称と看板広告」『史苑 / 立教大学史学会』29(2)、1969年、166-177頁。

平野嘉代子、大薮多可志、南保英孝「兼六園における外国人観光客の動向と言語景観調査」『観光と情報』3(1)、2007年、45-54頁。

二子石優「留学生30万人計画の達成とその実情を探る：留学生の入試経路と卒業後進路に関する一考察」『留学交流』120、2021年、42-60頁。

出入国在留管理庁『令和2年6月末現在における在留外国人数について』2020年10月9日〈https://www.moj.go.jp/isa/publications/press/nyuukokukanri04_00018.html〉入手2021年10月15日。

Backhaus, P. (2007). *Linguistic landscapes: A comparative study of urban multilingualism in Tokyo*. Multilingual Matters Series.

Bourhis, R. Y., & Landry, R. (1997) Linguistic landscape and ethnolinguistic vitality: An empirical study. *Journal of Language and Social Psychology*, 16(1), 23-49.

Saito, C. (2012). Examining the linguistic landscape of hospitals in Kanto region, Japan. *The 2012 international conference "cultural and linguistic diversity in ASEAN"*, 68-80.

Takaki, Y. (2019). How many Japanese university hospitals have websites in English?. *Journal of Medical English Education*, 18(3), 93-96.

Yoneoka, J., & Saito, C. (2012). Globalization of the Japanese ladies' room: Multilingual signage needs and issues. *Asian English Studies*, 19, 58-86.

■参考文献

TMG (Tokyo Metropolitan Government). (1991). *Tokyo kotei sain manyuaru (an) [Tokyo manual about official government signs (draft)]*. Tokyo: Tokyo Metropolitan Government, Information Liaison Council. Cited in Backhaus, P. (2007).

第 14 章

■引用文献

愛知県地域振興部国際課多文化共生推進室『「やさしい日本語」の手引き：外国人に伝わる日本語』2013 年 2 月〈https://www.pref.aichi.jp/uploaded/attachment/288127.pdf〉入手日 2022 年 12 月 20 日。

一般財団法人ダイバーシティ研究所『兵庫における地震被害（外国人の状況を含む）（書籍「阪神淡路大震災と外国人」より）』〈https://diversityjapan.jp/archive/data/feic/damage-in-hyogo.pdf〉入手 2021 年 12 月 27 日。

外務省『我々の世界を変革する：持続可能な開発のための 2030 アジェンダ（仮訳）』〈https://www.mofa.go.jp/mofaj/files/000101402.pdf〉入手 2021 年 9 月 1 日。

環境と開発に関する世界委員会（編）『地球の未来を守るために』ベネッセコーポレーション、1987 年。

齋藤智恵「わかりやすい日本語：消費者コミュニケーションの充実」本名信行・竹下裕子他（編）『企業・大学はグローバル人材をどう育てるか：国際コミュニケーションマネジメントのすすめ』アスク出版、2012 年、103-113 頁。

佐藤和之「『やさしい日本語』の活用理由を再考する」『国際文化研修』2014 秋 (85)、2014 年、12-16 頁。

佐藤和之「「　」の付いた『やさしい日本語』の目的と使い方：外国人も日本人も理解できる外国語であるということ」『国際文化研修』2020 夏 (108)、46-49 頁。

総務省『多文化共生の推進に関する研究会報告書：地域における多文化共生の推進に向けて』2006 年 3 月〈https://www.soumu.go.jp/kokusai/pdf/sonota_b5.pdf〉入手 2022 年 2 月 17 日

Stockholm Resilience Centre. (n.d.). *The SDGs wedding cake*. Retrieved December 22, 2021, from https://www.stockholmresilience.org/research/research-news/2016-06-14-how-food-connects-all-the-sdgs.html

■参考文献

一般財団法人消防防災科学センター「特集　外国人と防災」『消防防災の科学』2017 年秋号 (130)、1-64 頁。

一般財団法人消防防災科学センター『地域防災データ総覧　外国人を対象とした防災対策に関する実践資料集編』〈https://www.isad.or.jp/information_provision/information_provision/h29/〉入手 2021 年 9 月 1 日。

公益財団法人横浜市国際交流協会『災害時の外国人支援』〈https://www.yokeweb.com/saigai〉入手 2022 年 2 月 2 日。

公益財団法人横浜市国際交流協会『やさしい日本語ホームページ』〈https://www.yokeweb.com/yasashiinihongo/〉入手 2022 年 12 月 20 日。

桜井愛子、平体由美『社会科学からみる SDGs』小鳥遊出版、2022 年。

内閣府『第 2 節　震災の経済への影響　1. 震災による経済被害（ストック）』〈https://www5.cao.go.jp/j-j/cr/cr11/chr11020201.html〉入手 2022 年 2 月 3 日。

内閣府防災情報のページ『(1) 人的被害』〈http://www.bousai.go.jp/kaigirep/hakusho/h24/bousai2012/html/honbun/1b_1h_1s_01_01.htm〉入手 2022 年 2 月 2 日。

防災・減災日本 CSO ネットワーク（JCC-DRR）『市民のための仙台防災枠組 2015-2030』2016 年〈https://sendai-resilience.jp/media/pdf/sfdrr_2.pdf〉入手 2022 年 2 月 2 日。

Global launch『国連ミレニアム開発目標報告 2015：MDGs 達成に対する最終評価』2015 年 7 月 6 日〈https://www.unic.or.jp/files/e530aa2b8e54dca3f48fd84004cf8297.pdf〉入手 2022 年 2 月 6 日。

Centre for Research on the Epidemiology of Disaster., & UN Office for Disaster Risk Reduction. (2020). *Human cost of disasters: An overview of the last 20 years 2000-2019*. UNDRR, Geneva.

United Nations, Department of Economic and Social Affairs, Population Division. (2015). *World population prospects: The 2015 revision*. New York: United Nations.

第 15 章

■引用文献

一般社団法人全日本難聴者・中途失聴者団体連合会『耳マークについて』〈https://www.zennancho.or.jp/mimimark/mimimark/〉入手 2022 年 2 月 19 日。

一般財団法人全日本ろうあ連盟『手話マーク・筆談マークについて』2016 年 12 月 1 日〈https://www.jfd.or.jp/2016/12/01/pid15854〉入手 2021 年 9 月。

一般財団法人全日本ろうあ連盟『日本聴力障害新聞』2021 年 2 月 1 日、3 頁。

一般社団法人全ろうあ連盟『「SDG s」×「手話言語の国際デー・国際ろう者週間」特集ページ』〈https://www.jfd.or.jp/intdoc/idsl_iwdp〉入手日 2022 年 2 月。

一般社団法人日本経済団体連合会『2018 年度新卒採用に関するアンケート調査結果』2018 年 11 月 22 日〈https://www.keidanren.or.jp/policy/2018/110.pdf〉入手 2021 年 12 月。

外務省『障害者の権利に関する条約』2014 年 1 月 30 日〈https://www.mofa.go.jp/mofaj/fp/hr_ha/page22_000899.html〉入手 2021 年 12 月。

木村晴美、市田康弘「ろう文化宣言：言語少数者としてのろう者」『現代思想』24(5)、1996 年、8-17 頁。

酒井邦嘉「手話も左脳で理解」『朝日新聞』2005 年 3 月 15 日、17 頁。

社会福祉法人全国手話研修センター（編）『これで合格！2021 全国手話検定試験』、中央法規出版、2021 年。

東日新聞「豊橋市が手話できる人にバッジ」2013 年 6 月 4 日〈https://www.tonichi.net/news/index.php?id=29708〉入手 2021 年 9 月。

本名信行、加藤三保子『手話を学ぶ人のために：もうひとつのことばの仕組みと働き』一般財団法人全日本ろうあ連盟、2017 年。

■参考文献

厚生労働省『障害者雇用促進法の概要』〈https://www.mhlw.go.jp/stf/seisakunitsuite/bunya/koyou_roudou/koyou/shougaishakoyou/03.html〉入手 2021 年 9 月。

スターバックスコーヒージャパン公式ホームページ〈https://www.starbucks.co.jp〉入手 2021 年 9 月。

第 16 章

■引用文献

岡田真弓、松岡昇「"ニホン英語" の理解度（Intelligibility）と評価の研究」『日本「アジア英語」学会・第 9 回全国大会資料集およびハンドアウト資料』東洋英和女学院大学、2001 年。

財団法人国際ビジネスコミュニケーション協会「『TOEIC® 大学就職課調査」「上場企業における英語活用実態調査」調査報告書』2011 年 6 月〈https://prw.kyodonews.jp/prwfile/release/M100404/201106157290/_prw_fl6_Wlz154Hq.pdf〉入手 2022 年 2 月 20 日。

財団法人国際ビジネスコミュニケーション協会『英語活用実態調査 2019』2019 年 10 月〈https://www.iibc-global.org/library/default/toeic/official_data/lr/katsuyo_2019/pdf/katsuyo_2019_corpo.pdf〉入手 2021 年 10 月。

塩澤正「「国際英語論」からの日本の英語教育への示唆：Model of "My English" の提案」『アジア英語研究』22、2020 年、13-56 頁。

ジェームズ・スタンロー（著）、吉田正紀、加藤将史（訳）『和製英語と日本人：言語・文化接触のダイナミズム』2010 年、新泉社。

末延岑生「ニホン英語」本名信行（編）『アジアの英語』1991 年、くろしお出版、257-286 頁。

末延岑生「ニホン英語は世界で通じる」平凡社、2010 年。

末延岑生「ニホン英語（Open Japanese）の類型化研究：従来から屈米への日米外交」『人文論集』51、2016 年、1-34 頁。

全国旅館ホテル生活衛生同業組合連合会青年部『旅館の、旅館による、旅館のためのインバウンドの教科書：Ryokan Textbook for Foreign Traveler』〈http://ajra.jp/admin/data/news/pdf/vV4f2mn6.pdf〉入手 2021 年 10 月。

塚原和久「その英語、失礼だよ…オーストラリア人がショックを受けた日本人の英会話力」2020 年 8 月 17 日〈https://livejapan.com/ja/article-a0004388/〉入手 2021 年 10 月。

本名信行『アジアをつなぐ英語：英語の新しい国際的役割』アルク新書、1999 年。

本名信行『国際言語としての英語：文化を超えた伝え合い』冨山房インターナショナル、2013 年。

Galloway, N., & Rose, H. (2015). *Introducing global Englishes*. Routledge.

Kachru, B. B. (1985). Standards, codification and sociolinguistic realism: The English language in the outer circle. In R. Quirk & H. Widdowson (Eds.), *English in the world: Teaching and learning the language and literatures* (pp. 11-36). Cambridge University Press.

McArthur, T. (1987). The English languages?. *English Today*, 11, 9-11.

Matsuura, H., Chiba, R., & Fujieda, M. (1999). Intelligibility and comprehensibility of American and Irish Englishes in Japan. *World Englishes*, 18 (1), 49–62.

Miyake, H. (2012). *English-diversity management: A study of interpretability and acceptability of body-part metaphors in Japanese English*. Proceedings. Hawaii International Conference on Education.

Miyake, H., & Tsushima, T. (2012). There constructions used by Japanese speakers of English: Their linguistic features and acceptability. *Asian Englishes*, 15(1), 46-67.

Munro, M. J., & Derwing, T. M. (1995). Foreign accent, comprehensibility, and intelligibility in the speech of second language learners. *Language Learning*, 45(1), 73–97.

Smith, L. E. (1983). *Reading English as an International language*. Oxford: Pergamon Press.

Smith, L. E., & Rafiqzad, K. (1979). English for cross-cultural communication: The question of intelligibility. *TESOL Quarterly*, 13, 371-380.

Suenobu, M. (1988). *From error to intelligibility* (pp. 139-165). Shubun International.

■参考文献

澤泰人「日英語の物語文翻訳に見られる事態認識の様式と言語表現の差異」『佛教大学大学院紀要 文学研究科篇』37、2009 年、141-152 頁。

末延岑生「Open Japanese（ニホン英語）をデザインする」『神戸芸術工科大学紀要「芸術工学 2011」』2011 年 11 月 30 日〈https://kobe-du.repo.nii.ac.jp/?action=repository_uri&item_id=48&file_id=48&file_no=1〉入手 2022 年 2 月。

本名信行、竹下裕子（編）『世界の英語・私の英語：多文化共生社会をめざして』桐原書店、2018 年。

リクルートマネジメントソリューションズ『人材マネジメント実態調査からの考察　人・組織のグローバル化のトレンド』2011 年 12 月 16 日〈http://www.recruit-ms.co.jp/issue/feature/global/201132/01.html〉入手 2022 年 2 月 20 日。

J・プラット、H・ウェーバー、H・M・リアン（著）、飯島周（訳）『"新英語"の実相』松柏社、1991 年。

Hino, N. (2012). Endonormative models of EIL for the expanding circle. In A. Matsuda (Ed.), *Principles and practices of teaching English as an international language* (pp. 28-43). Multilingual Matters.

Honna, N. (2009). East Asian Englishes. In B. B. Kachru, Y. Kachru & C. L. Nelson (Eds.), *The handbook of world Englishes* (pp. 114-129). Malden: Blackwell.

Miki, N. (2010). A new approach to L2 writing: Parallel corpus of Japanese learner's essays and those corrected by native English speakers. *English Corpus Studies*, 17, 49-66.

第 17 章

■引用文献

英語で夢をかなえる『東京を英語で説明：日本の首都東京を 6 つの例文で紹介』2021 年 9 月 27 日〈https://english-topics.com/explain-tokyo-in-english/〉入手 2022 年 2 月 22 日。

勝見明『トップの証言：キャノン MJ 村瀬治男社長』2008 年 8 月 18 日〈https://president.jp/articles/-/3401〉入手 2022 年 2 月 23 日。

小池生夫、寺内一、高田智子、松井順子『企業が求める英語力』朝日出版社、2010 年。

中谷安男「ビジネスパーソンの英語プレゼンテーションにおけるコミニケーション・ストラテジーの検証」『国際ビジネスコミニケーション学会研究年報』76、2017 年、3-11 頁。

藤尾美佐「英語ビジネスプレゼンテーションにおける大学教員とビジネスパーソンの評価観点の違い」『経営論集』86、2015 年、31-45 頁。

藤尾美佐『20 ステップで学ぶ日本人だからこそできる英語プレゼンテーション』DHC 出版、2016 年。

藤尾美佐「海外から見た日本人グローバル人材の強みと課題：日系企業の事例研究」『国際ビジネスコミュニケーション学会』第 75 号、2016 年、3-12 頁。

chai02's blog『日本人の英語プレゼン 5 選』2013 年 5 月 31 日〈https://chai02.hatenablog.com/entry/2013/05/31/193808〉入手 2022 年 2 月 23 日。

Barham, K., & Devine, M. (1991). *The quest for the international manager: A survey of global human resource strategies*. Ashridge Management Guide.

Earley, P. C., Ang, S., & Tan J-S. (2006). *Developing cultural intelligence at work*. Stanford Business Books.

Hall, E. (1976). *Beyond culture*. Anchor Books.

Ishii, S. (1985). Thought patterns as modes of rhetoric: The United States and Japan. In L. Samovour & R. Porter (Eds.), *Intercultural communication*. Wordsworth.

Knapp, M. L. (1980). *Essentials of nonverbal communication*. Harcourt Brace Jovanovich College Publishers.

Lennon, P. (1990). Investigating fluency in EFL: A quantitative approach. *Language Learning*, 40(3), 387-417.

Tauroza, S., & Allison, D. (1990). Speech rates in British English. *Applied Linguistics*, 11(1), 90-105.

Yamada, H. (1997). *Different games different rules*. Oxford University Press.

第 18 章

■引用文献

P・グリフィン他（編）、三宅なほみ（監訳）『21 世紀型スキル：学びと評価の新たなかたち』北大路書房、2014 年、22-23 頁。(Binkley, M., Erstad, O., Herman, J., Raizen, S., Ripley, M., Miller-Ricci, M., & Rumble, M. (2012). Defining twenty-first century skills. In P. Griffin, E. Care & B. McGaw (Eds.), *Assessment and teaching of 21st century skills*. Springer.)

■参考文献

茂木秀昭『ザ・ディベート：自己責任時代の思考・表現技術』筑摩書房、2001 年。

茂木秀昭『ビジネス・ディベート』日本経済新聞出版社、2012 年。

User Local AI テキストマイニング〈https://textmining.userlocal.jp/〉入手 2022 年 2 月 13 日。

第 19 章

■引用文献

Piekkari, R., Welch, D. E., & Welch, L. S. (2015). *Language in international business: The multilingual reality of global business expansion*. Edward Elgar Publishing.

Reeves, N., & Wright, C. (1996). *Linguistic auditing: A guide to identifying foreign language communication needs in corporations*. Multilingual Matters.

編者・執筆者のプロフィール

編著者 ───────────────────────────────

竹下　裕子（たけした　ゆうこ）

東洋英和女学院大学教授。専門は英語教育、異文化間コミュニケーション。日本「アジア英語」学会会長（2018 〜 2021）、一般社団法人グローバル・ビジネスコミュニケーション理事、学術誌 *Asian Englishes*, Founding Editor and Advisor。共編著に『世界の英語・私の英語』（桐原書店）、編著に『改訂新版　広がり続ける英語の世界』（アスク出版）など。

荒川　洋平（あらかわ　ようへい）

東京外国語大学大学院教授。専門は応用認知言語学、日本語教育。一般社団法人グローバル・ビジネスコミュニケーション理事。メタファー研究と外国人との日本語コミュニケーションに関心がある。主著に『日本語という外国語』（講談社現代新書）、共著に『認知言語学大事典』（朝倉書店）など。

著者 ───────────────────────────────

足立　恭則（あだち　やすのり）

東洋英和女学院大学准教授。専門は日本語教育、グローバル人材育成教育。留学生への日本語教育、日本語教員の養成、留学準備教育に従事している。主な論文に「留学準備における日本事情教育の重要性を検討するための基礎調査」（『グローバル人材育成教育研究』第 6 巻第 1 号）など。

岡本　佐智子（おかもと　さちこ）

北海道文教大学教授。専門は社会言語学、日本語教育。シンガポールのネコと言語政策を追いかけている。主著に『日本語教育能力検定試験に合格するための社会言語学 10』（アルク）、共著に『ことばの借用』（朝倉書店）、『グローバル人材に求められる英語コミュニケーション能力』（中西出版）など。

加藤　三保子（かとう　みほこ）

豊橋技術科学大学特任教授。専門は社会言語学、手話言語学。社会福祉法人全国手話研修センター日本手話研究所運営委員、東アジア日本学研究学会理事。主な共著に『手話を学ぶ人のために：もうひとつのことばの仕組みと働き』（一般財団法人全日本ろうあ連盟）など。

齋藤　智恵（さいとう　ちえ）

帝京大学医療共通教育研究センター准教授。専門は英語教育学、社会言語学。近年は医療におけるコミュニケーションに関心があり、医療機関における言語景観の研究のほか、共著に『医療系学部のための「医療と社会」入門』（ムイスリ出版）がある。

桜井　愛子（さくらい　あいこ）

東洋英和女学院大学教授 兼 東北大学災害科学国際研究所教授（クロスアポイント）。専門は、国際教育協力、学校防災。認定 NPO 法人 SEEDS Asia 理事。学校と地域の連携による災害レジリエンスの強化等に関心がある。共編著として『社会科学からみる SDGs』（小鳥遊書房）、*Disaster resilience of education systems: Experiences from Japan*（Springer）など。

櫻井　功男（さくらい　のりお）

東京国際大学言語コミュニケーション学部 兼 Global Teaching Institute 准教授。35 年にわたる日清食品在勤中にオランダ、ドイツの現地法人にてマーケティング部長、国際業界団体である World Instant Noodles Association 事務局長を歴任。

猿橋　順子
青山学院大学教授。専門は社会言語学、言語政策研究。日本に定住する外国人の言語とアイデンティティ、多文化共生のための言語政策および言語管理を研究テーマとしている。近著に『国フェスの社会言語学：多言語公共空間の談話と相互作用』（三元社）がある。

島田　昌和
学校法人文京学院学院長 兼 理事長 兼 経営学部教授。専門は経営史。渋沢栄一研究を中心に、リーダーシップ教育や経営教育にも関心を持つ。主著に『渋沢栄一の企業者活動の研究』（日本経済評論社）、『渋沢栄一』（岩波新書）。共編著に『渋沢栄一と人づくり』（有斐閣）など。

白崎　善宏
一般社団法人グローバル・ビジネスコミュニケーション協会専務理事。千代田化工建設株式会社 元常務執行役員。43 年にわたる海外プロジェクトの経験を経て、Globish の普及など、グローバル人材開発業務に従事。著書に『誰でも簡単ビジネス英語』（日経 e 新書）など。

西村　信勝
三菱銀行（現・三菱 UFJ 銀行）、外資系投資銀行在日代表、文京学院大学教授などを経て、現在は同大学特別顧問。専門分野は国際金融、異文化間理解。著書に『外資系投資銀行の現場』（日経 BP 社）、『基礎からわかる金融英語の意味と読み方』（日興企画）、監訳に『バロンズ金融用語辞典第 7 版』（日経 BP 社）など。

藤尾　美佐
東洋大学教授。専門は応用言語学、国際ビジネスコミュニケーション、異文化間コミュニケーション。アカデミアおよびビジネスにおける日本人英語コミュニケーション能力を研究テーマとしている。『20 ステップで学ぶ英語プレゼンテーション』（DHP 出版）のほか、著書、招待講演など多数。

藤谷　克己
文京学院大学大学院教授。専門は公衆衛生学・疫学、医療管理学。主な著書として『あなたの医療は安全か?』（南山堂）、『改訂新版　医療リスクマネジメント入門』（DTP 出版）、『アクティブ公衆衛生学ラーニング』（ウィネット）のほか、論文多数。

本名　信行
青山学院大学名誉教授。専門は社会言語学、国際コミュニケーション。一般社団法人グローバル・ビジネスコミュニケーション協会代表理事。著書に『世界の英語を歩く』（集英社）、共著に『英語で日本文化を語るための辞典』（アスク）、『日本人のためのインド英語入門：ことば・文化・慣習を知る』（三修社）など多数。

三宅　ひろ子
東京家政大学准教授。専門は国際コミュニケーション。ニホン英語（日本人英語）によるコミュニケーションに関心がある。共著に『企業・大学はグローバル人材をどう育てるか』（アスク出版）、*Presentations to go*（センゲージラーニング）など。

茂木　秀昭
都留文科大学教授。専門は異文化コミュニケーション、ディベート教育。日本と欧米の言論風土およびコミュニケーションに関する研究を進めながら、教育ディベートの啓蒙、普及活動を行う。主著に『ビジネス・ディベート』（日本経済新聞出版）、『ロジカル・シンキング』（PHP 研究所）など。

国際コミュニケーションマネジメント入門

2022 年 4 月 25 日　初版　第 1 刷発行

編　者	竹下裕子・荒川洋平
発行者	天谷修身
カバーデザイン	藤原由貴
本文デザイン	清水裕久（Pesco Paint）
発行所	株式会社 アスク出版
	〒162-8558 東京都新宿区下宮比町 2-6
	電話　03-3267-6864（営業）
	電話　03-3267-6863（編集）
	FAX 03-3267-6867
印刷所	日経印刷株式会社

ISBN978-4-86639-472-5